随身查
——会计人员必会的115个财务常识

朱菲菲　编著

中国铁道出版社
CHINA RAILWAY PUBLISHING HOUSE

内 容 简 介

本书是一本专门介绍财务行业相关常识的工具书，全书共10章，可分为基础常识、做账流程常识和高级财会常识三大部分。其中，基础常识部分主要介绍财会术语和财会工作职责；做账流程常识部分主要介绍数据核算、原始凭证和记账凭证的处理以及税务缴纳和调账等工作；高级财会常识部分主要介绍对报表的处理、财务分析及其他易被忽略的工作常识。

本书共涵盖115个财务方面必知必会的常识，内容全面，案例经典且讲解深入，非常适合初涉财会工作的人使用。对于在财会岗位上工作很久的人而言，也可从本书中重新学习新的财会知识，巩固财会技能，避免出现工作麻木、按部就班的情况。

图书在版编目（CIP）数据

随身查. 会计人员必会的115个财务常识:案例版 / 朱菲菲编著.—北京：中国铁道出版社，2018.7

ISBN 978-7-113-24545-0

Ⅰ.①随… Ⅱ.①朱… Ⅲ.①财务管理－基本知识 Ⅳ.①F23

中国版本图书馆CIP数据核字（2018）第108156号

书　　名：随身查——会计人员必会的115个财务常识（案例版）
作　　者：朱菲菲　编著

策　　划：王　佩　　**读者热线电话：**010-63560056
责任编辑：张亚慧　王　佩
责任印制：赵星辰　　**封面设计：**仙境

出版发行：中国铁道出版社（100054，北京市西城区右安门西街8号）
印　　刷：三河市兴达印务有限公司
版　　次：2018年7月第1版　2018年7月第1次印刷
开　　本：700mm×1 000mm　1/16　**印张：**16　**字数：**223千
书　　号：ISBN 978-7-113-24545-0
定　　价：49.80元

财务常识即一个财会人员在进行财会工作时应具备的最基本、最重要的知识，包括专业术语、基本做账方法和基本财务分析方法等，了解这些知识是开展财会工作的前提，是财会工作人员必须要掌握的内容，所以称之为常识。

对于初涉财会工作领域的人来说，很多财会常识他们并不熟悉，这就是其不能快速进入工作状态的重要原因。而对于财会工作的“老人”，他们对财会工作的实际操作已经游刃有余，但因为工作时间过长，已经忽略了财务常识的重要性，导致其在工作中有时也会犯一些低级错误。

所以，无论是打算从事财会工作的人，还是刚接触财会工作的新人，甚至是工作了很久的财会老手，他们对财务常识的了解都有对应的需要，都应该认真仔细地学习财务常识。

但财务工作本身就比较复杂，以致于财务常识比较杂乱，很多财会人员知道大部分的财务知识，但并没有系统地将其归纳为财务常识，所以在学习和记忆的时候没有过多地重视，对常识的印象也就不深刻，在工作中也就无法及时地运用，甚至轻易地就被遗忘在“角落”。

为了帮助即将成为和已经成为财会工作的人全面、系统地学习和掌握财务知识，进而方便记忆这些财务常识，我们编写了本书。

主要内容

本书共10章内容，主要从基础常识、做账流程常识和高级财会常识这3个方面全方位地对财务常识进行了详细讲解，其具体内容安排如下图所示。

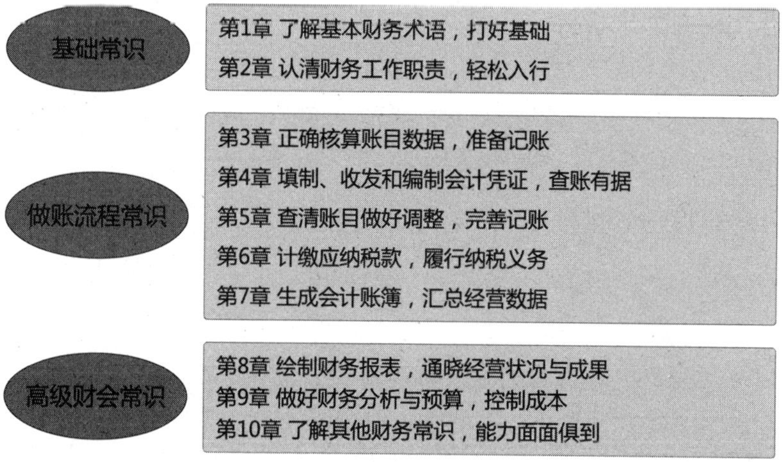

基础常识

第1章 了解基本财务术语，打好基础

第2章 认清财务工作职责，轻松入行

做账流程常识

第3章 正确核算账目数据，准备记账

第4章 填制、收发和编制会计凭证，查账有据

第5章 查清账目做好调整，完善记账

第6章 计缴应纳税款，履行纳税义务

第7章 生成会计账簿，汇总经营数据

高级财会常识

第8章 绘制财务报表，通晓经营状况与成果

第9章 做好财务分析与预算，控制成本

第10章 了解其他财务常识，能力面面俱到

其中，基础常识部分主要介绍财务术语、财会工作岗位和职责等方面的常识；做账流程常识部分是本书的主体内容，这部分按照财会人员做账的一般流程，介绍各环节涉及的财务常识；高级财会常识部分主要针对财务报表和其他经营活动而言，具体介绍了报表数据和指标分析、财务分析和预算工作、投资和筹资活动及年报等方面的财务常识。从简单到复杂，将财务常识做了系统的归纳总结，帮助读者更好地记忆。

本书特点

知识全面，系统讲解

从财务术语、工作职责到报表分析、财务预算和年报工作，覆盖了财会工作中方方面面。

拉通编号，易于查询

章节之间相互联系，章节内的各个常识顺序编号，环环相扣，让读者连贯地记忆，且便于查询。

案例分析，有理有据

本书列举了大量的真实案例，并进行深入的分析和讲解，让读者结合实际学习，达到活学活用的学习效果。

读者对象

本书适合对财会知识了解过于书面化、打算和即将从事财会工作的人群使用，做好工作前的准备工作。同时，也适合财会工作时间较长的会计人员使用，巩固财务常识、学习财务新知识，避免按部就班地处理会计事务，防止在工作中出现麻木状态。

编　者

2018年3月

CONTENTS 目录

第8章 绘制财务报表，通晓经营状况与成果......185

知识链接

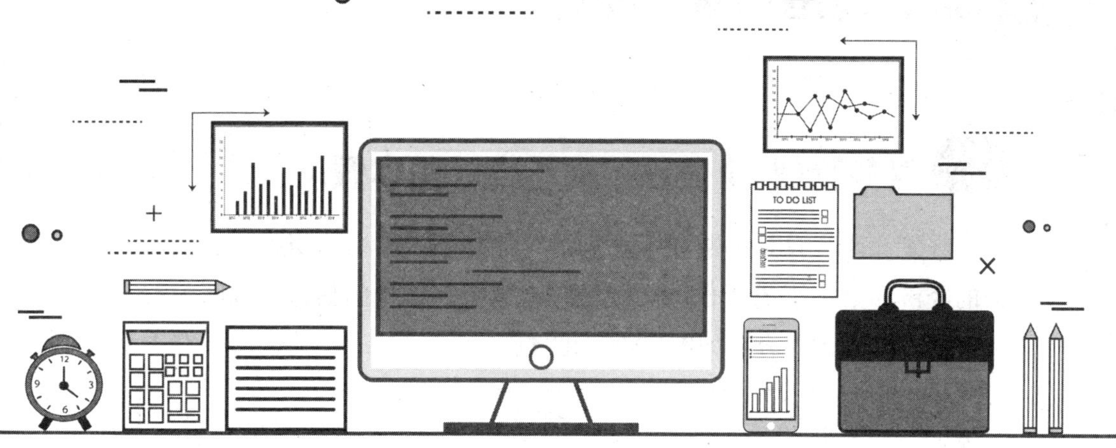

随身查

会计人员必会的115个财务常识（案例版）

1

Search 了解基本财务术语，打好基础

无论是财务从业人员，还是学习财务的人群，要想学好财务知识，首先需要学习基本的财务术语。只有清楚财务术语的含义，才能真正了解什么是财务，为跨过财务门槛打好基础。

财务管理4个假设不同于会计基本假设

财务管理假设是指财务管理人员对那些还未确切认识或无法正面论证的经济和财务现象所作出的一种符合逻辑与情理的估计和推断。财务管理假设的具体内容有如图1-1所示的4点。

资金时间价值假设

资金的时间价值是指一定量的资金在不同时间点的价值量差额。运用资金具有时间价值这一假设，可以根据一定的折现率把未来的现金流入或流出折合成现值，从而进行股票和债券价格估算以及投资项目现金流入净现值计算等，为财务管理的短期、长期投资等决策提供依据和评判标准。

代理成本是指在企业经营权和所有权分离时，所有者对经营者进行激励和监督等所付出的成本。在理性人假设的前提下，经营者更关心个人的晋升、收入增加和地位提高等问题，这就会使经营者的目标和股东的目标可能出现不一致的情况，因而会出现代理成本问题。该假设在财务管理中运用于财务分析、资本结构决策和股利政策决策。

所得税影响财务决策假设

所得税的多少会影响企业的财务决策。所得税对财务决策的影响主要表现在3个方面，一是所得税影响资本预算决策，因为在进行资本预算决策时，必须考虑所得税对现金流入和资本成本的影响；二是所得税影响资本结构决策，因为企业因负债而支付的利息可在所得税税前扣除，这会使负债资金成本率低于权益资金成本率；三是所得税影响对股利的决策，因为支付股利时要支付相应的所得税。

增量现金流入流出是指当企业新增一个投资项目后，从整个企业角度考察其带来的现金流入或流出的增加。新增项目有时会与其他投资项目相互竞争，造成其他项目的销售收入下降，从整个企业角度考察时，新增项目带来的增量现金流入低于孤立的单个投资项目所带来的现金流入。同理，它的增量现金流出也低于孤立的单个项目的现金流出。

图1-1

可以看出，财务管理假设是立足于整个财务工作流程而提出的。而会计基本假设包括会计主体、持续经营、会计分期和货币计量，这4个基本假设是从为会计核算提供依据的角度而做出的。所以，教务管理假设与会计基本假设是完全不同的。

财务管理假设是对一定社会经济条件下财务管理活动的一般规律性推断，是对客观环境抽象和主观判断相结合的结果。它虽然与财务管理的某些逻辑发展相关，但却并不会对财务管理进行实际指导和规范，而仅仅是对财务管理活动的一些假设。

由此可知，财务管理假设与财务管理惯例、财务管理原则和财务管理理念是有区别的。财务管理惯例是人们在长期财务管理实践中形成的习惯做法；财务管理原则是对财务管理工作的基本规范；财务管理理念是人们在财务管理实践中形成的一些看法或思想。这三者都是直接指导和规范财务管理工作的，而不是推断。而财务管理假设对财务管理活动而言是一种假定，它还需要实践的检验。

虽然财务管理假设只是一些假定，但其却是财务理论体系的组成部分，也对财务理论体系的构成具有决定作用。因此，企业和财会人员不能盲目夸大财务管理假设的作用。

财务管理假设中的每个假设都相互联系、相互制约的，缺一不可，其逻辑框架如图1-2所示。

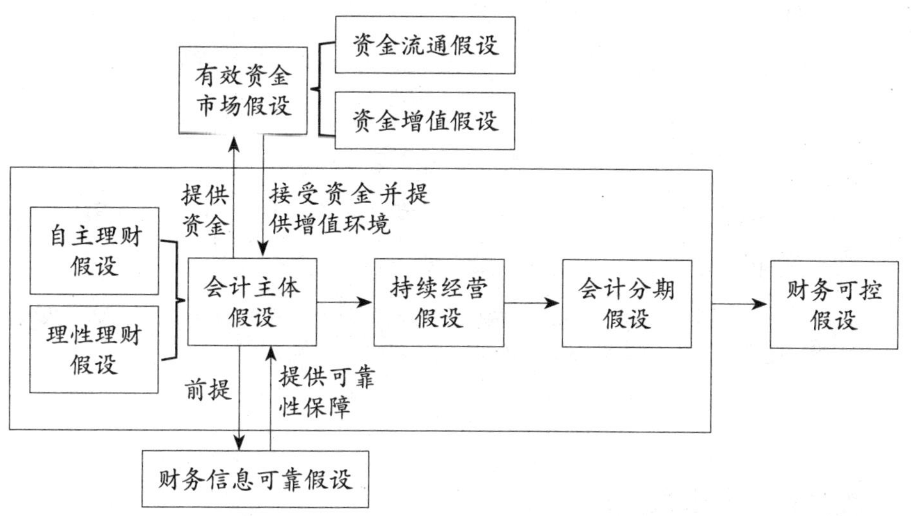

图1-2

财务主体假设是财务管理假设体系存在的重要前提，若没有财务主体的存在，就没有接收和输出资金与信息的主体，就无法有效地组织财务活动、形成健全的财务关系。因为所有财务管理活动都围绕财务主体展开，所以财务主体假设是财务管理假设体系的核心。

从上图可以看出，会计基本假设包含在财务管理假设体系中，因此财务管理假设与会计基本假设是包含于被包含的关系。财务管理假设站在更高的层面对财务管理活动进行推断，因此更能凸显企业经营目标。

知识链接 *财务管理的10项基本原则*

规范财务工作流程就是财务管理，企业需要依靠相应的原则进行财务管理，主要有如下所示的10个原则。

原则一：风险收益的权衡——额外的风险需要有额外的收益进行补偿。

原则二：货币的时间价值——今天的一元钱比未来的一元钱更值钱。

原则三：价值的衡量——要考虑的是现金而不是利润。

原则四：增量现金流——只有增量现金流才与财务决策有关。已经投入现金的项目中断后，该部分现金流与决策无关，作为沉没成本处理。

原则五：利润的合理性——在竞争市场上没有利润特别高的项目。

原则六：有效的资本市场——市场是灵敏的，价格是合理的。

原则七：代理问题——管理人员与所有者的利益不一致。

原则八：纳税影响业务决策——税费会影响利润。

原则九：风险分为不同类别——有些可以通过分散而消除，有些不能。

原则十：道德行为——要做正确的事。

原则即行事所依据的准则，也就是说，在进行财务管理工作时，财会人员需要按照上述10项原则行事，不能任意妄为。

常识002 6个基本要素

财务管理的6个基本要素包括财务预测、财务决策、财务预算、财务控制、财务分析和财务检查。这与会计的6个要素（资产、负债、所有者权益、收入、费用和利润）不同。

财务管理的6个要素是针对整个财务工作流程而言的，其范围较广；而会计的6个要素只是针对会计核算这一工作环节而言，明确会计核算的主要内容。那么，如何理解财务管理的6个要素呢？如表1-1所示。

表 1-1

要素	分析
财务预测	根据财务活动的历史资料，考虑现实要求和条件，对企业未来的财务活动和财务成果作出科学预测和测算。包括测算各项生产经营方案的经济效益，为决策提供可靠依据；预计财务收支的发展变化情况，以确定经营目标；测定各项定额和标准，为编制计划和分解计划指标服务
财务决策	是对财务方案及财务政策进行选择和决定的过程，也可称为短期财务决策。决策的目的是确定最令人满意的财务方案，促使人们从财务活动取得好效益，完成企业价值最大化的财务管理目标
财务预算	是企业在计划期内反映有关现金收支、经营成果和财务状况的预算工作，主要包括现金预算、预计损益表和预计资产负债表这 3 种
财务控制	对企业资金投入和收益的过程与结果进行衡量与校正。该财务管理工作的目的是确保财务计划和企业目标得以实现
财务分析	以会计核算、报表资料及其他相关资料为依据，采用一系列专门的分析技术和方法，对企业过去和现在的筹资、投资、盈利能力、营运能力、偿债能力及增长能力状况等进行分析和评论。也就是说，财务分析是一种搜集与决策有关的各种财务信息并加以分析和解释的技术
财务检查	一种根据财务监督的总体要求，组织专门人员对账务、实物和财务活动现场进行实地查看，从而对企业财务活动进行监督、检查和评价的方法

由表中的内容可知，财务分析以会计核算为依据，而会计核算又需要依据会计的6个要素来进行，因此，会计的6个要素包含在财务分析这一要素中。财务管理要素是财务工作各环节的名称，更体现指导性；而会计要素是会计核算的具体内容，更体现实操性。

实际上，财务管理的6个要素就是财务管理工作的6个主要环节。

在实际工作中，我们将财务管理的6个要素直接称为财务管理的工作内容，很少将其强调为财务要素。

 财务管理3个最大化目标

企业对财务工作进行规范化管理，目的是要实现相应的经营目标。在企业长期实践过程中，形成了主要的3个目标，即利润最大化、股东财富最大化和企业价值最大化，我们也称其为3个最大化目标。

（1）利润最大化

利润代表了企业新创造的财富，利润越多，企业的财富增加得越多，越接近企业的经营目标。企业当期经营效益主要来源于利润最大化的实现，也就是盈余公积和未分配利润的增加。目前，我国在评判企业的业绩时，许多情况下还是以利润为基础。例如，在企业增资扩股时要考虑企业最近3年的盈利情况；在考核国有企业经理人的业绩时也以利润为主。

利润最大化与边际收益和边际成本有关，边际收益是指最后增加一单位销售量所增加的收益，边际成本是指最后增加一单位产量所增加的成本。如果最后增加一单位产量的边际收益大于边际成本，就说明增加产量可增加利润，企业就可以继续增加产量来实现最大化利润的目标。反之，如果最后增加一单位产量的边际收益小于边际成本，就说明增加产量不仅不能增加利润，反而会使企业发生亏损。

但在企业长期实践过程中，追求利润最大化这一目标也暴露了很多缺点，主要有如下6个。

◆ 利润最大化没有考虑利润实现的时间，没有考虑项目报酬的时间价值

比如，企业有A、B两个项目，其利润都是500万元，如果不考虑资金的时间价值，则无法判断哪一个项目更符合企业的目标；但如果A项

目的500万元利润是上一年已经赚取的，而B项目的500万元利润是当年赚取的，显然，对于相同的现金流入来说，A项目的获利时间更早，更具有价值。

◆ 利润最大化未有效地考虑风险问题

通常，高利润伴随着高风险，若为了达到利润最大化而选择高风险项目，或进行过度借贷，则企业的经营风险和财务风险会大大提高。比如，企业有A、B两个项目，当年都赚取了500万元，但A项目的利润全部为现金收入，而B项目的利润全部为应收账款，则B项目的应收账款存在不能收回的风险，所以，选择A项目盈利目标会实现得更好。

◆ 利润最大化未考虑利润和投入资本的关系

即单看利润指标却忽视了利润背后的成本。比如，企业的A、B两个项目都在当年获得了500万元的利润，且取得的都是现金收入，但A项目只需耗费500万元成本，而B项目需要耗费1 500万元成本，显然，A项目更有利于企业发展。

◆ 利润最大化不能反映企业未来的盈利能力

利润最大化基于历史数据，反映的是企业过去某一期间的盈利水平，并不能反映企业未来的盈利能力。也就是说，净利润代表了股东权益和企业财富的增加，但并不代表企业持续经营和持久盈利能力的增强，也不能代表股东在未来能够获得高报酬。

◆ 利润最大化往往会使企业财务决策带有短期行为倾向

即诱使企业只顾实现眼前的利润最大化而不顾企业的长远发展。比如，企业可能通过减少产品开发、人员培训和技术装备等方面的支出来提高当年的利润，但这显然对企业的长期发展是不利的。

◆ 利润最大化不能反映企业的真实情况

利润是企业经营成果的会计度量，而同一经济问题的会计处理方法有多种，使得利润并不能反映企业的真实情况。比如，有些企业通过出售资产增加现金收入，表面上增加了利润，但企业财富并未增加。

（2）股东财富最大化

股东财富最大化是指通过财务上的合理运营，为股东创造最多的财富。在股份公司中，股东财富最大化又演变成股票价格最大化，因为在股份公司中股东财富由其所拥有的股票数量和股票市场价格决定。

股东财富的表现形式是在未来获得更多的净现金流量，对于上市公司而言，股东财富可表现为股票价值，而股票价值一方面取决于企业未来获取现金流量的能力，另一方面取决于现金流入的时间以及风险。所以，与利润最大化目标相比，股东财富最大化目标具有3个优点。

◆ 考虑了现金流量的时间价值和风险因素，因为现金流量获得时间的早晚和风险的高低，都会对股票价格产生重要影响。

◆ 在一定程度上能克服企业在追求利润最大化方面的短期行为，因为股票的价格很大程度上取决于企业未来获取现金流量的能力。

◆ 反映了资本与报酬的关系，因为股票价格是对每股股份的一个标价，反映的是单位投入资本的市场价格。

对于非上市公司而言，可以通过资产评估来确定其自身价值的大小，或根据企业未来可取得的现金流入量来进行估值。

（3）企业价值最大化

企业价值最大化是指通过财务上的合理经营，采用最优的财务政策，充分考虑资金的时间价值和风险与报酬的关系，在保证企业长期稳定发展的基础上，使企业总价值达到最大。其基本思想是将企业的长期稳定发展放在首位，强调在企业价值增长过程中满足各方利益。

企业价值包含新创造的价值和潜在的预期获利能力，是一个笼统的概念，无法准确地以计算的形式进行评价。虽然企业价值最大化目标考虑了取得现金收益的时间因素，也能克服企业在追求利润最大化时的短期行为，还科学地考虑了风险与报酬的关系，但仍存在不可忽视的缺点。

◆ 没有考虑企业投入与产出之间的关系。

◆ 这一数值难以具体估量，可操作性不强。

◆ 该目标适用范围有限，加上企业价值受到多种不可控因素的影响，所以这一目标很容易在财务决策方面误导经营者。

常识004 8种财务关系要牢记

财务关系指的是企业在组织财务活动过程中与有关各方面发生的经济利益关系，它不仅体现了财务活动的本质特征，也影响着活动的规模和速度。对于企业来说，有如表1-2所示的8种财务关系。

表 1-2

关系对象	描述
国家	国家为企业生产经营活动提供公平竞争的环境和公共设施条件，与企业之间的财务关系体现在税收上，企业应照章纳税，是一种强制性分配关系
出资者	投资者向企业投入资金，企业向其支付投资报酬而形成的财务关系，体现着一种经营权与所有权的关系
债权人	企业向债权人借入资金，并按借款合同的规定按时支付利息和归还本金所形成的财务关系
受资者	企业以购买股票或直接投资的方式向其他企业投资形成的财务关系
债务人	企业将资金以购买债券、提供借款或商业信用等方式出借给其他单位，到期后有权要求其他单位按约定支付利息和归还本金所形成的财务关系
企业内部各单位	企业内部各单位之间在生产经营环节中相互提供产品或劳务所形成的财务关系
职工	职工为企业提供劳务，企业向职工支付劳动报酬的过程中形成的财务关系
董事会及监事会	董事会决定企业经营计划和投资方案，监事会负责检查企业财务，而企业要为董事会和监事会支付董事会经费和监事会经费

这8种财务关系可划分为4个层次关系，具体层次结构如图1-3所示。

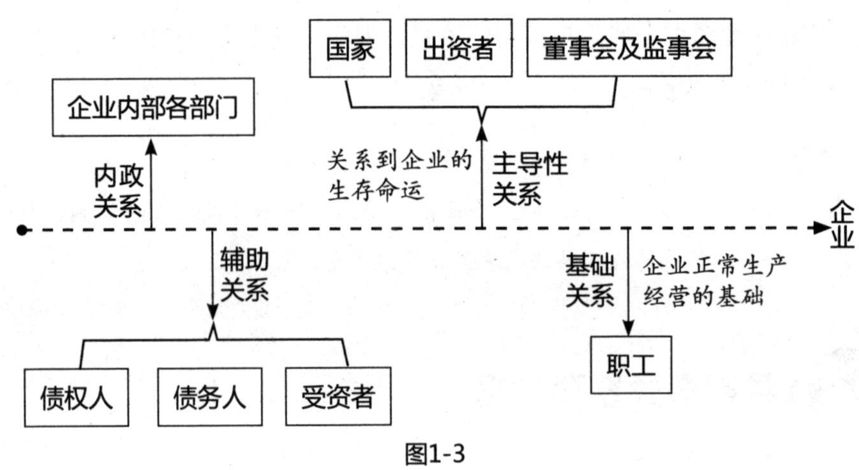

图1-3

做好内政与外交是企业的经营之道，也是财务部门日常工作的主要内容。也就是说，企业应正确处理和协调与各方面的财务关系，取得国家、出资者、董事会及监事会的信任，努力实现企业与其他财务主体之间利益均衡，调动各个方面的积极因素，促进企业生产经营活动正常开展，实现财务管理目标。

常识005 什么是货币时间价值

货币时间价值是指货币经历一定时间的投资和再投资所增加的价值，也称为资金时间价值。简单来说，货币时间价值就是钱生钱，且所生之钱又会生出更多的钱。货币时间价值不产生于生产制造领域，而产生于社会资金流通领域。

从量的角度看，货币时间价值是在没有风险、没有通货膨胀的情况下的社会平均资金利润率（即资产报酬率）。即在计量货币时间价值时，风险报酬和通货膨胀这两个因素不包括在内。其计算公式如下。

资金利润率 = 利润总额/（固定资产原价全年平均余额+定额流动资金全年平均余额）× 100%

但在实际计算货币时间价值时，不会使用上述公式，具体计算过程如下。

案例分析

货币时间价值的体现

货币的时间价值一般以利息的方式体现，而在计算利息时又分两种方式，即单利和复利。单利是指本金在贷款期限中获得的利息，不管时间多长，所生利息均不加入本金重复计算利息；而复利是每经过一个计息期，要将所生利息加入本金再计算利息，逐期滚算，俗称“利滚利”。单利和复利的计算公式如下。

【单利计算（$I=P\times i\times n$）】

I表示利息；i表示利率，通常指每年利息与本金之比；P表示本金，又称期初金额或现值；F为本金与利息之和，又称本利或终值；n表示时间，即计算利息的期数，通常以年为单位，而一年以360天为准。

比如，某企业有一张带息期票，面额为1800元，票面利率为4%，出票日期为2017年8月20日，10月19日到期（共60天），则到期时利息为：$I=1800\times4\%\times60/360=12$（元）。

终值$F=P+I=P+P\times i\times n$　　现值$P=F\times(1-i\times n)$

【复利计算】

复利计算包括复利终值、复利现值、复利利息以及名义利率与实际利率等的计算。

①复利终值。指已知现值，经过复利计算得到复利终值。

$F=P\times(1+i)^n$

其中，$(1+i)^n$被称为复利终值系数，或称1元的复利终值，财务管理中用符号（F/P,i,n）表示。

比如，本金为15000元，投资5年，利率为8%，每年复利一次，其复利终值为：$F=15000\times(1+8\%)^5=15000\times1.47=22050$（元）；复利息为：$I=22050-15000=7050$（元）。

②复利现值。已知终值，经过复利计算可得到复利现值。

$P=F\times(1+i)^{-n}$

其中，$(1+i)^{-n}$被称为复利现值系数，或称1元的复利现值，财务管理中用符号（P/F,i,n）表示。

比如，某企业项目投资了5年，利率为8%，每年复利一次，本利和为22050元，该本利和5年前的复利现值为：$P=22050\times(1+8\%)^{-5}=15006.86$元。也就是说，当前22050元在5年前的价值为15006.86元。

③复利利息。即“I＝F－P”。

④名义利率与实际利率。复利的计息期不一定总是一年，有可能是季度、月甚至日，当利息在一年内要复利几次时，给出的年利率叫做名义利率，如年利率8%（如果按年计复利，所以此时的8%既是名义利率，也是实际利率）。根据年利率推算出的季度利率、月利率或者日利率等称为实际利率，比如上述案例每季度复利一次，相关计算过程如下。

每季度利率=8%/4=2%（实际利率）　　复利次数=5×4=20次

$F=15000\times(1+2\%)^{20}=15000\times1.49=22350$（元）

I＝22350−15000=7350（元）

货币时间价值这一假设认为，当前拥有的货币比未来收到同样金额的货币价值更大，因为当前拥有的货币可进行投资、复利，即使有通货膨胀的影响，只要有投资机会，货币现值就一定大于其未来价值。

常识006 财务与会计不分家

在实际经营过程中，企业的财务工作和会计工作没有明确的界限，会计是会计信息的创造者，财务是会计信息的利用者。会计的工作是把企业所有的经营活动按照大家公认的方式记录下来，把非结构化的信息结构化，创造出会计信息；而财务的工作是利用信息创造价值，这里的信息不仅是会计信息，还有税务、金融以及企业内部等信息。

（1）财务与会计的联系

财务与会计的联系在于二者的思维基础都是可计量的货币。会计记录的基础是要有可计量的货币金额，而财务工作中收集基础信息的第一步就是计量经济活动涉及的货币金额。由此，财务与会计的沟通才顺畅。但会计创造的信息并不意味着财务可直接利用，在某些财务工作中，财务信息和会计信息的基本原则有重大差异，比如权责发生制和收付实现制。

知识链接 *权责发生制与收付实现制分别是什么*

权责发生制与收付实现制都是会计核算制度，两者有本质上的不同。

权责发生制又称应收应付制或应计制，凡是当期已经实现的收入或是已经发生或应当负担的费用，不论款项是否收付，都应确认为当期的收入和费用；凡是不属于当期的收入和费用，即使款项已经在当期收付，也不应确认为当期的收入或费用。由此可知，权责发生制是以权利和责任的发生来决定收入和费用的归属期。

收付实现制又称实收实付制或现金制，以现金收到或付出为标准，来记录收入的实现和费用的发生。按照该制度，收入和费用的归属期将与现金收支行为的发生与否息息相关，换言之，现金收支行为在其发生的期间全部确认为收入或费用，而不考虑与现金收支行为相关联的经济业务是否发生。在现金收付基础上，会计处理经济业务时不考虑预收收入、预付费用以及应收账款和应付账款等问题，会计期末也不需要进行账项调整。

例如，某企业在2017年4月出租一台设备，租期为半年，但到2017年10月才收到租金。按收付实现制，这笔租金收入应计入2017年10月这一会计期间，而不论赚取该收入的活动是在什么时候完成的；相应的，对租入设备的一方来说，即使是在2017年4～10月使用了租入设备，但支付租金的行为发生在2017年10月，因此这笔租金只能记为2017年10月的费用。

按权责发生制，这笔租金收入虽然在2017年10月获得，但其对应的经济业务在2017年4～10月一直在发生，所以该笔租金收入应分配到这半年内的每一个会计期间进行确认，相应的，租入设备的一方也要将租金支出分配到这6个会计期间进行费用确认。

（2）财务与会计的区别

财务负责的是对会计信息进行分析并给出报表，而会计负责的是会计信息的收集、整理和传递。所以财务负责的工作更具技术性，而会计负责的工作更加基础。

那么，财务与会计究竟有哪些不同呢？来看看如图1-4所示的一些。

概念不同	会计是一种以货币为主要计量单位，采用专门方法对企业经济活动进行完整、连续且系统的核算和监督，记录并制作报告，提供企业财务状况、经营成果和现金流量等信息资料的经济管理活动；财务是一种在一定的整体目标下，关于资产的购置、投资、融资和管理的决策体系。
职能作用不同	会计的基本职能是核算和监督，侧重于对资金的反映和监督；财务的基本职能是预测、决策、计划和控制，侧重于对资金的组织、运用和管理。
依据不同	会计核算的依据是国家统一会计制度，具体政策和估计方法的选用由企业根据统一会计制度，结合企业实际情况而定；财务管理的依据是在国家法律允许范围内根据管理当局的意图制定的内部财务管理办法，享有独立的理财自主权和自主决策权。
立足的时间不同	会计面向过去，必须以过去的交易或事项为依据，是对过去的交易或事项进行确认和记录；财务注重未来，是基于一定的假设条件，对历史资料和现实状况进行分析判断，侧重对未来的预测和决策。
目的和结论不同	会计的目的是要得出一本“真账”，结论具有合法性、公允性和一惯性，且比较死板，不同的人对相同的会计业务进行核算时，重大方面都不应存在大的出入；财务的目的是使企业财富最大化或价值最大化，其结论比较灵活，只有恰当、合理，没有唯一。
影响因素不同	会计结论主要受会计政策和会计估计的影响，同时受到会计人员专业判断能力的制约；财务管理目标的实现程度主要受投资报酬率、风险、投资项目、资本结构以及股利分配政策的影响。

图1-4

但是，如果一个企业内部只有一个会计或两个会计，则会计每月就可能既要做结账，还要出报表，甚至还要进行数据分析、作报告以及给领导做汇报等，基本上所有财务会计的活儿都在做。这时财务、会计就没有多大的区分。

常识007 什么是会计恒等式

会计恒等式是指各个会计要素在总额上必须相等的一种关系式，它揭示了各会计要素之间的联系，是复式记账和编制会计报表的理论依据。会计恒等式改革了会计原恒公式（资金占用总额＝资金来源总额），取而代之的是现在普遍使用的“资产＝负债+所有者权益”公式。对于该会计恒等式，具体有如下几种分析和理解。

◆ **资产不变**：如果负债增加，则所有者权益会相应减少；如果负债减少，则所有者权益会相应增加。

◆ **负债不变**：如果所有者权益增加，则资产会相应增加；如果所有者权益减少，则资产会相应减少。

◆ **所有者权益不变**：如果负债增加，则说明资产也在增加；如果负债减少，则说明资产也在减少。

为了简化会计恒等式，使其具有高度的概括性和鲜明的平衡性，很多企业采用国际上通用的会计恒等式“资产-负债=所有者权益”。会计科目中账户的设置、复式记账、试算平衡以及结账等工作，都必须以这一会计恒等式为指导。

之所以称该公式为恒等式，是因为这一公式在数量上是恒等的。它表明了股东与债权人两者在企业的资产中所占份额的多少。在负债不变时，资产与所有者权益呈现同方向变化；在所有者权益不变时，资产与负债也呈现同方向变化；而当所有者权益与负债都变化时，资产的变化等于两者变化后的和，主要有以下3种情形。

◆ 所有者权益增加量等于负债减少量，或者所有者权益减少量等于负债增加量，则资产不变。

◆ 所有者权益增加量大于负债减少量，或者所有者权益减少量小于负债增加量，则资产增加。

◆ 所有者权益增加量小于负债减少量，或者所有者权益减少量大于负债增加量，则资产减少。

企业经营过程中还涉及其他重要的会计恒等式，比如“收入-费用=利润（或亏损）”，即“得到的-付出的=赚的（或亏的）”。

企业经营的目标就是赚钱，只有取得的收入抵消掉为这笔收入所消耗的费用还有剩余，企业才算是盈利了。这一公式中的利润为正数时，就表明企业现金流入大于现金流出，即企业资产增加，由此可得出如下公式。

新的所有者权益=旧的所有者权益+利润=旧的所有者权益+收入-费用

新的资产=负债+新的所有者权益=负债+旧的所有者权益+收入-费用

常识008 会计科目与会计分录

会计科目是指对会计要素的具体内容进行分类核算的项目，而会计分录是指预先确定每笔经济业务所涉及的账户名称和计入账户的方向和金额的一种记录，它由记账方向、对应会计科目（账户）名称和应记金额这3部分构成。

（1）会计科目

一般会计科目的分类依据是其归属的会计要素，主要分为六大类，如图1-5所示。

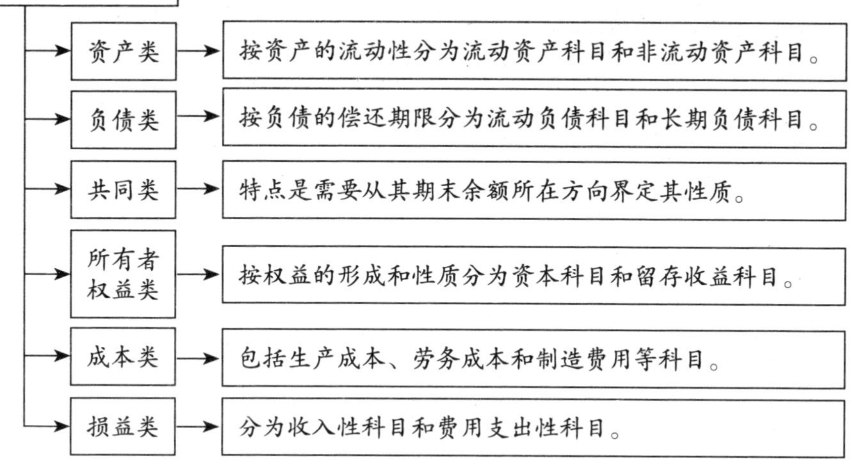

图1-5

各类会计科目常见的科目分别有如下一些。

◆ **资产类**：库存现金、银行存款、其他货币资金、交易性金融资产、应收票据、应收账款、预付账款、原材料、固定资产及无形资产等。

◆ **负债类**：短期借款、应付票据、应付账款、预收账款、应付职工薪酬、应交税费、长期借款、应付债券及长期应付款等。

◆ **共同类**：既有资产性质，又有负债性质，多为金融、保险、投资和基金等公司使用，包括清算资金往来、货币兑换和衍生工具等。

◆ **所有者权益类**：实收资本、资本公积、盈余公积、本年利润以及利润分配等。

◆ **成本类**：生产成本和制造费用等。

◆ **损益类**：主营业务收入、其他业务收入、公允价值变动损益、投资收益、主营业务成本、其他业务成本、税金及附加、管理费用、销售费用、财务费用、所得税费用及资产减值损失等。

（2）会计分录

会计分录按照涉及的会计账户多少分为简单会计分录和复合会计分

录。简单会计分录只涉及一个会计账户的借方和另一会计账户的贷方，即一借一贷会计分录；复合会计分录涉及两个（不含）以上会计账户的借方和贷方，即一借多贷、一贷多借或多借多贷会计分录。会计分录的格式有如下两点需要注意。

①先写借方科目再写贷方科目，借贷分行，借方在上，贷方在下。

②贷方记账符号、科目和金额都要比借方后退一格，表明借方在左，贷方在右。

为了保持账户对应关系明确，一般不宜将不同经济业务合并在一起再编制多借多贷会计分录，而是将其拆分为多个一借一贷、一借多贷或一贷多借会计分录。但是在某些特殊情况下，为了反映经济业务的全貌，也可以适当地编制多借多贷会计分录。

在编写会计分录时，可参照一定的记账规律：金额增加时记借方、减少时记贷方的科目有资产类、成本类和损益类中的费用类，一般余额在借方；金额减少时记借方、增加时记贷方的科目有负债类、所有者权益类和损益类中的收入类，一般余额在贷方。

常识009 统一的会计记账法——复式记账

复式记账法是以资产与权益（负债+所有者权益）平衡关系作为记账基础，对每一项经济业务都以相等的金额在两个或两个以上相互联系的账户中进行登记，系统地反映资金运动变化结果的一种记账方法。复式记账的理论依据是会计恒等式，它的特点有两个。

◆ 对于每一项经济业务，都在两个或两个以上相互关联的账户中进行记录，不仅可以了解每一项经济业务的来龙去脉，而且在全部经济业务都登记入账后，可通过记录全面、系统地反映经济活动的过程和结果。

◆ 由于每项经济业务发生后都以相等的金额在有关账户中进行记录，因而可据以进行试算平衡，以检查账户记录是否正确。

如果企业对经济业务的登记符合复式记账原理，则在任何时点，会计恒等式“资产=负债+所有者权益”或“资产=所有者权益+负债+（收入-费用）”均能成立，即双方保持着平衡关系。相反，如果企业对经济业务的记录没有遵守复式记账原理（即记账有错误），那么在大多数情况下会破坏会计恒等式的平衡关系。所以，可通过复式记账原理检查记录错误、复式记账错误、加减或变换错误等。

复式记账法是从单式记账法发展而来的，在我国有3种形式，分别是借贷记账法、增减记账法和收付记账法，而会计上规定使用的只有借贷记账法，该方法的主要特点有以下两点。

①以“借”“贷”为记账符号，每个账户分借贷两方。

②以“有借必有贷、借贷必相等”作为记账规则，对每一项经济业务都要记入两个或两个以上账户中，并以相等的金额分别记入一个或几个账户的借方和另一个或几个账户的贷方。

案例分析

各项经济业务的记账情况

我国的企业和行政事业单位都采用复式记账法，采用该方法对各项经济业务的记账有以下几种情况。

①资产和负债，或资产和所有者权益同时等额增加。

一种情况是资产和负债在业务发生后同时等额增加。

例，M公司购入材料，货款45000元尚未支付。此业务涉及资产中的“原材料”账户和负债中的“应付账款”账户，同时在这两个账户中记增加45000元。会计分录如下。

借：原材料　　　　　　　45000

　　贷：应付账款　　　　　　　45000

另一种情况是资产和所有者权益在业务发生后同时等额增加。

例，M公司接受投资者以一台设备作为投入资金，价值150000元。此业务涉及资产中的“固定资产”账户和所有者权益中的“实收资本”账户，同时在这两个账户中记增加150000元。会计分录如下。

借：固定资产　　　　　　　　　　150000

　　贷：实收资本　　　　　　　　　　150000

②资产和负债，或资产和所有者权益同时等额减少。

一种情况是业务引起资产和负债同时等额减少。

例，M公司以银行存款100000元偿还所欠原材料款。此业务涉及资产中的“银行存款”账户和负债中的“应付账款”账户，同时在这两个账户中记减少100000元。会计分录如下。

借：应付账款　　　　　　　　　　100000

　　贷：银行存款　　　　　　　　　　100000

另一种情况是业务引起资产和所有者权益同时等额减少。

例，M公司因资本过剩而决定减资，用银行存款发还投资者投资的50000元。业务涉及资产中的“银行存款”账户和所有者权益中的“实收资本”账户，同时在这两个账户中记减少50000元。会计分录如下。

借：实收资本　　　　　　　　　　50000

　　贷：银行存款　　　　　　　　　　50000

③资产内部，项目有增有减，增减额相等。这类型的经济业务只引起资产类不同项目数量发生变化，不涉及负债和所有者权益变化，也不影响资产总额。

例，M公司从银行提取现金10000元。此业务只涉及资产中的“银行存款”账户和“库存现金”账户，其中，“库存现金”账户记增加10000元，“银行存款”账户记减少10000元。会计分录如下。

借：库存现金　　　　　　　　　　10000

　　贷：银行存款　　　　　　　　　　100000

④负债和所有者权益各自内部有关项目之间，或两者有关项目之间发生增减变化。

第一种情况是负债类项目有增有减，增减金额相等。

例，M公司对外开出一张商业汇票，抵偿应付账款8000元。此业务为负债类不同项目的此增彼减，即“应付账款”账户减少8000元，“应付票据”账户增加8000元。会计分录如下。

借：应付账款　　　　　　　　　　8000

　　贷：应付票据　　　　　　　　　　8000

第二种情况是所有者权益类项目有增有减，增减金额相等。

例，M公司将所有者权益项目中的资本公积50000元转增资本。此业务涉及所有者权益类不同项目的此增彼减，即“资本公积”账户记减少50000元，“实收资本”账户记增加50000元。

借：资本公积　　　　　　　　　　50000

　　贷：实收资本　　　　　　　　　　50000

第三种情况是负债增加（或减少），同时所有者权益减少（或增加），增减金额相等。

例，M公司宣布发放现金股利40000元，实际并未发放。此业务涉及负债中的“应付股利”账户和所有者权益中的“利润分配”账户，“应付股利”账户记增加40000元，“利润分配”账户记减少40000元。会计分录如下。

借：利润分配　　　　　　　　　　40000

　　贷：应付股利　　　　　　　　　　40000

知识链接 什么是平行登记

平行登记是指对每一项经济业务，一方面要在有关的总分类账户中进行总括登记，另一方面还要在其所属的有关明细分类账户进行明细登记（没有明细分类账户或没有涉及明细分类账户的除外）。

总分类账户是所属明细分类账户的综合，对所属明细分类账户起统驭作用。明细分类账户是有关总分类账户的补充，对有关总分类账户起着详细说明的作用。总分类账户和明细分类账户登记的会计凭证依据相同，核算内容相同，两者结合起来既总括又详细地反映同一事物。因此，总分类账户和明细分类账户必须平行登记。

平行登记要做到3点：同期登记、同向登记和等额登记。同期登记是指对发生的一项经济业务，根据有关会计凭证进行全面分析，在登记总分类账户的同时还要在同一会计期间计入总分类账户所属的明细分类账；同向登记是指在计入总分类账借方的同时也要计入明细分类账会计科目的借方，如果计入贷方，则要分别计入明细账科目的贷方；等额登记是指在登记金额时，总分类账的金额要与明细分类账的金额相等。

常识010 8项会计信息质量要求

在财会工作中，并不是所有的会计信息都是决策者需要的，要想为决策者排忧解难，就需要提供有质量的信息。通常，会计信息的质量高低体现在财务报告上，而会计准则规定会计信息的质量要求主要体现在可靠性、相关性、可理解性、可比性、实质重于形式、重要性、谨慎性和及时性等方面。

◆ 可靠性

可靠性要求财会人员以真实发生的交易或事项为依据进行会计核算（确认计量报告），不得虚构，不能提前或推迟确认。可靠性要求提供的信息客观公正，披露的信息要充分，不能少报或漏报。

比如，过去准则都要求资产以历史成本计价，因为历史成本可通过发票收据等外部资料证明成本的可靠性；现在对一些金融资产则要求使用公允价值计量，因为金融资产一般不会以历史成本收回，而已公允价值计量更能体现资产的真实价值，更有利于投资者做出合理判断。

◆ 相关性

相关性要求企业提供的会计信息应当与投资者等财务报告使用者的经济决策需要相关，它是以可靠性为基础的。也就是说，在可靠性的前提下，应尽可能做到相关性，以满足财务报告使用者的决策需要。

◆ 可理解性

可理解性主要针对投资者等报告使用者而言，它要求企业提供的会计信息清晰、明了且易懂。可理解性还体现在会计报表的附注编制上，比如在附注中会看到这样的文字说明："货币资金期末余额较期初余额上升50%，主要是本期应收款回收所致。"由于货币资金增加有多方面因素导致，所以这里以附注的形式补充说明货币资金增加的原因是应收账款的回收。

◆ 可比性有两方面

一方面，同一企业不同时期可比。这样，报告使用者才能评价过去并分析未来。准则要求企业执行的会计政策要保持一惯性，不得随意变更，这就是为了使会计信息具有可比性。

另一方面，不同企业之间相同会计期间也要有可比性。为了便于报告使用者评价不同企业的财务状况、经营成果和现金流量及其变动情况，会计信息质量的可以性要求不同企业同一会计期间发生的相同或相似的经济业务，应当采用规定的会计政策，从而确保会计信息的口径一致、相互可比。

◆ 实质重于形式

这个要求基于财会人员日常工作中的职业判断能力，也基于工作经验的积累程度。比如我们经常提到的融资租赁，形式上是租赁行为，法律上双方签订的也是租赁合同，但实质上企业的目的是融资，所以会计处理要按融资行为进行。

又比如，收入的确认不在于单据是否齐全，关键是商品所有权的主要风险和报酬是否转移给了购货方。如果风险和报酬没有转移，即使钱收到了也不能确认为收入；如果风险和报酬已经转移，即使没有开具发票也应确认为收入。

◆ 重要性

重要的交易或事项要单独确认和披露，但这并不是指不重要的交易或事项就不处理或不披露。会计准则对重要信息作出了说明："财务报告中提供的会计信息，如果省略或错报会影响投资者或其他使用者做决策，则该类信息就具有重要性。"

财会人员还可通过涉及金额的大小和项目的性质等判断会计信息的重要程度，进而详略得当地披露信息。

◆ 谨慎性

在对交易或事项进行会计确认、计量和报告时应保持谨慎，不能高估资金或收益、低估负债或费用。出于谨慎性考虑，会计准则要求对几乎所有资产都计提资产减值准备，且一经计提就不能转回。但是，财会人员也不能过度谨慎，否则很容易使会计信息失真。

◆ 及时性

市场中，无论哪种信息，都有时效性。而财务信息的目的是为投资者做决策服务，对时效性的要求更加严格。财会人员对已经发生的交易或事项要及时确认、计量和报告，便于投资者及时使用和做出决策。在实际工作中，企业和财会人员都很难做到这一点，而要想及时传递信息，最好的办法是对信息传递流程进行优化，让业务信息流和财务信息流无缝对接。

常识011 什么是会计核算

会计核算也称会计反映，即以货币为主要计量尺度，对会计主体的资金运动进行反映。它主要对会计主体已经发生或已经完成的经济活动进行事后核算，是会计工作中记账、算账和报账的总称。

会计核算的工作内容主要包括如图1-6所示的7项，这些内容也是财会人员的日常工作职责。

设置会计科目	对会计对象的具体内容进行分类核算，即在设计会计制度时事先规定会计科目，然后在账簿中开立相应账户，分类、连续地记录各项经济业务，反映由于各经济业务的发生而引起的各会计要素的增减变动情况和结果，为经济管理提供各种类型的会计指标。
复式记账	对每一项经济业务都以相等的金额同时计入两个或两个以上的有关账户中。通过账户的对应关系就可了解有关经济业务内容的来龙去脉；通过账户的平衡关系就可检查有关业务的记录是否正确。
填制和审核凭证	财务部门负责填制凭证，由自己部门或其他相关部门审核凭证。只有经过审核并认为正确无误的会计凭证才能作为记账的根据。为经济管理提供真实可靠的数据资料，为会计监督做好铺垫工作。
登记账簿	将会计凭证记录的经济业务序时、分类地记入有关账簿设置的各个账户中。登记账簿必须以凭证为依据，并定期结账、对账，为编制会计报表提供完整系统的会计数据。
成本核算	在生产经营过程中，按照一定对象归集和分配发生的各种费用支出，确定对象的总成本和单位成本。通过该核算工作，企业可确定材料的采购成本、产品的生产成本以及销售成本，可反映和监督生产经营过程中发生的各项费用是否节约，并据以确定企业经营的盈亏。
财产清查	通过盘点实物、核对账目，保持账实相符。通过财产清查，可查明各项财产物资和货币资金的保管与使用情况，以及往来款项的结算情况，监督各类财产物资的安全与合理使用。清查中若发现财产物资和货币资金的实有数与账面结存数不一致的，应及时查明原因，通过一定审批手续进行处理，过后还要调整账簿记录。
编制会计报表	财会人员在保证账实相符的基础上，定期编制会计报表。会计报表提供的资料不仅是分析考核财务成本计划、预算执行情况及编制下期财务成本计划和预算的重要依据，也是进行经济决策和国民经济综合平衡工作必要的参考资料。

图1-6

常识012 记录和统计数据——财务报表

财务报表是以会计准则为规范编制的，向所有者、债权人、政府及其他有关各方等外部单位反映会计主体财务和经营状况的报表文件。

需要注意的是，财务报表不等于财务报告，财务报表只是财务报告的主要部分，与董事报告、管理分析和财务情况说明书等共同组成财务报告。根据不同的分类依据，财务报表可分为很多种类。

（1）按报表内容分类

按照报表的内容，我们可将财务报表分为资产负债表、所有者权益变动表、利润表及附表、现金流量表及附表和财务报表附注，如表1-3所示。

表 1-3

报表	介绍
资产负债表	也称财务状况表，反映企业资产、负债和资本的期末状况，长期偿债能力，短期偿债能力和利润分配能力等。我国企业资产负债表采用账户式结构，各项目均需填列“期初余额”和“期末余额”两栏，“期初余额”栏内各项数据应根据上一期末资产负债表的“期末余额”栏内所列数据进行填列。具体结构将在本书第 8 章进行详细介绍
所有者权益变动表	反映当期企业所有者权益（股东权益）总量的增减变动和结构变动情况，特别反映直接计入所有者权益的利得和损失。该表不常见，很多企业并没有专门设计这一报表，而将其作为资产负债表的补充说明内容成为附表
利润表及附表	也称损益表，反映当期企业收入、费用和应计入当期利润的利得与损失的金额和结构情况。我国企业利润表多采用多步式，各项目均需填列“本月数”和“本年累计数”两栏，“本月数”栏反映各项目的当月实际发生数。利润表的附表一般指利润分配表，是反映企业一定期间对实现净利润的分配或亏损弥补的会计报表。具体结构将在本书第 8 章进行详细介绍
现金流量表及附表	反映企业现金流量的来龙去脉，表中包括经营活动、投资活动和筹资活动 3 个部分。也就是说，现金流量表会记录销售商品或提供劳务、购买商品或接受劳务、支付工资、缴纳税款、购建固定资产、处置子公司及其他营业单位、吸收投资、发行股票、分配利润、发行债券以及偿还债务等活动涉及的现金流入、流出情况。具体结构将在本书第 8 章进行详细介绍

续上表

报表	介绍
财务报表附注	该报表内容一般包括：企业的基本情况、财务报表编制基础、遵循企业会计准则的声明、重要会计政策和会计估计、会计政策和会计估计变更及差错更正的说明和重要报表项目的说明

（2）按服务对象分类

通过该分类依据，可将财务报表分为对外报表和内部报表。

◆ **对外报表**：是企业必须定期编制、定期向上级主管部门、投资者、财税部门和债权人等报送，或按规定向社会公布的财务报表。这类报表要求有统一的报表格式、指标体系和编制时间，具有定期性和规范性。资产负债表、利润表和现金流量表均属于对外报表。

◆ **内部报表**：是企业根据其内部经营管理的需要而编制的，供企业内部管理人员使用的财务报表。它不要求统一格式，没有统一指标体系。成本报表属于内部报表。

要注意，很多企业为了吸引投资者或者促使银行等金融机构同意贷款，会更改对外报表中的数据，使得外部报表使用者以为企业的经营状况良好，这就会使内外报表的数据不一致。规范的企业是不允许出现这种情况的。

（3）其他分类方式下的财务报表类型

除了根据报表内容和报表服务对象对财务报表进行分类以外，我们还可根据其他分类依据将财务报表种类进行划分，如表1-4所示。

表 1-4

分类依据	种类
按编制和报送时间分类	分为中期财务报表和年度财务报表，中期财务报表主要指月份、季度和半年期财务报表；年度财务报表是企业在每年年底必须编制的报表，它全面反映企业整个会计年度的经营成果、现金流量情况和年末财务状况

续上表

分类依据	种类
按报表提供的会计信息的重要性分类	分为主表和附表。主表即主要财务报表，其提供的会计信息较全面完整，能基本满足各种信息需求者的不同要求，现行的主表有3张：资产负债表、利润表和现金流量表；附表即从属报表，指对主表中不能或难以详细反映的一些重要信息作出补充说明的报表，现行的附表主要有利润表的附表——利润分配表和分部报表，资产负债表的附表——应交增值税明细表和资产减值准备明细表
按编报单位分类	分为基层财务报表和汇总财务报表。基层财务报表由独立核算的基层单位编制，反映本单位财务状况和经营成果；汇总报表指上级和主管部门将本身的财务报表与其所属单位报送的基层报表汇总编制而成的报表
按编报的会计主体分类	分为个别报表和合并报表，个别报表指在以母公司和子公司组成的具有控股关系的企业集团中，由母公司和子公司各自为主体分别单独编制的报表，分别反映母公司和子公司各自的财务状况、经营成果和现金流量情况；合并报表是以母公司和子公司组成的企业集团为一会计主体，以母公司和子公司分别单独编制的个别报表为基础，由母公司编制的综合反映企业集团经营成果、财务状况和资金变动情况的财务报表
按企业资金运动形态分类	分为静态报表和动态报表。静态报表指某一时点的报表，如资产负债表；动态报表指持续不断改变的报表，如利润表、现金流量表、财务状况变动表以及所有者权益变动表

知识链接 *企业的自有资本是所有者权益总和*

自有资本是指股东出资形成的资本金、资本盈余和其运行结果积累的留存收益，在资产负债表中，它们被统称为所有者权益，本质上归属于出资人（股东）。也就是说，企业的自有资本就是所有者权益总和。

所有者权益总和是指企业投资人对企业净资产的所有权，而企业净资产等于企业全部资产减去全部负债后的余额。不同的企业或单位，其自有资本的内容是不同的。

①银行自有资本，又称银行资本金或所有者权益。我国四大国有独资商业银行的自有资本主要来源于财政拨款和税后利润。

②国际上的商业银行大多数是股份制的，其自有资本金指银行股东的投资和税后留存利润。股份制商业银行的自有资本主要包括股本、资本盈余、未分配利润、公积金和风险准备金，这些资金代表着对商业银行的所有权。

常识013 什么是现金流

现金流即现金流量，指企业在一定会计期间按照现金收付实现制，通过一定经济活动（经营、投资、筹资或非经常性项目）而产生的现金流入、流出情况的总称，即企业在一定时期内现金和现金等价物的流入和流出的数量。

现金流突出了企业现金和现金等价物的流动状态，现金和现金等价物的流入与流出的同时存在才形成了“流”。针对现金流，财会人员要注意的问题有以下几点。

◆ 现金流量管理中的现金不是手持现金

现金流量管理中的现金是指企业的库存现金和银行存款，还包括现金等价物和其他货币资金。

一项投资要被确认为现金等价物，必须同时具备4个条件：期限短、流动性强、易于转换为已知金额现金以及价值变动风险小。

◆ 初始现金流量

初始现金流量指开始投资时发生的现金流量，一般包括4个部分，如图1-7所示。

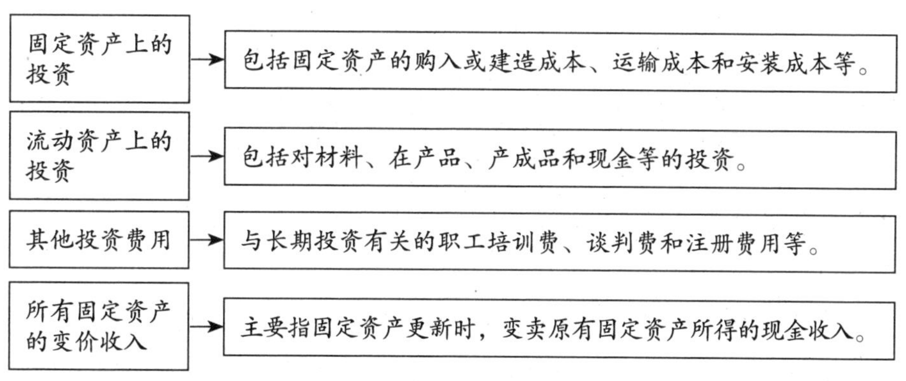

图1-7

◆ 营业现金流量

营业现金流量指投资项目投入使用后，在其寿命周期内经过生产经营所带来的现金流入和流出数量。这种现金流量一般以年为单位进行计算，这里的现金流入一般指营业现金收入，现金流出一般指营业现金支出和缴纳的税金。

如果一个投资项目的每年销售收入等于营业现金收入，且付现成本（指不包括折旧等非付现成本）等于营业现金支出，那么，年营业现金净流量（NCF）的计算公式如下。

每年净现金流量＝营业收入−付现成本−所得税

或，每年净现金流量＝净利+折旧

或，每年净现金流量＝营业收入×（1−所得税税率）−付现成本×（1−所得税税率）+折旧×所得税税率

◆ 终结现金流量

终结现金流量指投资项目完结后所发生的现金流量，它主要包括如下所述的3个部分。

①固定资产的残值收入或变价收入。

②原有垫支在各种流动资产上的资金的收回部分。

③停止使用的土地的变价收入等。

◆ 现金流量的影响因素

企业日常经营业务是影响现金流量的重要因素，但并不是所有的经营业务都影响现金流量。

①现金各项目之间的增减变动，不会影响现金流量净额的变动。例如，从银行提取现金、将现金存入银行及用现金购买两个月到期的债券等，均属于现金各项目之间的内部资金转换，不会增加或减少现金流量。

②非现金各项目之间的增减变动，也不会影响现金流量净额的变动。例如，用固定资产清偿债务、用原材料对外投资、用存货清偿债务及用固定资产对外投资等，均属于非现金各项目之间的增减变动，不涉及现金的收支，不会增加或减少现金流量。

③现金各项目与非现金各项目之间的增减变动，会影响现金流量净额的变动。例如，用现金支付购买的原材料货款、用现金对外投资及收回长期债权等，均涉及现金各项目与非现金各项目之间的增减变动，这些变动会引起现金流入或流出。

◆ 现金流量与现金流量净额

现金流量包括现金流入量和现金流出量，而现金流量净额是流入量减去流出量后的净额流量。也就是说，现金和现金等价物的流入会引起现金流入量，流出则会引起现金流出量，而流入和流出的差额形成现金流量净额。

常识014 何为财务风险

企业财务结构不合理或融资不当等使公司可能丧失偿债能力而导致投资者预期收益下降的风险称为财务风险，该风险是企业在财务管理过程中必须面对的一个现实问题。财务风险是客观存在的，企业管理者对财务风险只有采取有效措施来降低，但不可能完全消除风险。

财务风险不仅包括损失的不确定性，还包括盈利的不确定性。它存在于企业经营的整个过程中，可将其划分为筹资风险、投资风险、资金回收风险和收益分配风险。企业产生财务风险的一般原因有以下几点。

企业财务管理的宏观环境复杂。企业管理系统不能适应复杂多变的宏观环境（包括经济、法律、市场、社会文化和资源等环境）时，企业就会面临经营风险。

企业财务管理人员的风险意识不足。企业只要有财务活动，就必然存在财务风险。而在现实工作中，很多企业的财务管理人员缺乏风险意识，事前没有做好防范措施和策略，导致企业面临亏损的可能性，财务风险由此产生。

财务决策缺乏科学性导致决策失误。财务决策缺乏科学性，就不能准确指导管理者如何正确经营，这就可能使管理者做出错误决策，导致企业遭受经济损失，面临财务风险。

企业内部财务关系不明。企业与内部各部门之间、企业与上级企业之间，在资金管理、使用和利益分配等方面存在权责不明和管理不力的现象，造成资金使用率下降，资金流失严重，资金安全性和完整性无法得到保障，进而产生财务风险。

对企业来说，财务风险的基本类型有5种，具体介绍如表1-5所示。

表 1-5

类型	概述
筹资风险	由于资金供需市场和宏观经济环境的变化，企业筹集资金给财务成果带来的不确定性我们称其为筹资风险。它主要包括利率风险、再融资风险、财务杠杆效应、汇率风险和购买力风险等
投资风险	企业投入一定资金后，因市场需求变化而使最终受益与预期收益偏离的风险。它主要包括利率风险、再投资风险、汇率风险、通货膨胀风险、金融衍生工具风险、道德风险和违约风险等
经营风险	又称营业风险，指在企业生产经营过程中，由于供、产、销各个环节不确定性因素的影响导致的企业资金运动迟滞，产生企业价值的变动。它主要包括采购风险、生产风险、存货变现风险和应收账款变现风险等
存货管理风险	企业保持一定量的存货对于进行正常经营来说是至关重要的，但如何确定最优库存量是一个较棘手的问题，存货太多会导致产品积压，占用企业资金，风险高；存货太少又可能导致原料供应不及时，影响企业的正常生产，严重时可能造成对客户的违约，影响企业的信誉
流动性风险	指企业资产不能正常和确定性地转移现金或企业债务以及付现责任不能正常履行的可能性。其中企业支付能力和偿债能力引发的问题称为现金不足及现金不能清偿风险；资产不能确定性地转移而发生的问题称为变现力风险

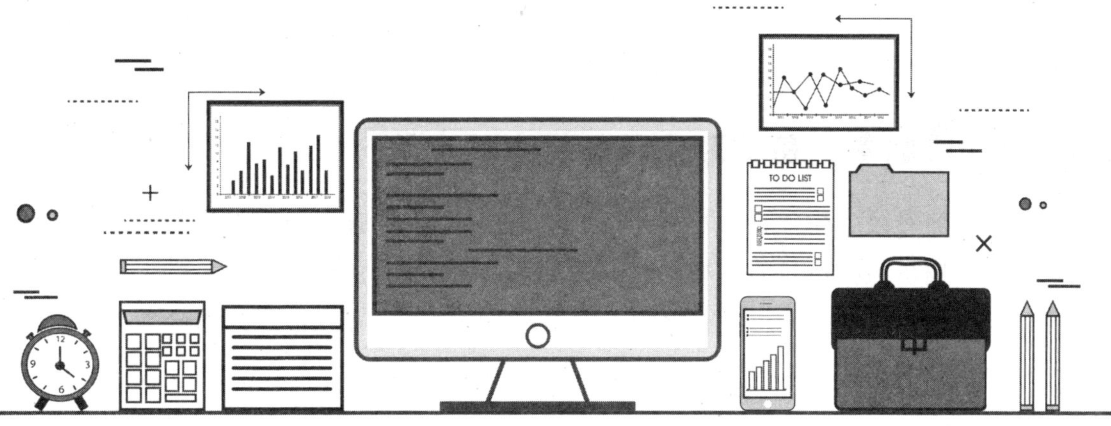

随身查

会计人员必会的115个财务常识（案例版）

Search 认清财务工作职责，轻松入行

财会人员、即将从事财会工作甚至想要了解财会知识的人群等，要想在以后的工作中顺利完成上级交代的任务，首先需要了解不同财会岗位的工作职责是什么，这样才能对号入座地处理自己的分内事，不做无用功。

财务人员就职应具备基本的素养

随着经济社会的发展，财务工作在企业日常管理中的作用越来越重要。财务数据信息的客观、准确、及时，财务分析的透彻，财务管理的到位等对企业进行正常有序的工作都有一定影响，而这就对从事财务工作人员的基本素质有更高的要求，最基本的素质要具备如下5点。

◆要有扎实过硬的专业知识和专业能力

财务工作涉及面广，专业性与实践性强，业务繁杂，法律制度与规范较多，是一项需要有极强专业技能的职业。只有受过专业培训，且具有相当业务水平和能力的人才能胜任这项工作。财务工作不只是单纯地记账、算账和报账，它时时、事事且处处涉及到执法守纪方面的问题，因此财务人员应具备很强的法制观念，不仅要通晓《会计法》，还要了解《税法》及《合同法》等相关法律法规。

另外，在电算化程度不断提高的情况下，财会人员还应掌握计算机知识，保证能够熟练使用财务软件。

◆要有强烈的事业心和责任感

作为一名财会人员，要尽好责、理好财，热爱本职，忠诚事业，要具有认真、勤恳和任劳任怨的工作作风和工作态度，以熟练的业务技能为企业提供准确而具有价值的财务数据。如果财会人员没有责任感，在工作时放松懒散，则进行会计核算时很可能出错，这会影响最终财务数据的正确性，进而误导管理者做出错误或者不准确的经济策略。

◆要有高尚的职业道德

财会人员职业道德是其在财会工作中应遵循的，与其特定职业活动相适应的行为规范。财会人员应以诚信为本，在工作中实事求是，客观、公正地反映会计内容，按照《会计法》等法规和要求，提供完整、真实的会计信息，要严于律己，保持清醒的头脑来分析会计信息。因为财会工作的最大特点是与金钱打交道，所以高尚的职业道德就需要财会人员做到“诚信为本，操守为重，坚持准则，不做假账”。除此之外，财会人员还要严格保守企业经营过程中的机密，不向企业以外的人员透露。

◆ 要有做好细节小事的意识

作为一名财会人员，从原始单据的审核、凭证的填制，到报表出具与分析，必须准确无误，要一丝不苟、严谨细致且尽心尽力地工作。因为财会工作会涉及很多数据的收集、整理和汇编，一个小数点出错就会让结果相差十万八千里，所以认真做好细节小事是财会人员的基本素质。

◆ 要具有良好的内部协调与沟通能力

财会人员要主动配合并支持领导的工作，当好参谋与助手，要多向领导请示汇报，按时递交财务报表，并结合实际提出合理化的建议。企业内部各个部门之间涉及的钱账问题都由财务部门解决和管理，因此要求财会人员具备内部协调和沟通能力。

案例分析

基本素质不具备，财会工作与你无缘

江燕是一名大学应届毕业生，在校期间所学的专业是音乐学。大学毕业以后，江燕听很多同学、朋友和亲戚说，会计工作很吃香，既稳定，工资也不低，而且一般人都能胜任。于是她就在网上投递了很多财会岗位的工作。

在投递简历时，她还刻意地写明自己业余时学习过财会知识，想以此吸引HR的眼球。而很多企业的HR在负责招聘时，为了提高招聘的效率，对有一点符合工作岗位要求的人都敞开“怀抱”，再加上市场中企业对会计人才的需求很大，所以江燕很快就收到了面试通知。

然而，在面试过程中，面试官又询问她是否有会计工作经验，江燕也只能回答自己学过会计知识但没有会计工作经验；面试官们纷纷开始

摇头，最后向江燕提出了一个很简单的会计问题：“会计信息的质量要求有哪些？”由于她看到面试官们已经对她的个人条件纷纷摇头，所以心里慌了，连这个基本的会计常识都没有做出正确的回答。

但江燕想要抓住这次难得的机会，所以极力地向面试官们表达自己从事财会工作的强烈渴望，并且说明自己会在上岗后认真快速地掌握工作技巧，争取尽快适应工作环境。面试官们让江燕回去等待通知，当天下午18:00时，她就收到了面试失败的通知短信。

该案例中，江燕没有会计从业经验，不符合财会人员从业的基本素质。虽然热爱财会工作，但财会工作专业性较强，光有热爱的情感是不够的，必须要掌握一定的专业技能才行。所以江燕面试失败。

知识链接 *会计从业资格证被取消，做假账将不能再做会计*

2017年11月4下午，十二届全国人大常委会第三十次会议表决通过了关于修改会计法的决定，具体修改的内容有如下几点。

①修改了“从事会计工作的人员，必须取得会计从业资格证书”的规定，改为“会计人员应当具备从事会计工作所需要的专业能力。”

②对于因有提供虚假财务会计报告、做假账、隐匿或者故意销毁会计凭证、会计账簿、财务会计报告、贪污、挪用公款、职务侵占等与会计职务有关的违法行为被依法追究刑事责任的人员，不得再从事会计工作。

③会计人员有“不依法设置会计账簿的”“私设会计账簿的”“随意变更会计处理方法的”等行为之一，情节严重的，五年之内不得从事会计工作。

对于以上的决定，将于2017年11月5日起全面施行。

常识016 会计职称有高低，入职机会各不同

会计职称的专业名称为“会计专业技术资格证书”。它是衡量一个人会计业务水平高低的标准，会计职称越高，表明会计业务水平越高。

我国现有3个层级的会计职称：初级、中级和高级，初级职称包括会计员和助理会计师，中级职称主要指会计师，高级职称主要指高级会计师。其中，高级会计师又分为副高级会计师和正高级会计师，副高级会计师相当于副研究员或副教授，正高级会计师相当于研究员或教授。

会计职称不同，其入职机会也会不同。职称越高，入职机会越多，反之，入职机会越少。如表2-1所示的是不同级别会计职称的就职范围。

表 2-1

职称级别	岗位宽度范围	岗位深度范围	就职岗位
初级	大	小	助理会计师、一般会计岗位等
中级	较小	较大	会计师、主管会计等
高级	小	大	高级会计师、财务经理等

从岗位宽度来看，一个企业中需要的一般会计人员明显比高级会计人员多，所以取得初级职称的人在找工作时会有很多选择，而取得高级职称的人在找工作时，一个企业可能只需要一位高级会计人员，所以能够选择的工作机会较少。

从岗位深度来看，取得高级会计职称的人可以从事初级职称和中级职称胜任的工作，所以此时高级会计师的就业机会比只取得初级会计职称的人更多。

综合来看，拥有高级会计职称的人的就职机会要比只拥有初级会计职称的人更多。

案例分析

学无止境，会计高职称使得“你选公司”而不是“公司选你”

财务工作是老辈人口中的金饭碗、越老越吃香的职业，属于技术岗位范畴。但该工作有一个明显的特征：入行门槛较低，因此吸引了很多完全没有基础的人转行。

刘女士是大专学历，一直在深圳做文员工作。2012年初，她与在深圳遇到的男友结婚并定居在深圳。为了生存的需要，她暂时在一家房地产公司做前台文员的工作，每天的任务就是接待来访人员，做好来访登记等琐碎繁杂却没有含金量的工作。由于其工作性质讲究“客户至上”，所以无论客户是有理三分，还是无理取闹，她作为公司的窗口人员，都要注重公司的形象，受气也要忍着。

时间久了，她感觉自己内心非常压抑，而且每个月的工资就4000元左右，真的是只能养活自己。现在有了自己的家庭，为了以后的生活考虑，她不得不想其他挣钱的办法。但刘女士没有一技之长，工作机会没有太多发展空间，且自己的年龄已经偏大，学历还不高，长相又不出众。这么多现实情况摆在面前，让她深感学习一门技能的重要性，于是在28岁时决定转入有发展空间的行业。

在比较诸如教师、医生、软件和美容等职业的情况下，再结合亲朋好友的建议，她最终选择了门槛较低、发展空间大的财会方向。虽说门槛低，却也是一门技术活儿。凡是技术岗位都会有行业的标准和规范，而这些标准与规范又是有特定的专业术语自成体系的。刘女士在转行过程中碰到了第一个难题：因为学历不高，她在学习会计理论知识时对文字的理解非常困难，但她并没有放弃，而是比其他基础底子好的人更加努力。

多次面试失败，她开始反思，自己本就不是会计专业的大学生，只会简单的会计理论肯定不能与会计专业的高学历的大学生竞争，所以她又凭借自己的努力考取了初级会计职称。而后便顺利找到一个会计助理的工作。

由于刘女士对自身职业规划有着高要求，所以在其任职期间又不断考取更高的会计职称，最后取得了高级会计职称，并在工作中积累下来丰富的会计从业经验，到其33岁时，她已经成为公司的会计主管，负责领导两个会计小组的成员完成企业的各项财会工作。

能力越来越强，刘女士不再满足于此时的工资水平，于是决定跳槽到其他工资待遇更好的企业。她刚在网上投出简历后一天，就有好几家公司抛出橄榄枝，且都承诺只简单面试，手续办理完毕后可直接入职。这么看来，刘女士可按照自己的意愿，随意选择一家公司，都能满足自己的高工资要求。

知识链接 *会计职称与注册会计师的区别*

会计职称是会计行业里面的一种职称资格，表示财会人员的级别。其中，初中级会计师需要参加每年10月的会计职称考试，考试合格则得到职称资格；高级会计师除了参加考试外，还需要申请和评定，比较困难。

注册会计师是一种职业。注册会计师考试基本上对考生没有限制，任何行业、资历均可。不过考试很难，不像会计职称考试60分就合格，它有通过率的限制，而且题量大、难度高。取得注册会计师资格后，可以到会计师事务所工作，属于执业会计师；或者到企业工作，属于非执业。

由此可知，注册会计师的考取不遵循会计职称考试的规则，而有其自身的一套考试和考核规定。也就是说，考取了会计职称的人也可以考注册会计师，而没有考取会计职称的人同样可以考取注册会计师。

注册会计师主要承接的工作有：审查企业的会计报表，出具审计报告；验证企业资本，出具验资报告；办理企业合并、分立和清算事宜中的审计业务，出具有关报告；法律、行政法规规定的其他审计业务等。尤其是在执行上市公司审计时，注册会计师不仅要鉴证一个公司是否遵循了法律、法规和制度，而且还要判定其会计报表是否遵循了真实性、公允性和一惯性原则。由注册会计师依法执行审计业务而出具的报告，具有证明效力。

国际上说的会计师一般是指注册会计师，指从事社会审计、中介审计和独立审计的专业人士。

常识017 财务工作包括出纳和会计

在实际财务工作中，包括出纳和会计，这两项工作涉及企业的钱与账，即出纳管钱，会计管账。相关法律规定企业要钱账分管，即管钱的不管账，管账的不管钱。

各企业或单位应配备专职或兼职的出纳员，负责办理现金收付业务和现金保管业务，非出纳员不得经管这两项业务。另外，《会计法》规定，出纳员不得兼管稽核、会计档案保管以及收入、费用、债权和债务账目的登记工作。

但是，“管钱的不管账”并不是指出纳员不能管理任何账。出纳员在办理现金收付业务和现金保管的同时，还要登记现金日记账和编制现金日报表，由会计员登记现金总账。并且，有的单位由出纳员登记现金账（包括现金总账和日记账），出纳员编制现金日报表。

综上所述，企业出纳员的工作内容可归纳为如表2-2所示的一些。

表 2-2

工作方向	内容
货币资金核算	1. 办理现金收付，严格按规定收付款项； 2. 办理银行结算，规范使用支票，严格控制签发空白支票； 3. 登记日记账，保证日清月结。根据已经办理完毕的收付款凭证，逐笔顺序登记现金日记账和银行存款日记账，并结出余额； 4. 保管库存现金，保管有价证券； 5. 保管有关印章，登记注销支票； 6. 复核收入凭证，办理销售结算
往来结算	1. 办理往来结算，建立清算制度； 2. 核算其他往来款项，防止坏账损失
工资结算	1. 执行工资计划，监督工资使用； 2. 审核工资单据，发放工资奖金； 3. 负责工资核算，提供工资数据。按照工资总额的组成和工资的领取对象进行明细核算，根据管理部门的要求，编制有关工资总额的报表

那么，出纳与会计的工作是如何衔接的呢？具体过程如图2-1所示。

出纳：

出纳负责平时收款、结账和报销（如差旅报销）事宜，管理存取款业务，编制现金收付款凭证，登记现金和银行存款日记账。

↓

将做好的收付款凭证及其他报销凭证交给会计审核，审核无误后再记账。

↓

会计：

会计负责做转账、计提和月末结转的记账凭证。根据出纳递交的、审核无误的收付款凭证和其他原始凭证，进行会计核算并编制记账凭证。

审核出纳递交的收付款凭证不合格的，与出纳一起查明原因，同时纠正错误，以规定的方式更改凭证，再根据更改后的凭证编制记账凭证。

↓

将所有记账凭证的科目汇总到一张表格（科目汇总表）中，登记明细账和总账，编制财会报表，进行纳税申报事宜。

↓

会计还要负责整理和保管档案。将出纳递交的收付款凭证、其他原始凭证、所有纸质记账凭证以及部分登记簿和清册等进行整理，并做专门保管。

图2-1

财务岗位有明确的上下级结构

财务部门的岗位要根据部门职责进行划分和设置，一般把财务部门划分为会计、资金和成本费用方向，并分别由3个主管来负责这3方面的工作。会计方向主要负责会计核算方面的工作，资金方向主要负责资金管理方面的工作，包括融资、银行授信评级和资金预算管理等，成本费用方向主要负责对成本费用的监督管理工作。

一般情况下，会计方向需要设置的岗位是最多的，因为这方面是做财务分析和管理的基础。财务岗位的一般结构如图2-2所示。

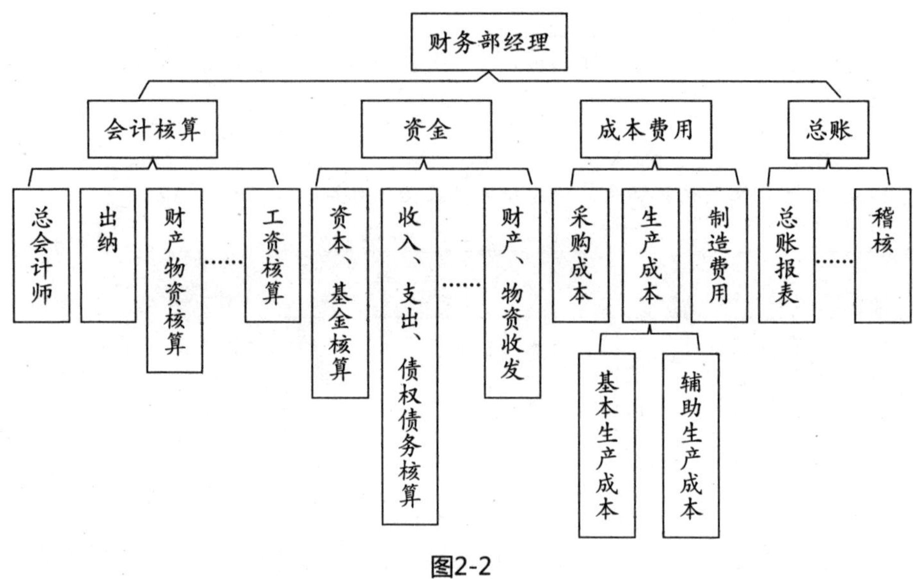

图2-2

如果是一家小企业，则财务岗位的设置不需要这么复杂，很多小企业只需要一个会计和一个出纳就足够了。

不同的企业，即使规模相当，各自的财务岗位设置也会不同，上图中列举的财务岗位只作为参考，并不是所有企业都要按照这样的结构来设置财务岗位。

总之，岗位的设置一定要符合企业自身的特点。比如，产品生产企业对产品成本岗位的要求相对较固定，通常会有采购成本和生产成本的核算工作，另外，对成本分析的要求也比较高，不仅要具备一定的会计知识，还要具备一些预算方面的知识。

财务部门中的各个岗位之所以有上下级关系，不仅是因为各岗位的权限不同，还因为会计资料可根据上下层级关系进行有序的传递，保证会计资料的生成、审核、再加工以及归档保管这一过程的流畅性。

常识019 出纳管钱，识别真假币很重要

与会计不同，企业出纳员每天会与实实在在的钱打交道。为了保证企业的利益不受损，出纳员必须要学会识别真假币。而要能够识别真假币，首先需要知道假币的特征，其次是掌握鉴别方法。

假币是指伪造、变造的货币，伪造的货币指依照真币图案、形状和色彩等，采用各种手段制作的假币；变造的货币指在真币的基础上，利用挖补、揭层、涂改、拼凑、移位及重印等多种方法制作，改变真币原形态的假币。按照不同的仿制手段，假币可分为如表2-3所示的几种。

表 2-3

类型	描述
临摹仿绘假币	是最常见的一种假币类型。其制作方法比较简单，识别也比较容易，只是老人和小孩受骗的可能性较大。这种假币是使用普通的胶版纸制作，用常用的绘画颜料进行上色。工艺简单，质量比较粗劣，与真币有明显的差别
蜡纸版油印假币	以蜡纸和蜡版为基础制作。先照真币的样子在蜡纸上刻制，形成蜡版，再按蜡版的模子用油墨将图案和文字漏印在纸上，最后上色即可。由于用蜡版进行制作的过程中很难注意手的轻重和油墨的均匀程度，所以最后制作的假币颜色会深浅不一，也很容易识别
手刻凸版假币	用木板手工雕刻制作而成。具体做法是将人民币的样式雕刻在木板上形成凸版，再用小型机具印制即可。木板自身的纹路使得油墨颜色不一、套色不准确，会导致印制的纸币存在重叠或错位等情况，也容易识别
石印机制假币	制作方法与手刻凸版假币类似，唯一的区别是将木板换成了石头和机器。与手刻凸版假币一样，由于是用石板刻制，因此会因为印版不平整导致油墨外溢，使得印出的图案深浅不一，画面协调感差
复印合成假币	这类假币的制作比以上几种复杂，但制作精细，与真币的相似性很高。在复印机复印的真币图案的基础上通过电脑合成，将复印出来的图案和花纹上色而成。与真钞的最大区别是没有防伪标签，这是识别的关键
拓印假币	这类假币的图案和花纹等与真币一模一样，因此比较难识别。这是因为它是在真币的基础上，利用化学试剂，将真币上的图案、花纹和数字等完全脱落到制作纸币的纸上面。与真币最大的区别就是脱落会导致假币的颜色和图案都较浅，纸张比真币稍薄

续上表

类型	描述
机器设备制作假币	这类假币最逼真，制作最快速。通过机器设备扫描真币，然后形成雕刻刻版，再在中小型印刷机上批量印制。因此印制出的假币数量很大，扩散迅速，是危害最大的一类假币，也是最难防范和识别的假币

案例分析

卖菜大妈不识新百元“土豪金”，报警举报“假币”闹出笑话

某市一地区公安局派出所在2015年某月的18日接到辖区某一菜农王女士报警，称卖菜时收到一男子的假币。据警方了解，男子手持一张数字是金色的百元大钞。王女士和周围的人都没见过这样的人民币，而男子却坚定地称自己用的是真币，且刚从银行取款出来。王女士不相信，双方因此发生纠纷。接到报警后，民警迅速赶到菜市场了解情况。

民警到达现场后询问得知，持币男子名叫李某，新版人民币刚一发行他就特意到银行取了几百元新版人民币。18日早上买菜时，他身上只有新版人民币，而在付钱时却因为菜农王女士没有见过新版人民币而认为自己使用的是假币。

为了慎重起见，民警征得双方同意后到银行进行鉴别。银行工作人员告知民警，王女士所持钞票是国家刚发行的新版百元人民币，被网友戏称为“土豪金”，其并不是假币。在民警的调解下，王女士收下了新版百元大钞，并给李某找了零钱。

由此可见，与钱打交道的人知道假币的特征，只是从理论角度认识假币，而究竟要如何识别假币却是我们应该了解的问题。虽然假币类型众多，但因为制作方法有别于正规方法，所以漏洞也多，学习并掌握一些鉴别真伪的方法就可防止收到假币，保证企业的财产安全。目前，大多数财会人员都采用“一看、二摸、三听、四测”的简单方法来识别人民币的真伪。

◆看

看什么呢？看水印，看安全线，看光性油墨，看隐形图案和数字。

①真币有固定人像水印、白水印和胶印对应图案，立体感很强。第五套人民币的所有纸币的固定水印均为毛泽东头像图案；而背面图案会因为币值的不同而不同，对应关系如表2-4所示。

表 2-4

币值	背面图案	币值	背面图案
1 元	西湖三潭印月（浙江杭州）	20 元	桂林山水（广西桂林）
5 元	泰山（山东泰安）	50 元	布达拉宫（西藏拉萨）
10 元	长江三峡（重庆）	100 元	人民大会堂（北京）

②真币的正面中间偏左有一条安全线。2015年版纸币的安全线为光变镂空开窗安全线（垂直观察票面，100元的安全线呈品红色，呈一定角度观察，安全线呈绿色），开窗部分是由微缩字母字符组成的全息图案，仪器检测时具有磁性。

③100元和50元纸币的正面左下方面额数字采用光性油墨印刷，在观察角度或光源角度改变的情况下，100元纸币有绿色和蓝色的渐变，50元纸币有金黄色和绿色的渐变。

④真币隐形面额数字与眼睛平行上下拉动，可看到100、50等阿拉伯数字字迹，隐形图案可对接上。若垂直观察就能看到，则往往是假币。

◆摸

有些假币特征通过看是不能识别出来的，而要用手摸，切实感知。真币上的“中国人民银行”行名、毛泽东头像、凹印手感线、盲文标记和背面图案等摸起来会有凹凸感，借助放大镜仔细观察，可看到图像、文字凸出纸面。但是，假币摸起来非常光滑，没有凹凸感，在放大镜下观察，可看到这些部位的图像、文字没有凸出纸面，这是排钉“加工”

过的原因。

◆ 听

真币的纸张具有耐折、不易撕裂的特点，轻轻抖动、手指轻弹或两手一张一张轻轻地对称拉动，能听到清脆响亮的声音。假币的纸张质地较软，容易撕裂，轻轻抖动时会发出闷响，不清脆。

◆ 测

在紫光灯照射下，真币的正面“中国人民银行”行名下面会有一个金色阿拉伯数字（币值），背面主背景图案上方会出现橘红色椭圆灯光图案，并且水印在紫光灯下不可见。而假币的整幅钞票纸张往往发白光，“中国人民银行”行名下面显示出的阿拉伯数字与真钞相比，颜色淡、图案歪斜或没有，且可看到印在纸面上的假头像水印图案。

知识链接 *假币如何处理*

国家根据相关法律制定了《中国人民银行假币收缴、鉴定管理办法》。

金融机构及其员工在办理业务时，若发现假币或收到其他人员上交的假币，应指定两名或两名以上人员进行假币处理，确认是假币的，应在假币上加盖“假币”字样的戳记；若假币不属于一般纸币，如外币、硬币等，则业务员在发现假币的当时就应公开将假币用统一专用袋进行密封，并在专用袋口加盖“假币”字样戳记，此外还应将假币的币种、面额、张（枚）数、冠字号码及收缴人等具体信息详细记录在装有假币的专用袋封面。

金融机构在收缴假币过程中有下列情形之一的，应立即报告当地公安机关，并提供有关线索：①一次性发现假人民币20张/枚（含）以上、假外币10张/枚（含）以上的；②属于利用新的造假手段制造假币的；③有制造贩卖假币线索的；④持有人不配合金融机构收缴行为的。

单位发现不能确定真伪的可疑币时，应向持币人开具临时收据并将可疑纸币报送人民银行当地分支机构进行鉴定，以确定其真伪。报送鉴定之前，可疑币不能随意外置、涂改，在确定其真伪前也不能擅自加盖假币戳记或没收，应向持有人充分说明情况。若鉴定确认为假币，应立即交给相关机构并向公安机关和银行等举报；若鉴定确认不属于假币，应立即交还给持有人。

常识020 一般会计人员有哪些工作职责

在常识018中我们了解到财务岗位的划分，其中会计岗位设置较多，不同的岗位其工作职责是不同的，下面介绍一些常见会计岗位的工作职责，如表2-5所示。

表 2-5

岗位	职责
固定资产核算岗	1. 会同有关部门拟定固定资产的核算与管理办法； 2. 参与编制固定资产更新改造和大修理计划； 3. 负责固定资产的明细核算和有关报表的编制； 4. 计算提取固定资产折旧和大修理资金； 5. 参与固定资产的清查盘点工作
材料物资核算岗	1. 会同有关部门拟定材料物资的核算与管理办法； 2. 审查汇编材料物资的采购资金计划； 3. 负责材料物资的明细核算，并会同有关部门编制材料物资计划成本目录； 4. 配合有关部门制定材料物资消耗定额； 5. 参与材料物资的清查盘点工作
库存商品核算岗	1. 负责库存商品的明细分类核算； 2. 会同有关部门编制库存商品计划成本目录； 3. 配合有关部门制定库存商品的最低、最高限额； 4. 参与库存商品的清查盘点工作
工资奖金核算岗	1. 监督工资基金的使用，审核发放工资和奖金； 2. 负责工资的明细核算与工资分配核算
成本费用核算岗	1. 拟定成本核算办法，制定成本费用计划； 2. 负责成本管理的基础工作，比如各项成本支付凭据的收取； 3. 核算产品成本和期间费用； 4. 编制成本费用报表并进行分析，协助管理在产品和自制半成品
收入利润核算岗	1. 负责编制收入、利润计划； 2. 办理销售款项结算业务，进行收入和利润的明细核算； 3. 负责利润分配的明细核算； 4. 编制收入和利润报表，协助有关部门对产成品进行清查盘点
往来结算岗位	1. 建立往来款项结算手续制度，办理往来款项的结算业务； 2. 负责往来款项结算的明细核算

续上表

岗位	职责
资金核算岗位	1. 拟定资金管理和核算办法； 2. 编制资金收支计划，负责资金调度； 3. 负责资金筹集的明细分类核算，以及企业各项投资的明细分类核算
总账报表岗位	1. 负责登记总账； 2. 负责编制资产负债表、利润表和现金流量表等有关财务会计报表； 3. 负责管理会计凭证和财务会计报表
稽核岗位	审查财务成本计划、各项财务收支，复核会计凭证和财务会计报表

常识021 会计主管的工作职责与权限

会计主管又称财务主管，是企业或单位会计机构的负责人，是各企业或单位会计工作的具体领导者和组织者。根据企业各自的岗位设置标准，会计主管会有不同的岗位名称，小公司一般称为会计主管或主管会计；大公司可能称之为总会计师，若没有会计主管这一岗位，则会计主管就是财务经理。

会计主管的直接上级是财务经理或者总经理，其工作职责是负责公司财会方方面面的工作。企业与事业单位的会计主管可能会有不同的工作职责和权限，具体介绍如下。

（1）企业会计主管工作职责与权限

企业的存在是为了盈利，所以其性质与事业单位不同，在财会工作和岗位职责上更体现盈利性。

遵守国家法规，制定财务制度。领导本企业的财会工作，对各项财会工作进行定期研究、布置、检查和总结。同时，组织制定本企业的各项财会制度，并督促贯彻执行。若发现问题，要及时制止和纠正，重大问题要向领导或有关部门报告。

组织筹集资金，节约使用资金。组织编制本企业的资金筹集与使用计划，督促实施。根据生产经营发展和节约资金的要求，组织有关人员合理核定资金定额，拟定资金管理与实施办法，让有关部门贯彻执行。

认真研究税法，督促足额上缴。按照国家税法规定，严格审查应上缴的税金和费用等款项，督促办理解缴手续，帮助企业按期足额上缴，不挤占、不挪用、不拖欠且不截留。

组织分析活动，参与经营决策。按月、按季或按年分析计划的完成情况，找出管理中的漏洞，提出改善经营管理的建议和措施，挖掘增收节支的潜力。参加生产经营管理会议，参与经营决策。

参与审查合同，维护企业利益。审查或参与拟定经济合同、协议及其他经济文件，拒绝执行违反国家法律和制度、损害国家和集体利益以及没有资金来源的经济合同和协议，并向本企业领导报告，同时，参与拟定重要经济合同和协议。

提出财务报告，汇报财务工作。按规定，定期或不定期地向企业管理当局、职工代表大会或股东大会报告财务状况和经营成果；按照会计制度和上级的规定，审查对外提供的会计报表，并及时报送给有关部门。

组织学习活动，考核调配人员。建立学习制度，组织会计人员学习业务技术，不断提高会计人员的业务水平；制定对会计人员的考核办法并按期进行考核；参与研究会计人员的任用和调配工作。

（2）事业单位会计主管的工作职责与权限

事业单位的存在不以盈利为目的，其财会工作的主要目的是核算清楚单位的收支情况。所以，会计主管的工作职责与权限具体如下。

- ◆参与编制本单位年度经费预算，配合完成省财政事业单位经费的年度财务决算编报工作。
- ◆根据事业发展计划和任务，正确执行本单位收支计划，做好年度预算拨款和经费内部控制，促进相关事项计划的圆满完成。

◆根据《事业单位会计制度》、会计基础工作规范及内部财务管理要求，协助有关部门监督检查各会计岗位的工作。

◆按月编制收、支情况内部报表，定期对单位的预算执行情况和资金的使用情况进行分析，找出管理漏洞，促进增产节约、增收节支，客观真实地反映单位的财务收支情况及结果，当好领导的参谋助手。

◆定期对所管经费的执行情况和部门进行对账，协助部门管理好经费，对发现的违纪、违法行为应及时向部门领导反映。

◆配合做好内部会计岗位的分工协调工作，完成领导交代的其他任务。

财务部经理的工作职责与权限

在一些大公司，比如集团性公司内部，会计主管并不是财务部的最高层管理人员，而是财务部经理。也就是说，此时财务部经理是会计主管的直属上司，而其直属上级为财务总监、CFO、总经理甚至是总裁。

财务部经理的工作职责不仅仅是做好财务核算、提供财务分析报告、编制预算与成本计划等，更重要的是，需要对企业的全面运营管理甚至战略决策提供强有力的支持。财务经理的定位如图2-3所示。

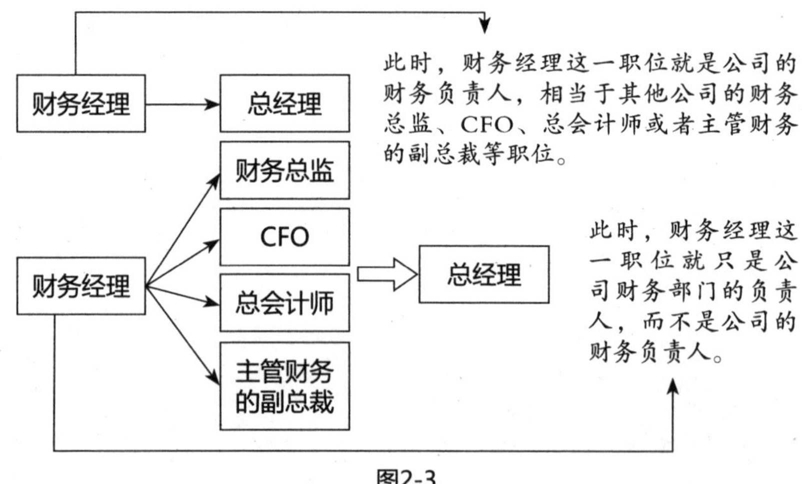

图2-3

虽然各个企业的财务经理工作内容不尽相同，且都是应需而设，但每个企业的财务经理的主要工作职责和权限都是类似的，有如下一些。

①全面负责财务部的日常管理工作。

②组织制定财务方面的管理制度和有关规定，并监督执行。

③制定、维护和改进公司财务管理程序和政策，制定年度、季度财务计划。

④负责编制及组织实施财务预算报告，如月、季、年度财务报告。

⑤全面负责公司的资金调配、成本核算、会计核算和分析等工作。

⑥全面负责资金、资产的管理工作。

⑦监控可能会对公司造成经济损失的重大经济活动。

⑧管理与银行和其他机构的关系。

⑨协助财务总监或总经理开展财务部与内外部相关机构的沟通和协调工作，同时完成上级交代的其他日常事务性工作。

由于财务经理在一个企业中属于中高层管理人员，所以其就职要求会比一般的财会人员高很多，能力方面也有非常高的标准。那么，作为财务经理，应具备什么样的能力呢？如表2-6所示。

表2 6

需具备的能力	简述
分析能力	从外部来看，应具备对整个社会经济的发展趋势和市场环境变化的分析判断能力，能够根据市场上的财务机会和财务风险，为企业的财务决策提供决策依据；从内部来看，应能从企业纷繁复杂的各种财务活动中发现并总结规律，找出存在的问题并提出解决方案。在风险预警和控制方面，应具有敏锐的洞察力和高效的监控能力
协调能力	应把财务部门培养成为一支具有凝聚力和战斗力的团队，并领导财务部人员完成企业交给的既定任务和目标；要完成工作中岗位的设置和调配、财务信息的收集与处理、报表的编制，以及投资、筹资和利润分配等活动的决策

续上表

需具备的能力	简述
沟通能力	每天必须和部属、上司及平行单位的不同人接触，多花时间与精力在学习和增强与人沟通的态度、能力和方法上；要有超强的表达能力去游说企业的领导和其他部门经理，以使他们支持自己的财务决策，包括掌握演讲、对话、报告、讨论和谈判等各个方面的技术与艺术的运用，以及书面文字的表达能力
操作能力	包括高超的资金筹措能力、优秀的投资管理能力、精细的财务控制能力和成本管理能力。要做到为企业选择最佳融资和投资方案，全方位地把握财务控制重点，为企业节约成本费用，提高盈利水平
规划能力	包括制定高效的财务计划、做好财务预算以及进行科学的财务预测。时刻将利润最大化和企业价值最大化作为经营目标，明确计划的中心和重心，充分利用信息资源，提高财务计划的有效性和实现性；保证预算的全面合理、科学且有弹性，有关预算之间相互衔接、相互关联，要考虑预算与实际情况之间的误差，将预算留出余地，保证整个预算的综合平衡；要全方位进行财务预测，如资金需求、利润、营业收入和成本等预测
培养能力	要学会有效地培养和使用员工，充分了解和研究本部门内部员工的能力和个性，设计明确的财务岗位并建立科学的财务组织管理制度，使财会人员能“各尽所能，各司其职”
应变能力	不能例行公事，不能因循守旧，不能墨守成规，要能从表面现象及时发现新情况和新问题，从中找出新路子；勇于开拓，大胆提出新设想和新方案

常识023 财务管理管什么

财务管理的过程其实就是财务部门与企业内部其他部门打交道的过程，作为公司的一个重要职能部门，财务部注重对其他部门的监督，要求报销合规、合理。如果一个企业的财务部只负责接收信息，再把这些信息转换成会计信息，最终形成3张财会报表，则这样的财务部其实只能算会计部或者核算部。

一个真正的财务部应充分发挥自身的监督职能，制定出适合企业的核算办法，让核算为管理服务，即核算是手段，管理才是目的。

在实际工作中，只要与企业经营相关的管理活动都会涉及财务。那么，财务管理究竟管理些什么呢？

管钱。各行各业的管理手段虽然各不相同，但最终目标都是“赚钱”。而要想赚钱，就需要懂得将钱放出去，换回更多的钱，同时要确定钱可以收回来。企业的出纳员就是财务管理工作中负责管钱的人，要帮助企业收回资金、统一管理。

管存货。一方面进行核算管理，在成本的归集方面要重点关注制造费用，在期间费用方面要注意费用资本化和利润调节等问题；另一方面，要做好库龄分析，比如，一年以上的存货除非有证据证明其已经升值，否则必须计提跌价。

管采购和销售。这是财务管理的难点和重点，主要是核算企业的生产成本、销售成本、营业收入以及利润，从而有利于控制企业的采购成本和监督销售情况。

管往来。财会人员要提高意识，将应收账款看成短期贷款，超期收不回的应收账款是有相应的机会成本的，会给企业带来损失，即如果不催收，很可能导致坏账。所以，财会人员要协助采购部顺利完成采购工作并做好相关账务的登记；同时还要协助销售部门尽快完成销售工作，并做好相关账务的登记和账款的催收工作。

管投资。企业财务管理高层要将投资理财的权限收归核心机构管理，不能将权限随意交给一般的财务部门。比如，成立或购买某个公司，涉足某个行业等，这些战略性投资对于一般的财会人员来说是没有能力进行管理的，而财会人员一般只负责投资过程中的账务处理工作。

案例分析

做好财务管理，为企业发展保驾护航

某软件公司2009年成立，但公司成立不久就遇到了难以留住人才的

问题。于是企业高层决定通过减持股来引入其他公司作为新股东，不仅融得了发展资金，还带来了许多无形资产。在2011年，公司开发出的一款软件产品经过了严格的测试，被评为“中国××优秀软件”，所以奠定了该公司在国内软件行业的地位。

2013年，该软件公司极力争取到了一家大型的数据集团公司对公司注入了风险资金，使得公司的营销和技术服务网站在全国范围内迅速扩大，分支机构也由20多家增至近50家，代理商达到了近400家，研发和营销方面的员工数量增至近800人。风投不仅解决了公司融资难的问题，同时带来了广泛的资源和先进的管理文化，使公司进入了发展的快车道。

2016年，该软件公司在香港联交所创业板挂牌上市，发行了将近6000万股，占总股本约20%，筹集资金近亿港元。通过几次融资，公司逐步实现了自身的更高层次的战略。

由此可看出，财务管理不仅是对财务数据的处理，更注重财务管理方案的设计、决定的提出、各种财务关系的维护以及企业财务规划（投、融资计划）的制定等，其管理的内容比会计宽泛很多。财务管理站在更高的角度为企业谋取利益，而会计仅是对企业经营涉及的业务进行核算。

我国中小企业财务管理中仍然存在诸多问题，比如融资困难、资金严重不足，投资能力较弱且缺乏科学性，财务控制薄弱，管理模式僵化且管理观念陈旧等。针对中小企业财务管理中存在的这些问题，社会各方及企业自身需要做出一些对策来解决。

①政府要加强相关法律法规建设，尽快制定或完善有利于中小企业发展的政策。如成立中小企业基金，加快建立中小企业信用担保体系。

②中小企业投资要面向市场，通过内部财务管理对投资项目进行可行性研究，进行正确的投资决策，降低投资风险。

③企业要强化资金管理，加强财务控制，提高财务管理认识，努力

提高资金的使用率；加强财产控制和对存货与应收账款等的管理。

 现金的日常收入、支出、预算和盘点管理

财务管理的工作内容虽说大多是企业的账目，但财会人员也不能忽视对现金的管理。企业的出纳员除了每天进行现金收支管理外，还要对现金的使用进行预算，并定期对现金进行盘点，做到有效的现金管控。

（1）现金日常收入与支出

出纳员每天都可能会办理现金收付和银行结算，并开具收付款凭证，每天下班之前要登记现金日记账，保证日清月结。同时，出纳员需要将收到的现金和有价证券保管在保险箱（柜）等安全性较高的地方。另外，出纳员对现金的日常管理还会涉及支票，不能签发空白支票；还需要保管印章并登记注销支票；要复核收入凭证，办理销售结算。

企业收入的所有现金应由财会部门统一管理，存储在财会部门或开户银行，收入的利息无论是归企业所有还是归个人所有，都不能以个人储蓄方式存入银行。出纳员不能以没有审批手续的凭证（“白条”）顶抵现金或者支付现金，不能在企业核算账簿之外另设一套账来记录财务统管之外的现金收支。

（2）现金预算

相关财会人员要预测企业还有多少库存现金、在不同时间点上对现金支出的需求量以及可用的超额现金量等。任何与现金相关的业务或工作，如销售、生产、采购和工资发放等，都可能涉及现金预算，财会人员要视情况而定，分别进行现金预算。具体要做好以下几个方面。

- 确保在需要现金时有可供使用的现金。
- 在正常时期要能识别现金短缺，以采取适当的补救措施。
- 发现多余现金，在必要时将其转移投资到可赚取满意回报的项目中。

（3）现金盘点

现金盘点也称为现金盘存，主要是对企业的库存现金进行实地盘查。这一事项会有两种情况，一是外部审查单位对企业的现金进行盘查，二是企业内部自行盘点。

如果是外部人员盘查，则在盘点现金之前，一切出纳业务活动应立即停止，并由出纳员按要求填制现金出纳报告书。如果企业自身已经检查过库存现金，则外部审查人员只需复核内部审查人员的审查工作底稿。另外，在盘点现金时，外部审查人员、企业出纳员和财务主管都要在盘点现场，盘点完毕后由出纳员填制库存现金清点表。

而企业内部的一般性现金盘查只需要出纳员协助相关财会人员在不影响正常工作的情况下进行，事后也由出纳员填制现金出纳报告即可。

无论是哪种现金盘点情况，审查人员都要将清点后的现金实存数与企业现金出纳报告、现金日记账的昨日库存现金账面余额及财务部门现金账户的余额等进行核对，以证实库存现金数和现金账的记录是否相符，如果发现不一致，则应进一步追查原因，以明确责任。

企业应定期组织库存现金的盘点工作，通常包括对已收到但尚未存入银行的现金和零用金等的盘点，具体步骤如图2-4所示。

现金盘点前，由出纳员将现金集中起来存入保险柜，必要时可加封。如果企业的现金存放在两处或两处以上的地方，应同时进行盘点。

↓

由出纳员根据现金日记账结出现金余额，盘点保险柜的现金实存数，同时编制《库存现金盘点报告表》，分币种、面值列示盘点金额。若有冲抵库存现金的借条、未提现支票和未做报销的原始凭证，应在报告表中注明。

↓

若在资产负债表日后进行盘点，应调整至资产负债表日的金额。最后将盘点金额与现金日记账余额进行核对，若有差异，应查明原因并做记录和调整。

图2-4

常识025 会计电算化下财务软件的应用是重点

会计电算化也叫计算机会计，是指以电子计算机为主体的信息技术在会计工作中的应用。具体而言，就是利用财务软件指挥各种计算机设备替代手工完成或在手工下很难完成的会计工作的过程。

会计电算化实现了数据处理的自动化，使传统的手工会计信息系统发展为电算化会计信息系统。它不仅是会计发展的需要，也是经济和科技对会计工作提出的要求。那么，在当下经济市场中，各企业在会计电算化这一大环境下，比较常用的财务软件有哪些呢？大多数企业在“用友”和“金蝶”之间选择，这两大软件是国内目前使用较多的财务软件。企业为财务部门配置财务软件，主要有如下3个好处。

◆ 有利于企业营造出高增加值的价值链

财务软件系统对客户和供应商这两个企业价值链上的重要环节提供了特别的支持，原来如果需要查一笔账，需要一张张地翻看凭证或账本，而用财务软件只需要在账表查询中输入相关金额、日期或会计科目就可快速查出相应的凭证或账本。除此之外，通过财务软件可对科目、供应商和客户进行汇总，以便与客户和供应商对账，加速资金周转。

◆ 有利于企业提高财务管理工作的效率

财务软件依托计算机和网络进行数据处理，其速度是人工不可比拟的，可使企业财务管理信息的提供更及时。同时，企业针对财务软件管理建立内部网络，使部门之间的工作衔接更紧密，可大大加快业务办理速度，在一定程度上促进资金周转速度的加快。通过财务软件可方便、快捷地进行会计核算，自动产生各种会计报表和分析报表，使财务处理的差错率和财务会计的不规范现象明显减少，数据可靠性增强。

◆ 促进了企业财务管理的规范化

通过财务软件的具体应用，对数据的来源与格式会有一系列更规范化的要求，解决了手工操作不规范且易出错等现实问题。同时，财务违纪违规问题在很大程度上可得到有效的控制和防范，为企业的内部审计工作和外部会计师的审计工作创造良好的条件。

如图2-5所示的是金蝶软件（左）和用友软件（右）的企业图标。

图2-5

针对这两个财务软件，不同的版本其图标会有不同。为了保证企业资料和信息的安全性，要使用财务软件的公司必须通过正规软件公司购买，之后软件公司会派专门的技术人员到企业负责财务软件的安装、调试以及后期维护等工作。不同的财务软件，在使用时的操作也存在不同，如表2-7所示。

表 2-7

软件	使用说明
金蝶	1. 在账套使用前一定要先将核算项目设置好，因为一有数据后就不能再修改； 2. 在设置核算项目时，增设库存商品大类核算项目可在库存商品、营业收入和营业成本等科目中共用；在建工程和开发成本之类的科日，应将明细科目设置为核算项目； 3. 每月在未过账前应将账套备份并有规律地存放，这样还可对记录进行修改； 4. 应输入负数或红字时，可在输入正数后按【－】（负号）键实现； 5. 填制凭证时，摘要一定要与分录对应，不可只在第一栏中填写而在下面栏中省略； 6. 双击软件右下角状态栏显示的操作员名称，可打开软件登录界面，快速更换操作员； 7. 只有在“币别”中设置了相应的币别，在记账凭证中才可同时核算外币，调汇汇率也在“币别”中设置； 8. 财务软件系统有“助记码”功能，可帮助财会人员熟记会计科目
用友	1. 软件安装后要进行权限设置，默认的一般有 4 个虚拟操作员，用来对账套进行操作，其中，admin 是系统管理员，具有最高权限，所有操作员的权限全部由它授权，所以企业应先对管理员设立新密码，并由单人保管； 2. 在建立新账套前，应先将本企业中使用财务软件的人员添加到操作员组中，并授予相应的权限

续上表

软件	使用说明
用友	3. 财务软件系统本身已经设置了会计核算会用到的一级科目，而二级科目需要财会人员借助财务软件手动添加，且添加操作必须在录入凭证之前； 4. 通过最新版做账，应先选中“总账 / 设置 / 选项 / 未审核的凭证允许记账”选项，再填制记账凭证、月末转账、记账和月末结账； 5. 若当月未做结账处理，可以录入下个月的凭证； 6. 用友软件设置了反记账和反结账功能，方便修改执行错误的操作； 7. 财会人员可调用软件中已经存在的 UFO 报表模板； 8. 如果要删除凭证，需要先将凭证作废，然后才能完成删除操作

常识026 财务工作如何获取经验

实际上，财务工作不能真正接触企业的经济业务，如果没有相关财务工作经验，很可能在处理公司账务时脱离公司实际情况，进而做无用功。那么，在没有人手把手教授财务工作经验和具体执行操作时，财会人员要如何获取会计实操经验呢？

◆ 多看，在模仿中成长

有的财会人员进入大公司工作，岗位和权责较分散，同事们都很忙，没有谁有时间教自己具体怎么做财务日常工作。此时就要多看，尤其是与自己岗位相同的同事的工作内容，尽自己最大的可能模仿，从而进入自己的工作状态，积累工作经验。

◆ 多听，多学，不断考证

在职场中，不仅要看别人怎么做，还要听别人怎么说。当同事们针对某一经济业务或会计处理问题在热烈讨论时，要积极参与进去。这不仅可联络与同事之间的感情，还能及时发表自己的意见，同时学习别人的工作经验。

另外，在工作过程中不断地考取会计职称，因为职称越高，其考试合格标准对财会人员的要求会更倾向于财会工作实务，也就是更注重工作的实践性。会计职称考试能够不断过关，在一定程度上就能说明自己的财会工作经验丰富。

◆ 多汇报，听取领导对工作的批示

向领导多汇报，不仅可以了解领导的工作想法，还能总结自己的工作并积累经验。很多时候，我们不主动要求，领导是不会主动为我们着想的。只有我们主动与领导接触，才能听取领导对我们所做工作给出的意见，从意见中学习经验。

◆ 多找事做，熟能生巧

按照前述办法积累工作经验后，财会人员可主动找领导安排其他工作，小到组织一场会计工作培训，大到设计和实施整个财务管理系统。投入到这些工作中，可以切实累积一定的财务实务经验。

比如，公司要进行会计制度的修订，一次内控制度的建设，一个信息化系统的建立或完善，以及上级主管的一次检查、一次审计甚至一次调研等，把握机会参与进去，因为这些事项一般都是跨部门的，所以是了解公司业务的好机会，也是表现自己能力的不二契机。财务工作的大小事务做多了，自然而然地就会积累较多的工作经验。

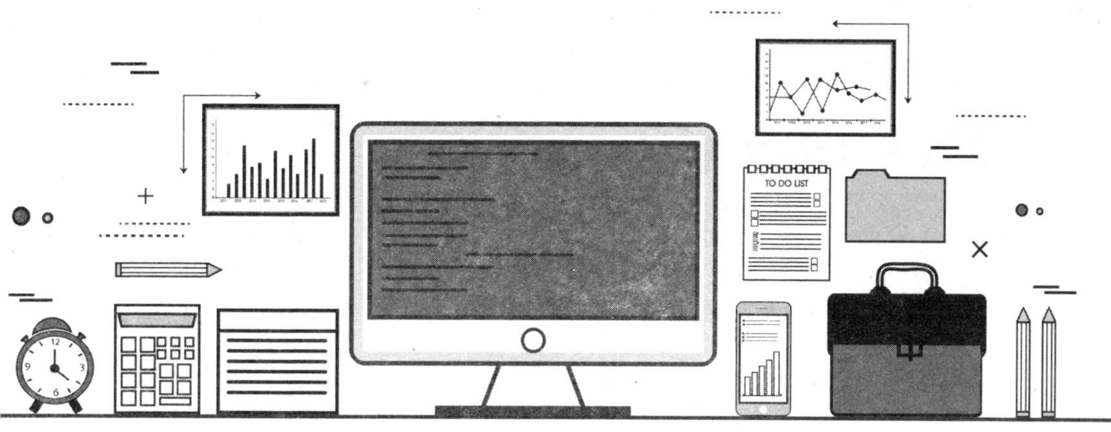

Search 正确核算账目数据，准备记账

在填制原始凭证和记账凭证之前，需要先明确一些项目的核算内容和核算方法，这样可保证填制凭证时的数据是准确的。如果没有正确核算项目数据，很可能导致企业陷入经济纠纷和纳税风险当中，不利于企业实施财务管理。

常识027 存货不仅仅是原材料和成品

存货是指企业在日常活动中持有的以备出售的产成品或商品、处在生产过程中的在产品以及生产过程或提供劳务过程中耗用的材料或物料等，即各类材料、在产品、半成品、产成品或库存商品、包装物、低值易耗品以及委托加工物资等。所以，存货不仅仅是原材料和产成品。

在设置会计科目时，不会把存货单独设置为一个科目，它只是“原材料”、“库存商品”和“低值易耗品”等科目的一个总称。也就是说，财会人员在填制记账凭证时，会计分录中不会出现“存货”这一科目，但是，“存货”这一项目可能会出现在资产负债表中。

财会人员要确认一项存货是否属于企业的存货，其标准是看企业对该存货是否具有法人财产权（或法定产权）。凡在盘存日期时，法定产权属于企业的物品，不论其存放在何处或处于何种状态，都应确认为企业的存货；反之，凡在盘存日期时，法定产权不属于企业的物品，即使存放在企业，也不应该确认为企业的存货。下列各项属于企业的存货。

①已确认为购进但尚未到达入库的在途存货。

②已入库但未收到有关结算单据的存货。

③已发出但所有权尚未转移的存货。

④委托其他单位代销或代加工的存货。

除此之外，确认存货还应同时满足两个条件：一是与存货有关的经济利益很可能流入企业；二是与存货有关的成本能够可靠计量。

财会人员要做好存货的账务处理工作，还得掌握存货入账价值的确定标准、存货发出的计价方法以及存货的期末计量操作。

（1）存货入账价值的确定标准

存货的获取方式不同，其入账价值有区别。主要有4类存货，具体入账价值的确定标准如表3-1所示。

表 3-1

类型	存货入账价值（即成本）
购入的存货	买价＋运杂费（运输费、装卸费、保险费、包装费、仓储费等）＋运输途中的合理耗损＋入库前的挑选整理费用（含挑选整理中发生的工、费支出和数量耗损，并扣除回收的下脚废料价值）＋按规定应计入成本的税费＋其他费用
自制的存货	自制原材料＋自制包装物＋自制低值易耗＋自制半成品＋库存商品等，包括直接材料、直接人工和制造费用等各项实际支出
委托外单位加工完成的存货	实际耗用的原材料或半成品＋加工费＋装卸费＋保险费＋委托加工的往返运费＋按规定应计入成本的税费
接受投资者投入的存货	其成本应按照投资合同或协议约定的价值确定（投资合同或协议约定的价值不公允的除外）

（2）存货发出的计价方法

存货在发出时有多种方法，常见的有先进先出法、后进先出法、加权平均法、移动平均法和个别计价法。其中，先进先出法和加权平均法使用较多，如图3-1所示的是先进先出法的存货发出流程。

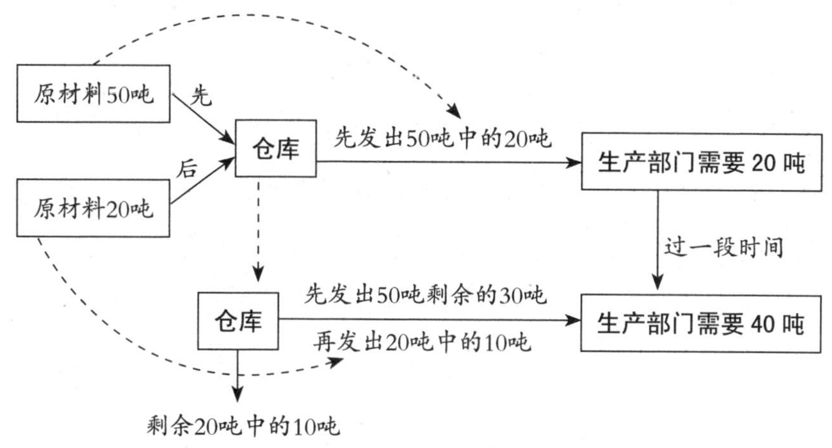

图3-1

而后进先出法与先进先出法相反，即生产部门需要的20吨原材料先使用后采购的20吨，过一段时间后生产部门需要的40吨原材料使用先采购的50吨中的40吨，所以最后剩下的是先采购的50吨中的10吨原材料。

而加权平均法、移动平均法和个别计价法无法从流程上体现其各自的特点，但都有具体的操作手法，其中，加权平均法和移动平均法有相应的计算方式。

①加权平均法也称全月一次加权平均法，其操作手法是：先计算出当月存货的加权平均单位成本，再计算当月发出存货成本和月末库存存货成本，涉及的公式如下。

存货加权平均单位成本=（月初结存存货实际成本+本月收入存货实际成本）/（月初结存存货数量+本月收入存货数量）

本月发出存货成本=本月发出存货数量×加权平均单位成本

月末库存存货成本=月末库存存货数量×加权平均单位成本

②移动平均法也称移动加权法，其操作手法是：在月初存货的基础上，每入库一批存货都要根据新的库存存货数量和总成本重新计算一个新的加权平均单价，并据以计算发出存货和结存存货的实际成本，涉及的公式如下。

新加权平均单位成本=（原结存存货成本+新入库存货成本）/（结存存货数量+新入库存货数量）

本次发出存货成本=本次发出存货数量×新加权平均单位成本

本次发出后结存存货成本=本次发出后结存存货数量×新加权平均单位成本

③个别计价法又称个别认定法、具体辨认法或分批实际法，假定存货的成本流转与实物流转一致，按各种存货逐一辨认各批发出存货和期末存货所属的购进批次或生产批别，分别按其购入或生产时确定的单位成本计算各批发出存货和期末存货成本。

（3）存货的期末计量

在资产负债表日，存货应按成本与可变现净值孰低来计量。若存货成本高于其可变现净值，则应计提存货跌价准备，并计入当期损益。其中，可变现净值=日常活动中存货的估计售价－至完工时估计将要发生的成本－估计的销售费用－相关税费。

在实际核算过程中，存货有下列情形之一的，则表明存货的可变现净值低于成本，即存货发生部分减值。

①该存货的市场价格持续下跌，且在可预见的未来无回升的希望。

②企业使用该项原材料生产的产品成本大于产品的销售价格。

③企业因产品更新换代，原有库存原材料已不适应新产品的需要，而该原材料的市场价格又低于其账面成本。

④因企业所提供的商品或劳务过时，或消费者偏好改变而使市场的需求发生变化，导致市场价格逐渐下跌。

⑤其他足以证明该项存货实质上已经发生减值的情形。

哪些东西属于企业固定资产

固定资产是指企业为生产产品、提供劳务、出租或经营管理而持有的、使用时间超过12个月的，价值达到一定标准的非货币性资产，包括房屋、建筑物、机器、机械、运输工具以及其他与生产经营活动有关的设备、器具和工具等。一般企业固定资产分为六大类，如表3-2所示。

表 3-2

类型	物件
房屋和建筑物	办公楼（室）、宿舍、食堂、车库、仓库、油库、档案馆、锅炉房、烟囱、水塔、水井、围墙及其他附属设施，如水、电、煤气和卫生间等
一般办公设备	办公桌、椅、凳、橱、架、沙发、取暖和降温设备、会议室设备、饮炊具及装饰品等
专用设备	文体活动设备、录音录像设备、放映摄像设备、打字电传设备、电话电报通信设备、舞台与灯光设备及办公现代化微电脑设备等

续上表

类型	物件
运输设备	指后勤部门使用的各种交通运输工具，如轿车、吉普、摩托车、面包车、客车、轮船、运输汽车、三轮卡车、人力拖车以及自行车等
机械设备	生产用机床、动力机、机器设备和其他工具等
其他固定资产	以上 5 种类型未包括的固定资产

案例分析

固定资产的确认工作不简单

某集团企业A旗下有很多非独立法人分公司、事业部和项目部，由于业务需要，总公司无偿给这些下属非独立法人分公司、事业部和项目部等使用一些物品，如电脑、空调、办公桌椅和大型维修设备等。这些固定资产如何确认，主要看调拨单和列支账单如何规定。

①如果调拨单和列支账单要求分公司、事业部和项目部按固定资产核算，则分公司、事业部和项目部应将总公司提供的无偿使用的固定资产计入“固定资产”科目进行核算。此时，固定资产入账的原始凭证就是总公司的调拨单和列支账单。

②如果调拨单和列支账单只要求分公司、事业部和项目部进行实物管理，则分公司、事业部和项目部就不能将总公司提供的无偿使用的固定资产确认为固定资产，也就不能计入“固定资产”科目。此时，固定资产仍在总公司的固定资产账上，总公司继续计提固定资产折旧。

从案例可知，企业固定资产的确认不仅与固定资产本身的性质有关，还与固定资产的所有权相关，不仅关系到是否确认为固定资产，还关系到由谁确认。

在固定资产的含义中已经明确地指出了固定资产的确认条件，一是使用期限超过一个会计年度，二是价值达到一定标准（通常为2000元以上），三是与生产经营活动相关的非货币性资产。但这些条件不能一概而论，有些企业中的某些物品，其价值达不到一定标准，但也要确认为企业的固定资产，比如服装厂的缝纫机。

从另一个角度来说，如果物品属于企业的主要生产设备，即使其价值不能达到2000元的标准，也要将其确认为企业的固定资产。除此之外，不属于经营主要设备的物品，但单位价值在2000元以上且使用年限超过两年的，也应确认为企业的固定资产。

在实际工作中，固定资产的确认首先要符合固定资产的定义，其次还要符合固定资产的确认条件，主要条件有如下两个。

- 与固定资产有关的经济利益很可能流入企业。
- 固定资产的成本能够可靠地计量。

常识029 企业的哪些资源归属为无形资产

无形资产是指企业拥有或控制的、没有实物形态的、可辨认的非货币性资产，广义上的无形资产包括货币资金、应收账款、金融资产、长期股权投资、专利权和商标权等，因为它们没有物质实体，但是，会计上通常将无形资产作狭义理解，即将专利权和商标权等称为无形资产。

属于企业无形资产的资源包括社会无形资产和自然无形资产，主要有如表3-3所示的一些。

表 3-3

名称	简述
专利权	如发明专利权、实用新型专利权和外观设计专利权
非专利技术	也称专有技术，是一些不为外界所知，在生产经营活动中应该应用的，不享有法律保护的，可以带来经济效益的各种技术和诀窍
商标权	专门在某类指定的商品或产品上使用特定的名称或图案的权利

续上表

名称	简述
著作权	制作者对其创作的文学、科学和艺术作品依法享有的某些特殊权利
特许权	又称经营特许权或专营权，指企业在某一地区经营或销售某种特定商品的权利，或者是一家企业接受另一家企业使用其商标、商号或技术秘密等的权利
土地使用权	指国家准许某企业在一定期间内对国有土地享有开发、利用和经营的权利，该无形资产涉及企业的占地资源

案例分析

土地使用权处理不当，无形资产的权属关系会混乱

某旅游发展有限公司经批准投资开发某县滨河旅游度假区，取得了建设用地规划许可，并领取了使用权面积为76006.6平方米的土地使用证书。该旅游度假区项目动工建设后，因资金不到位，在2015年7月，项目整体停工，2016年8月，第三人度假村有限公司依法成立（下文称“度假村”）。

该项目在实施过程中产生了一些纠纷，在当地组织了立案调查工作。原告即为该旅游发展有限公司，它与刚成立的度假村随即共同向被告某县政府下属的县计委申请变更立项单位为第三人度假村有限公司，并获批准。度假村接收度假区项目后积极筹措资金，使瘫痪一年的工程重新启动并基本建成。因缺乏后续资金，该度假区不能投入运营。

2017年3月，度假村向被告某县政府申请变更该旅游度假区用地的土地使用权人，以便贷款融资清偿债务和维系正常运营。而被告却根据建设立项供地的前提和基础原则，认为建设立项业主的变更即意味着该项目用地使用权人的随之变更，遂将原告的土地使用权证予以了注销，并将土地使用权证的土地使用权人变更为第三人度假村有限公司。原告旅游发展有限公司在2017年9月底向法院提起诉讼，要求法院撤销被告县政府颁发的“某县国有第×号土地使用证”。

依据《中华人民共和国城镇国有土地使用权出让和转让暂行条例》第十九条规定，土地使用权转让是指土地使用者将土地使用权再转让的行为，包括出售、交换和赠与。未按土地使用权出让合同规定的期限和条件投资开发、利用土地的，土地使用权不得转让。

这里的“再转让”是指土地使用人在从政府或其他人手中取得土地使用权，已经发生至少一次土地使用权主体的变更，而转让意味着至少第二次主体变更。由于转让是以主体的变更为界定标准，以土地使用权出售、交换、赠与、继承、合建及投资入股等涉及土地使用人变更的行为，均可视为土地使用权转让行为。

在本案中，原告某旅游发展有限公司和第三人度假村有限公司均为依法分别设立的法人单位，虽然共同向县计委申请变更，而获批立项单位为第三人度假村有限公司，但不属于两个法人的合并、分离或企业兼并等原因引起的土地使用权变更。所以，本案中两家法人之间变更土地使用权人，实际上是转让土地使用权属，而被告县政府始终不能向法院提供双方的土地转让合同和复核法律规定的登记申请及土地税费缴纳证明文件，故应视为没有证据，因而被告颁证的具体行政行为违法，即被告所颁发的“某县国有第×号土地使用证”不符合法律规定，应予撤销。

就该案例而言，县政府颁发的“某县国有第×号土地使用证”撤销以后，该土地使用权还是在旅游发展有限公司的名下，虽然第三人度假村有限公司在使用该土地，但因为其相当于无偿使用旅游发展有限公司的土地使用权，所以在会计核算方面，该第三人度假村有限公司不能将该土地使用权确认为自身的无形资产。也就是说，只有花费了支出买下来的土地使用权才能作为无形资产入账。

财会人员要确认无形资产，除了要满足无形资产的定义，还要同时满足下列条件。

- 与无形资产有关的经济利益很可能流入企业。

◆无形资产的成本能够可靠地计量。

常识030 货币资金不仅仅是现金

货币资金是指形态表现是货币的资金，在会计上主要包括库存现金、银行存款和其他货币资金这3类，而具有专门用途的货币资金不包括在会计范围上的货币资金中。

而其他货币资金主要包括外埠存款、银行汇票存款、银行本票存款、信用证保证金存款、信用卡存款及存出投资款等。可以看出，货币资金不仅仅只有现金。

在资产负债表中，为了总括反映企业货币资金的基本情况，一般只列示“货币资金”项目，而不会将其分别列举为“库存现金”、“银行存款”和“其他货币资金”会计科目。大多数人对库存现金和银行存款都比较了解，但对其他货币资金的各项并不清楚，具体解释如表3-4所示。

表 3-4

名称	内容	特点
外埠存款	指企业到外地进行临时或零星采购时，汇往采购地银行开立的采购专户的款项（企业在外埠开立临时采购账户，需要经过开户地银行批准）	采购专户中的存款不计利息，只付不收，付完清户
银行汇票存款	指企业为取得银行汇票而按规定存入银行的款项	通过该存款取得的银行汇票可用于转账，注明“现金”字样的银行汇票也可用于支取现金
银行本票存款	指企业为取得银行本票而按规定存入银行的款项	本票存款实行全额结算，本票存款额与结算金额的差额一般用支票或其他方式结清
信用证保证金存款	指采用信用证结算方式的企业为开具信用证而存入银行信用证保证金专户的存款	专门用于获取信用证

续上表

名称	内容	特点
信用卡存款	指企业为取得信用卡而按规定存入银行的款项	标准信用卡中存入的存款是没有利息的，且存进的钱再取出来需要缴纳手续费
存出投资款	指企业已经存入证券公司但尚未进行短期投资的资金	与证券公司有关，已存入证券公司但还未做投资使用

知识链接 *什么是在途货币资金*

在途货币资金是指企业与所属单位之间和上下级之间的汇、解款项业务中，到月终时还未收到而处于在途的汇入款项。而汇、解款项指汇款解付，即汇入方向收款方付款的行为。

在途货币资金的核算一般只在月末结账时进行。当企业收到所属单位汇出款项的通知时，根据汇出金额编制如下会计分录。

借：其他货币资金——在途资金

　　贷：其他应收款——××单位

当企业实际收到汇入款项时，根据银行的收款通知编制如下会计分录。

借：银行存款

　　贷：其他货币资金——在途资金

在途货币资金并不是货币资金的一种类型，而是货币资金在运动过程中的一种形态，它是由银行之间划拨款项时间差引起的，在途时间不会很长，所以很多时候，企业为了简化核算过程，并不做在途货币资金的账务处理，财会人员在了解货币资金时一定要做好区分。

财会人员要明确，在途货币资金的存在是造成企业假账的一大因素，主要表现为两种情形。

①收到存款或收到在途货币资金时不做转账处理，而是挪作他用或直接贪污。

②为了虚列销售收入，表现为增加在途货币资金。

常识031 收入和费用的确认

收入和费用关系到企业的经营利润，因此，收入和费用的确认工作一定要了解清楚并尽最大努力做好。

（1）收入的确认

收入是指企业在日常活动中形成的、会导致所有者权益增加的、与所有者投入资本无关的经济利益的总流入。在非财会人员眼中，银行的存款利息、出售自用的机器设备获得的现金、政府给予的税收返还及所持股票的分红或升值等都属于收入；而在财会人员眼中，这些“钱”都属于利得而不是收入。利得与收入的关系如图3-2所示。

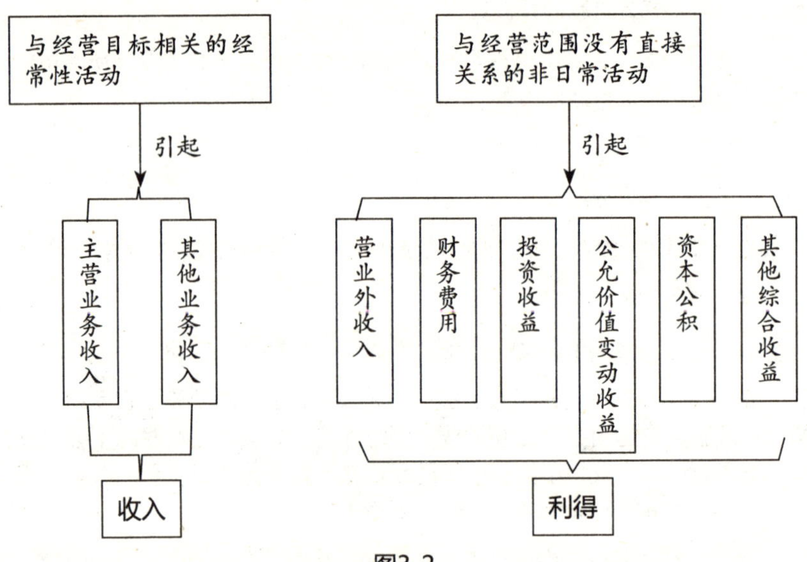

图3-2

其实有些收入和利得的界限很模糊，比如国家为了支持新能源汽车产业的发展，会给生产商发放一定的补贴。从表面上看，这种政府补贴属于“营业外收入——政府补贴”科目，但实质上这类补贴与企业的生产经营直接相关（不补贴就不会生产），也就是用于经常性活动，从实质重于形式的原则出发，该类政府补贴应计入“主营业务收入”科目。

因此，“什么时候确认收入、确认多少金额”是个技术活儿，现实中大部分的假账都与收入有关。当然，做假账的总是少数人，但还有一些财会人员在主观上不想做假账，只是收入确认不准确而出现假账。所以，财会人员要降低财务风险，就要清楚收入的确认条件，具体有如下一些。

◆ 企业已将商品所有权方面的主要风险和报酬全部转移给购买方。

◆ 企业既没有保留通常与所有权相联系的继续管理权，也没有对已售出商品实施控制。

◆ 收入的金额能够可靠地计量。

◆ 相关的经济利益很可能流入企业。

◆ 相关的已发生或将发生的成本能够可靠地计量。

案例分析

收入确认条件不明确，会计核算将不准确

销售方A企业向购买方B企业销售一批商品，商品已从A企业的仓库中发出，但还未到达B企业的仓库，双方按照合同约定，途中发生的任何损失由A企业承担。这种情况下，仅凭发货不能确认收入，而只是发出了商品，其性质还是存货，只是存放地点不同。在合同没有明确约定的情况下，此时A企业还不能进行销售收入的确认；若合同有特殊规定，企业A可在发出商品后确认收入，则可进行收入确认。

如果A企业发出的商品已经进入B企业的仓库，且按照合同上的约定，此时A企业不能再对该批商品做任何决定，则说明A企业对已售出的商品不再实施控制，此时A企业可以确认销售收入。如果商品进入B企业的仓库，但A企业以B企业还未付款为由对商品还有控制权的，此时A企业不能确认销售收入，而放在B企业仓库的商品依然属于A企业的存货。

如果A企业答应B企业销售商品，但具体商品涉及的销售金额或生产成本等是多少还不确定，或者这一销售行为是否能给企业带来经济利益流入也不清楚（比如双方还在合同磋商阶段），这些情况下，A企业不能确认销售收入。

（2）费用的确认

费用是指企业在日常活动中发生的、会导致所有者权益减少的、与向所有者分配利润无关的经济利益的总流出。而对外捐赠和罚款等涉及的“钱”属于损失，不能计入费用。

如果成本不能可靠地计量，即使其他条件均能满足，相关的收入也不能确认。如果已经收到价款，但成本不确定，则此时的价款应被确认为一项负债，比如，购买方预先支付的购货款，销售方应确认为“预收账款”而不是“主营业务收入”。

知识链接 **费用与成本的区别**

费用与成本都是企业为了达到生产经营目的而发生的支出，不同的是，成本有一定的指向性，财会人员在提到成本时都有一个核算对象，比如某产品的成本、某项工程的成本等。一项成本可能会包含多项费用，简单来说，成本就是按一定对象归集的费用总称，是对象化了的费用。

成本的结转要遵循配比原则，即收入实现或产品风险转移时成本才能结转；而费用的确认更注重时效性，一般情况下，只要发生了费用支出，就要在当期进行相应的账务处理。

在财会实务工作中，有些财会人员会把成本当成费用，不遵循成本的配比原则，收入还没有确认就把产品的成本提前结转了。有些财会人员又会把费用核算为成本，比如业务招待费，本来应该确认为管理费用或销售费用，但财会人员却将其归集到产品成本中，目的是推迟确认成本。

其实，区别成本与费用不难，原则上来说，只要是为了生产某产品而发生的费用都可归集为产品的成本，其中，有直接关系的是产品的直接成本，有间接关系的是产品的间接成本，比如一台机器同时生产多种产品，产生的费用就要分摊到相关产品的成本中去；而没有直接或间接关系的就确认为费用，比如销售人员和管理人员不直接参与生产活动，发生的与之相关的费用一般确认为期间费用（包括销售费用、管理费用和财务费用）。

常识032 未立即进行收付的款项作应收应付处理

在实际经营过程中，企业会因为资金周转的问题而出现未立即支付或未立即收回的款项，但又因为这些款项对应的经济业务已经发生，所以必须要做账务处理。此时，就需要用到应收、应付会计科目。

案例分析

一项经济业务涉及买卖双方的应收、应付账务处理

甲企业为增值税一般纳税人，2018年7月31日从乙公司购入一批材料，货款为150000元，增值税为24000元。乙公司代垫了运杂费共1200元，材料已经运到并验收入库（该企业材料按实际成本入账核算），但款项尚未支付。

①对甲企业来说，此行为称为“赊购”，即先拿货再给钱。收货时，财会人员要编制如下会计分录。

借：原材料（含运杂费）　　151200
　　应交税费——应交增值税（进项）　　24000
　　贷：应付账款　　175200

向乙企业付钱时，应编制如下会计分录。

借：应付账款　　175200
　　贷：库存现金/银行存款　　175200

②对乙企业来说，此行为称为“赊销”，即先给货再收钱。发出材料并确认收入时，财会人员要编制如下会计分录。

借：应收账款　　175200
　　贷：主营业务收入　　150000
　　　　管理费用　　1200
　　　　应交税费——应交增值税（销项）　　24000

收到甲企业支付的货款时，应编制如下会计分录。

借：库存现金/银行存款　　175200

贷：应收账款　　　　　　　　　　175200

除了上述案例中的应收、应付账务处理外，企业在实际生产经营过程中还会遇到预收、预付问题。比如上述案例中的甲企业向乙企业购入原材料，在乙企业还未发货时甲企业就预先支付了货款，包括运杂费，而后乙企业才将原材料运送至甲企业。此时涉及的账务处理如下。

①对甲企业来说，其行为称为“预付款采购”，即先给钱再拿货。向乙企业付钱时，财会人员要编制如下会计分录。

借：预付账款　　　　　　　　　　174000
　　管理费用　　　　　　　　　　1200
　　贷：库存现金/银行存款　　　　175200

收到乙企业发来的原材料时，应编制如下会计分录。

借：原材料（含运杂费）　　　　　150000
　　应交税费——应交增值税（进项）　24000
　　贷：预付账款　　　　　　　　174000

②对乙企业来说，其行为称为“预收款销售”，即先收钱再给货。收到甲企业支付的货款时，财会人员要编制如下会计分录。

借：库存现金/银行存款　　　　　174000
　　贷：预收账款　　　　　　　　174000

向甲企业发出原材料并确认收入时，应编制如下会计分录。

借：预收账款　　　　　　　　　　174000
　　贷：主营业务收入　　　　　　150000
　　　　应交税费——应交增值税（销项）　24000

无论是应收、应付，还是预收、预付，这些账务处理都属于企业的往来结算工作。需要财会人员注意的是，在采购过程中发生的运杂费（运输费、装卸费、保险费、包装费和仓储费等）一般计入原材料采购成本，不单独核算，但如果发生的运杂费不能明确对象，则计入“管理费用”科目进行核算。

常识033 不同性质的企业会涉及不同的成本

成本是用货币计量生产和销售一定种类与数量的产品而消耗的资源的经济价值，企业在进行产品生产时需要消耗生产资料和劳动力，这些消耗表现为材料费用、折旧费用和工资费用等。

按照不同的分类依据，企业可将自身经营过程中涉及的成本分为不同的种类。这里就不再逐一赘述，只重点介绍因企业性质不同而可能涉及的成本类型，如表3-5所示。

表 3-5

企业性质	涉及的成本类型
生产企业	采购成本、直接材料成本、直接人工成本、制造费用、生产成本、劳务成本、基本生产成本、辅助生产成本、产品成本、交易性金融资产——成本、长期股权投资——成本、可供出售金融资产——成本、持有至到期投资——成本等
销售企业	采购成本、销售成本、主营业务成本、其他业务成本和营业外支出等
服务企业	主营业务成本、其他业务成本和营业外支出等
金融企业	主营业务成本、其他业务成本、营业外支出、衍生工具——成本、交易性金融资产——成本、长期股权投资——成本、可供出售金融资产——成本、持有至到期投资——成本等
房地产企业	投资性房地产——成本、主营业务成本、其他业务成本、营业外支出、交易性金融资产——成本、长期股权投资——成本、可供出售金融资产——成本、持有至到期投资——成本等
建筑企业	直接材料成本、直接人工成本等
农业企业	直接材料成本、直接人工成本（工资）、其他直接支出、农业生产成本、林业生产成本、畜牧业生产成本及产品成本等
流通企业	商品进价成本、沉没成本、机会成本、显性成本及隐性成本等

因为企业的经营范围不同，所以涉及的经济业务也会有差异，进而会导致财会人员在核算成本费用时涉及的成本种类不同。

工业与商业企业在确认产品成本时做法不同

产品成本是指企业为了生产产品而发生的各种耗费，可指一定时期内为了生产一定数量产品而发生的成本总额，也可指一定时期内生产产品的单位成本。要正确确认产品成本，首先要了解产品成本与生产成本的区别，如表3-6所示。

表 3-6

区别项	产品成本	生产成本
内容不同	只包括生产一定种类或数量的完工产品的费用；不包括未完工产品的生产费用和其他费用	包括完工产品和未完工产品的费用，以及其他费用
计算期不同	一般与产品的生产周期相联系	与会计期间相联系
对象不同	按产品种类核算	按经济用途分类
计算依据不同	计算时以一定的成本计算对象（即产品本身）为依据	计算时以直接费用和间接费用为依据
账户和原始凭证不同	账户为“库存商品”，凭证有成本计算单、成本汇总表及产品入库单	账户为“生产成本”，凭证是生产过程中取得的各种原始凭证
总额不同	一定时期内，产品成本总额不等于费用总额，产品成本是费用总额的一部分，不包括期间费用和期末未完工产品的费用等	一定时期内，生产成本总额等于费用总额，它不仅包括产品成本，还包括期间费用和期末未完工产品的费用
作用不同	反映物化劳动与活劳动的耗费，是资金耗费的补偿，是检查成本和利润计划，是表明企业工作质量的综合指标	一般分析生产成本的比重，了解其结构变化，从而加强费用管理

那么，针对产品成本的确认这一工作行为，工业企业和商业企业会有怎样的不同呢？如图3-3所示的是工业企业确认产品成本的两种流程。

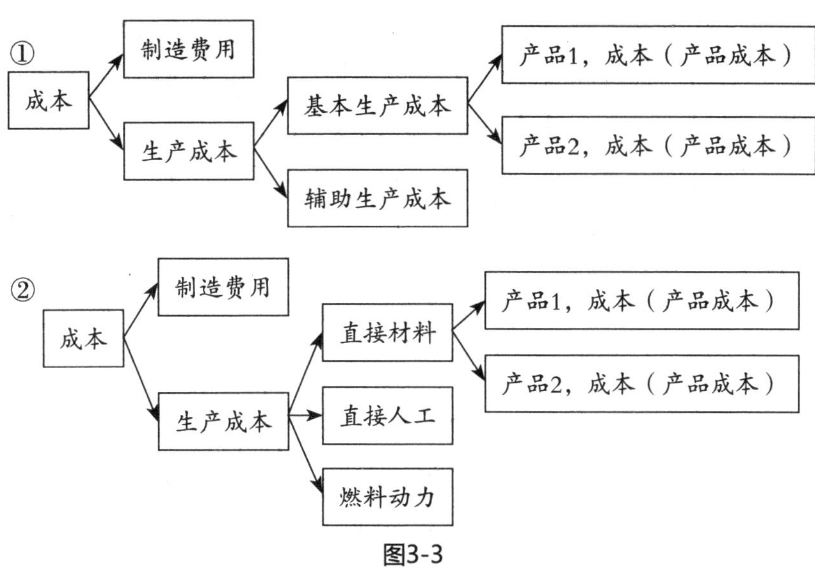

图3-3

商业企业的产品成本一般称为“商品成本”，分为商品采购成本和商品销售成本。其中，商品采购成本（按实际成本计算）是指因采购商品而发生的有关支出；商品销售成本是指已销商品的采购成本。如图3-4所示的是商业企业确认产品成本的流程。

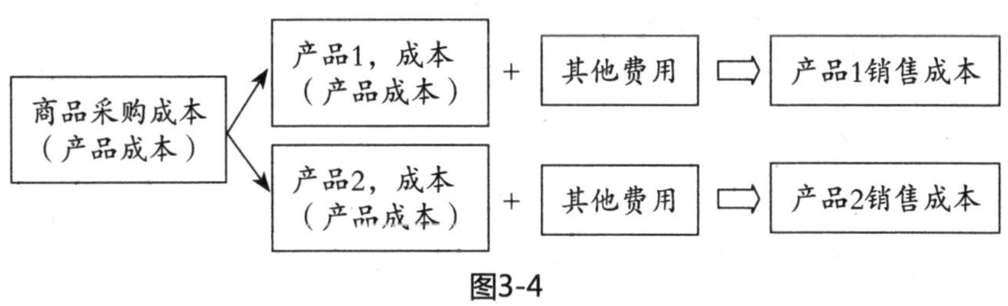

图3-4

常识035 辅助生产费用的归集和分配是重要的会计工作

辅助生产是指为基本生产车间或企业行政管理部门等单位服务而进行的产品生产和劳务供应。有些企业的辅助生产提供的是一种产品或一种服务，有些企业的辅助生产提供的是多种产品或多种服务，比如，供电、供水、供气、供风及运输等。

企业辅助生产费用的归集和分配是通过“辅助生产成本”科目进行核算的，该科目与“基本生产成本”科目一样，按车间和产品或劳务的种类设置明细账，账中按成本项目设置专栏，进行明细核算。

（1）辅助生产费用的归集

辅助生产费用的归集分两种情况，第一种是先通过“制造费用”科目归集，再转入“辅助生产成本”科目的借方；第二种是不通过“制造费用”科目，直接计入“辅助生产成本”科目。

当企业的辅助生产车间规模较小，辅助生产也不对外销售产品或提供劳务，发生的辅助生产费用较少时，不需要按照规定的成本项目计算辅助生产成本，此时为了简化核算工作，采用第二种情况对辅助生产费用进行归集。

辅助生产费用在归集时可设置“制造费用——辅助生产车间”账户，此种情况下又要分两种方式进行核算，具体如下。

- 在“生产成本——辅助生产成本”明细账中设有专门成本项目的辅助生产费用，如原材料费用、动力费用、工资及福利费用等，发生时应计入“生产成本——辅助生产成本”总账和所属明细账相应的成本项目的借方。直接计入费用的应直接计入，间接计入费用的则需分配计入。如图3-5所示的①过程。
- 未专门设置成本项目的辅助成本费用，发生时应先计入“制造费用——辅助生产车间”账户进行归集，再从该账户的贷方直接转入或分配转入“生产成本——辅助生产成本”总账和所属明细账的借方。如图3-5所示的②过程。

辅助生产费用在归集时也可不设置“制造费用——辅助生产车间”账户，此时，“辅助生产成本”总账和明细账内按若干费用项目设置专栏。对于发生的各种辅助生产费用，可直接计入或间接分配计入到“辅助生产成本”总账和所属明细账的相应费用项目中。如图3-5所示的①过程。

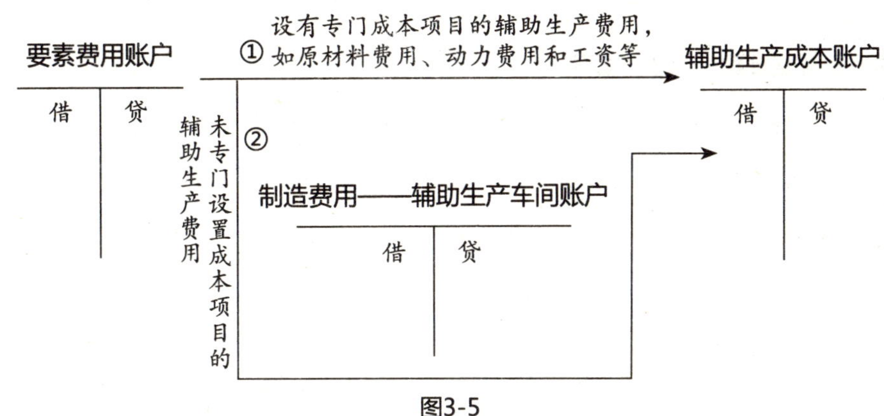

图3-5

（2）辅助生产费用的分配

辅助生产费用的分配是核算每种产品成本的重要工作内容，不同的生产性质会有不同的分配程序，而在具体分配程序中又会涉及不同的分配方法，财会人员要根据企业自身的实际情况选择准确的分配程序和合适的分配方法。

产品性生产。如提供自制材料、模具或修理用备件等产品，其账务处理与基本生产车间生产产品的账务处理一样。

劳务性生产。如供水、供电、运输和机修等，其发生的费用应在月末时在各受益单位之间进行分配。

分配辅助生产费用的方法主要有5种，具体介绍如下。

（一）直接分配法

将各辅助生产车间发生的费用直接分配给除辅助生产车间外的各受益产品或单位，不考虑辅助生产车间之间相互提供产品或劳务的情况，相关的计算公式如下。

某辅助生产费用的直接分配率=该辅助生产费用待分配总额/（该辅助车间提供劳务总量-其他辅助车间耗用量）

某受益单位分配的辅助生产费用金额=该受益单位耗用量×分配率

案例分析

直接分配法分配辅助生产费用

某工业企业设有机修和供电两个辅助生产车间，2017年10月，在分配辅助生产费用以前，机修车间发生费用600万元，按修理工时分配费用，提供修理工时250小时，其中，供电车间10小时，基本生产一车间150小时，基本生产二车间60小时，管理部门20小时，销售部门10小时；供电车间发生费用12万元，按耗电度数分配费用，提供电度数10万度，其中，机修车间耗用2万度，基本生产一车间4.5万度，基本生产二车间2万度，管理部门1万度，销售部门0.5万度。如表3-7所示的是该企业的辅助生产费用分配表。

表 3-7

辅助生产费用分配表（直接分配法）						
辅助生产车间名称		机修车间		供电车间		合计（万元）
		修理工时	修复费用	供电度数	供电费用	
待分配辅助生产费用及劳务数量		250−10=240	600	10−2 ＝ 8	12	612
费用分配率（单位成本）			600/240=2.5		12/8=1.5	
基本生产车间耗用	一车间	150	150×2.5=375	4.5	4.5×1.5=6.75	381.75
	二车间	60	60×2.5=150	2	2×1.5=3	153
	小计	210	525	6.5	9.75	534.75

直接分配法计算很简单，但当辅助生产车间相互提供产品或劳务数量差异较大时，会影响分配结果的正确性。因此，该方法只适合辅助生产车间或部门之间相互提供产品或劳务不多的企业采用。

（二）顺序分配法

各辅助生产车间之间的费用按照生产车间受益多少的顺序依次排

列，受益少的排在前，先分配费用并不再参与后续的费用分配，受益多的排在后，后分配费用，相关的计算公式如下。

先分配的费用分配率=待分配的辅助生产费用总额/辅助生产供应总量

后分配的费用分配率=（待分配的辅助生产费用总额+有其他辅助生产车间分配来的费用）/（辅助生产供应总量−先分配的辅助生产耗用劳务量）

采用顺序分配法，各辅助生产费用只分配一次，既分配给辅助生产以外的受益单位，也分配给排列在其后的其他辅助生产车间或部门。虽然正确性有所提高，但计算工作量变大。因此该方法只适合各辅助生产车间或部门之间相互受益程度有明显顺序的企业采用。

（三）交互分配法

先将辅助生产车间发生的费用在相互提供劳务的各辅助生产车间之间进行分配（对内分配），再将各辅助生产车间交互分配后的实际费用在辅助生产车间以外的各受益单位之间进行分配（对外分配），相关的计算公式如下。

对内（交互）分配率=待分配的辅助生产费用总额/辅助生产供应总量

对外分配率=（待分配的辅助生产费用总额+交互分配转入的费用−交互分配转出的费用）/（辅助生产供应总量−辅助生产车间劳务耗用量）

采用交互分配法，提高了分配结果的正确性，但增加了工作量。另外，由于交互分配的费用分配率是根据交互分配前的待分配费用进行计算的，不是辅助生产车间的实际分配率，因此分配结果也并不十分准确。所以，该方法适合各月辅助生产费用水平相差不大的企业，采用此法是要用上月的分配率作为交互分配的分配率。

（四）计划成本分配法

按照辅助生产车间提供劳务的计划单位成本计算分配辅助生产费用。先将各辅助生产车间分配的劳务费用按计划成本进行分配，再将各辅助生产车间的实际成本（包括对内分配转入的费用）与按计划单位成本分配转出的费用之间的差额追加分配给辅助生产车间以外的单位，或全部计入管理费用。

采用计划成本分配法，能够反映和考核辅助生产成本计划的执行情况，便于分析和考核各受益单位的成本并分清企业内部各部门的经济责任，但计划单位成本的确定必须要相对准确。该方法适合有准确计划成本的企业采用。

（五）代数分配法

运用代数中求解多元一次方程组的原理，通过计算辅助生产劳务的单位成本来分配辅助生产费用。先根据各辅助生产车间相互提供劳务的数量求解方程组，计算辅助生产劳务的单位成本，再根据各受益单位（包括辅助生产车间和其他部门）耗用劳务的数量与单位成本计算分配辅助生产费用。

采用代数分配法，分配结果最准确，但在辅助生产车间较多的情况下，由于方程组的未知数较多，所以计算工作量会很大。该方法适合在辅助生产车间较少或已实现会计电算化的企业中采用。

常识036 制造费用不等于辅助生产成本

辅助生产成本即各类辅助生产费用之和，制造费用是企业为了生产产品和提供劳务而发生的各项间接成本。两者之间有明显的区别，辅助生产成本是为了核算辅助生产部门而设立的，尤其是辅助生产部门的直接材料和直接人工；而制造费用是为了核算基本生产车间和辅助生产车间而设立的，包括间接材料费用、间接人工费用、固定资产的折旧费、低值易耗品以及为生产活动服务的水电费、差旅费、运输费、办公费、设计图纸费和劳动保护费等其他支出。

制造费用和辅助生产成本之间的关系如图3-6所示。

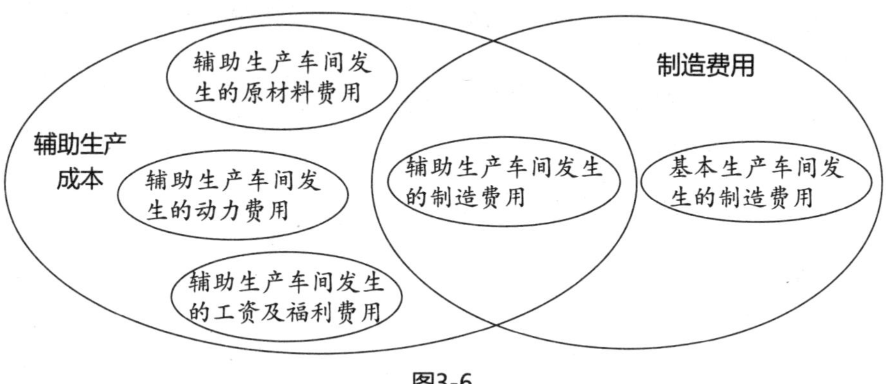

图3-6

由此可见，制造费用不等于辅助生产成本，二者之间是交叉关系，即制造费用中的辅助生产车间发生的制造费用包含在辅助生产成本中，或理解为辅助生产成本中的辅助生产车间发生的制造费用包含在制造费用中。

另外，从会计科目的角度来说，制造费用是一级科目，包含所有车间的间接费用，归集时一般按车间分别登记，月末还要将不能直接计入某个生产车间的制造费用进行分配，最后将制造费用的金额分别转入生产成本的基本生产成本和辅助生产成本中去；而辅助生产成本是生产成本下的明细科目，归集后需分配到基本生产成本中。

案例分析

分清楚制造费用和辅助生产成本

假设某工业企业有两个基本生产车间，两个辅助生产车间，一个财务部，一个销售部，一个采购部，一个人事部，一个办公室，一个后勤部。2017年10月，两个基本生产车间发生了基本生产费用10万元，制造费用3万元；两个辅助生产车间发生辅助生产费用5万元，制造费用1万元；财务部、销售部、采购部、人事部、办公室和后勤部分别发生了辅助生产费用0.5万元、1万元、1万元、0.5万元、0.25万元和0.25万元。那么，该企业当月的制造费用和辅助生产成本分别为多少呢？

制造费用=3+1=4万元

其中，3万元的制造费用分配到基本生产成本中，而1万元的制造费用分配到辅助生产成本中。

辅助生产成本=5+0.5+1+1+0.5+0.25+0.25+1=9.5（万元）

基本生产成本=10+3=13（万元）

废品损失与企业的生产成本有关

废品损失是指在生产过程中发现的或入库后发现的不可修复废品的生产成本，以及可修复废品的修理费用扣除回收的废品残料价值和应收赔款以后的差额损失。

对企业来说，不可修复废品带来的废品损失等于废品报废前已经投入的生产成本减废品残值和相关责任人赔偿；可修复废品带来的废品损失等于修复费用减废品残值和相关责任人赔偿。由此可见，不可修复废品产生的废品损失与生产成本有关，可修复废品产生的废品损失与生产成本无关。在账务处理上，废品损失的归集有两种方式，如表3-8所示。

表 3-8

项目	不设置“废品损失”明细账	设置“废品损失”明细账
适用情况	废品损失发生的情况少，数额对产品影响不大	单独核算废品损失的企业
具体做法	在成本计算单中，废品残料收入和应收赔偿款直接冲减生产成本	通过“废品损失”账户归集发生的损失费用，月末再转入“生产成本”账户

那么，与生产成本有关的不可修复废品的核算应如何处理呢？主要有两种方法，分别是按实际成本核算和按定额费用核算。

按实际成本进行核算时，要考虑到生产产品时的生产成本由直接材料、直接人工和制造费用这三个部分组成。

案例分析

按实际成本核算废品损失

广州某工业企业在2017年10月，基本生产车间生产A产品305件。已知这批产品在生产时投入了直接材料、直接人工和相应的制造费用，共计12200元。由于工作人员的操作不当，该批产品有5件不合格，不能出售并投入使用，只能做废品处理。经公司相关人员调查，最终要求相应的生产员工赔偿了100元。财会人员按实际成本进行生产成本的分配，并核算废品损失。

废品实际耗用成本=12200/305×5=200（元）

废品损失=200−100＝100（元）

①结转废品实际成本

借：废品损失　　200

　　贷：生产成本　　200

②结转废品残料价值和责任人赔偿

借：原材料/其他应收款　　100

　　贷：废品损失　　100

③结转废品损失

借：生产成本　　100

　　贷：废品损失　　100

由案例可知，该批产品的部分报废虽然得到了相关责任人的赔偿，但最终还是导致生产成本增加了100元。

按定额费用核算废品损失时，不会考虑废品实际发生的费用，所以计算出的废品损失不够准确，因此不提倡使用该方法。

常识038 现金不是库存现金

现金是我国企业会计中的一个总账账户，在资产负债表中并入货币资金，列作流动资产。但是，具有专门用途的现金只能作为基金或投资项目列为非流动资产。

会计上运用广义的“现金”，即现金和现金等价物，包括库存现金、银行存款、流通支票、银行汇票及3个月内可变现的有价证券等。所以，现金不是库存现金，而应理解为现金包括库存现金。换句话说，现金就是可以立即投入流通的交换媒介。

企业的现金流量表按照经营活动、投资活动和筹资活动将影响企业现金流入流出的项目进行了分类，由此可知，现金不仅仅是库存现金。

◆ 经营活动中的现金

在经营活动中，销售商品、提供劳务、税费返还、购买商品、接受劳务、支付职工工资和各项税费等，都会涉及到现金的流入和流出。此时会涉及到除库存现金以外的其他会计科目。

比如，主营业务收入、其他业务收入、应收账款、应收票据、预收账款、银行存款、营业税金及附加、补贴收入、主营业务成本、其他业务成本、应收账款、应付票据、预付账款、应付职工薪酬、应交税费、管理费用、营业外支出、制造费用、管理费用和财务费用等。

◆ 投资活动中的现金

在投资活动中，短期股权、短期债权、收到的股利和利息、处置资产收到的现金、收回购买时宣告未付的股利和利息、购建资产支付的现金、进行投资时支付的佣金和手续费等，也都会涉及到现金的流入和流出。此时也可能涉及到库存现金以外的其他会计科目。

比如，短期投资、银行存款、投资收益、固定资产清理、应收股利、应收利息、固定资产、在建工程以及无形资产等。

◆筹资活动中的现金

在筹资活动中，发行股票或发行债券收入的净值、举借各种短期借款和长期借款收到的现金、接受现金捐赠、以现金偿还借款本金和债券本金、支付给其他单位的股利和利息以及捐赠支出和融资租赁支出等，都涉及现金流入与流出，会使用到库存现金以外的其他会计科目。

比如，实收资本、应付债券、银行存款、短期借款、资本公积、应付债券、应付股利、财务费用以及营业外收入等。

常识039 现金不是越多越好，要确定最佳现金持有量

这里的现金特指库存现金，有些企业管理者认为，库存现金预留越多，越能保证企业不出现因资金短缺而无法继续经营的情况。实际上这种想法并不专业，现金太多会减少企业投资获益的机会，是不利于企业发展的；而且，相关法律也规定了最高现金预留额度，企业在经营过程中一旦存放在内部的现金超过了这一最高限额，就必须将超出的现金送存银行。

在会计实务中，有很大一部分企业在库存现金最高限额的范围内自行确定了一个最佳现金持有量，即保证现金满足生产经营需要的同时，又使现金使用的效率和效益最高的现金最低持有量。而确定最佳现金持有量的模式主要有如表3-9所示的4种。

表 3-9

模式	含义	构成要素
成本分析模式	根据现金有关成本，分析预测总成本最低时的现金持有量	机会成本（正相关）、管理成本（固定）和短缺成本（负相关）
存货模式	着眼点也是现金相关的成本之和最低	置存成本（维持仓库中的库存发生的成本）和交易成本

续上表

模式	含义	构成要素
现金周转模式	从现金周转期的角度，根据现金周转速度确定最佳现金持有量	存货周转期、应收账款周转期、应付账款周转期、经营周期、年现金需求量
随机模式	综合考虑短缺现金的风险程度、公司借款能力、公司日常周转所需资金以及银行要求的补偿性余额等	回归值、证券转换为现金或现金转换为证券的成本、公司每日现金流动的标准差、以日为基础计算的现金机会成本和最高值

案例分析

成本分析模式下的最佳现金持有量

某公司根据自身发展需求，相关人员制定出4种现金持有方案，假设现金的机会成本率为10%，各自的持有量、管理成本和短缺成本如表3-10所示。

表3-10

方案项目	方案1	方案2	方案3	方案4
现金持有量（元）	37500	75000	112500	160000
机会成本（元）	3750	7500	11250	16000
管理成本（元）	30000	30000	30000	30000
短缺成本（元）	18000	10125	3750	0
总成本（元）	51750	47625	45000	46000

已知确定最佳现金持有量的成本模型如图3-7所示。

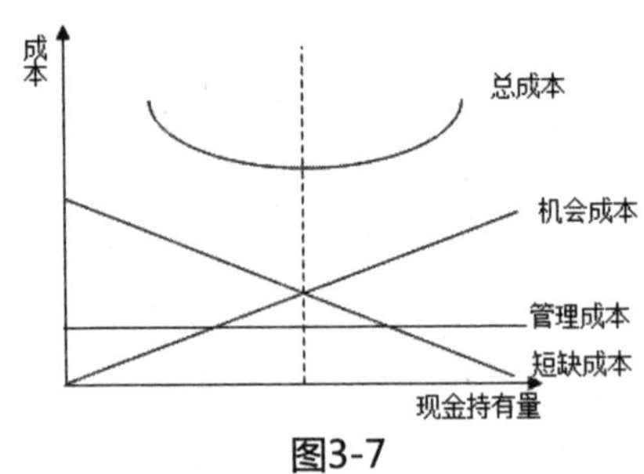

图3-7

成本分析模式的运用是要找到机会成本、管理成本和短缺成本所组成的总成本曲线中最低点对应的现金持有量，把它作为最佳现金持有量。这里总成本最低为45000元，对应的现金持有量为112500元。也就是说，在上表确定的条件下，该公司的最佳现金持有量为112500元。

由上述案例可知，现金持有量越少时，其机会成本也会越少，很多管理者就会片面地认为持有较少的现金可为企业节约成本，但实际上，现金持有量越少，资金周转不灵的可能性会越高，相应地，短缺成本就会越高，最终总成本不一定低于持有较高现金量的总成本。

有些管理者又认为持有较高现金量可极大地降低短缺成本，可为企业控制成本做出大贡献，但实际上，持有现金量越高，就会错失很多投资机会，导致机会成本偏高，最终总成本也不一定低于持有较低现金量的总成本。所以，利用成本分析模式确定最佳现金持有量时，关键是看总成本，而不要局限于机会成本或短缺成本的高低。

常识040 通过非经常性损益可进行盈余管理

盈余管理是企业管理层在遵循会计准则的基础上，通过对企业对外报告的会计收益信息进行控制和调整，以达到企业利益最大化的行为。简单来说就4个字：调节利润。有的管理者和财会人员也将这一行为称为合理避税。

证监会发布的有关公告规定，非经常性损益是指与企业正常经营业务没有直接关系，或虽与正常经营业务相关，但由于其性质特殊和偶发性，影响报表使用人对企业经营业绩和盈利能力做出正常判断的各项交易和事项产生的损益。那么，如何通过非经常性损益进行盈余管理呢？

- **处置非流动资产的损益**：若企业当年的利润数据不理想，则可将企业名下的房产按当年市场价卖出，以此增加利润；若当年卖房但希望将利润留到下一年核算，则可延长转让手续的办理时间，形成跨年度利润；实在没有房产可售卖的，可出售机器设备，再利用融资租赁的方式租用设备，相当于原来出售时获得的利润通过后续租赁而返还给设备购买方。

◆ **尽可能获得与公司正常经营业务密切相关的政府补助**：这样的补助应计入当期损益，也就会增加企业的利润。

◆ **企业的投资成本小于取得的可辨认净资产公允价值产生的收益**：比如，企业在并购中，收购价高于公允价值或评估价，差价就是商誉，如果出现相反的情况，差价就是负商誉，此时的差价就会计入当期的营业外收入，相应地增加企业的营业利润。

◆ **其他非经常性损益调节盈余**：向非金融企业收取的资金占用费调增利润，非货币性资产交换损益调节盈余，以不可抗力因素而计提的各项资产减值准备调减利润，越权审批或无正式批准的文件引发的偶发性税收返还、减免调增利润等。

知识链接 *如何正确理解非经常性损益*

在理解非经常性损益时有3个关键点，即“与正常经营业务没有直接关系”、“与公司正常经营业务密切相关的计入当期损益的政府补助（符合国家政策规定、按一定标准定额或定量持续享受政府补助的除外）”和“金额重大性”。这样看来，非经常性损益似乎与企业的营业外收支的范围类似，但实际上，非经常性损益的范围更大。

非经常性损益中包括了与企业正常经营业务相关的收入和与企业正常经营业务无直接关系甚至没有关系的收入；而营业外收支都是指与企业正常经营业务无关的收入。

判断一项经济业务是否形成非经常性损益，首先要看其是否与正常经营业务相关，主要根据营业执照上注明的经营范围判断。而不在经营范围内的业务，“偶发性”就是判断业务是否属于引发非经常性损益的重要依据。

另外，要看业务引起的损益能否在可预见的未来成为可预期的稳定收益来源，从而为报告使用者预测企业的未来收益状况提供依据。比如，进出口企业的出口退税收入在可预见的未来将会长期享受，则该项收入就是经常性损益。而有些地方性的企业所得税优惠政策，一般都是临时或短期的优惠，就可判断为非经常性损益。

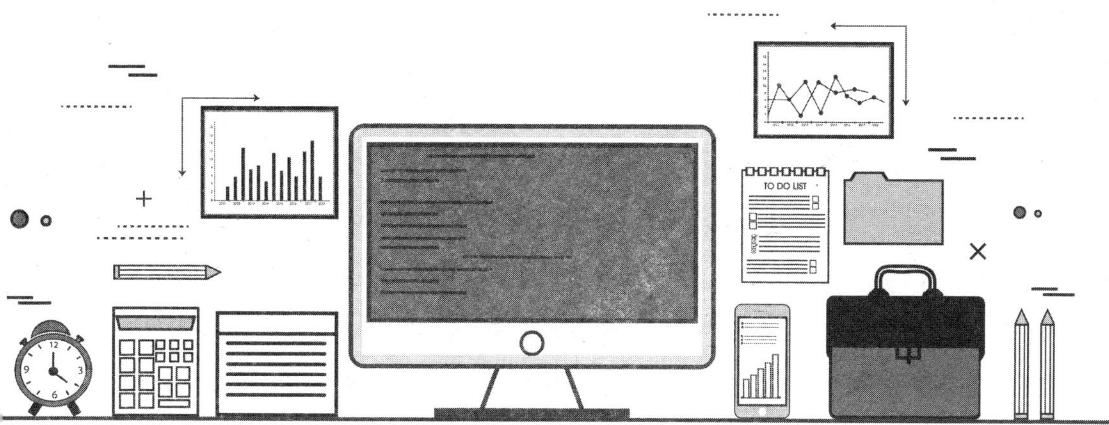

Search 填制、收发和编制会计凭证，查账有据 

财会人员在填制和收发原始凭证，以及编制记账凭证的过程中，都要遵循一定的要求和规则，这样做出的会计凭证才是合法的。会计凭证的制作可以为后续财务工作提供证据资料，使查账工作有据可依。

 常识041 哪些会计资料属于原始凭证

原始凭证又称单据，是在经济业务发生或完成时取得或填制的，用以记录或证明经济业务的发生或完成情况的文字凭据。它可以明确经济责任，是进行会计核算工作的原始资料和重要依据，是会计资料中最具有法律效力的一种文件。那么，哪些会计资料属于原始凭证呢？如表4-1所示的是会计中的两大类原始凭证。

表 4-1

种类	包含的会计资料
外来原始凭证	发票、飞机和火车的票据、银行收付款通知单、企业购买商品或材料时从供货单位取得的发货票等
自制原始凭证	收料单、领料单、开工单、成本计算单和出库单工资计算表等

由表中列举的原始凭证可知，原始凭证实际上就是企业发生经济业务所获得的第一手资料，通常是一些发票或单据，如缴付款通知书和罚款通知书等具有通知性质的凭证（通知、指示或命令企业进行某项经济业务的凭证），制造费用分配表、产品成本计算单和工资计算表等具有计算性质的凭证，发货单、领料单等执行凭证（证明某项经济业务已经发生或已执行完毕的凭证）。如图4-1所示的是我们常见的车票票据。

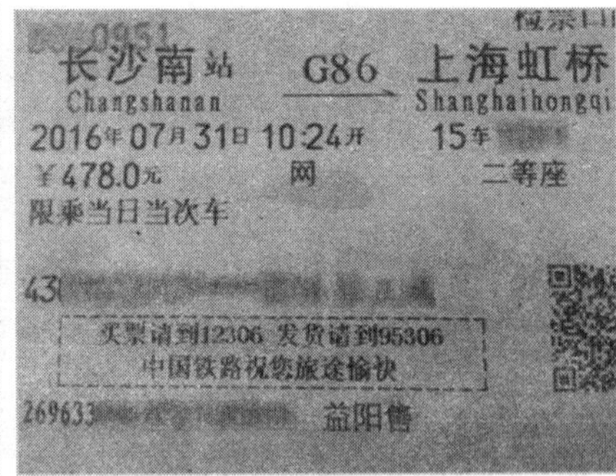

图4-1

如图4-2所示的是常见的增值税专用发票。

增值税专用发票　　№8

机器编号　　此联不作报销、扣税凭证使用　　开票日期：

购货单位	名称： 纳税人识别号： 地址、电话： 开户行及账号：					密码区		
货物或应税劳务名称	规格型号	单位	数量	单价	金额	税率	税额	
合计								
价税合计（大写）				（小写）				
销货单位	名称： 纳税人识别号： 地址、电话： 开户行及账号：					备注		

收款人：　　复核：　　开票人：　　销货单位：（章）

图4-2

由于收料单、领料单和产品计算单等具有个性化，每个企业可以自行设计，这里就不再单独展示这些原始凭证。

常识042 自制的原始凭证应包括哪些要素

自制原始凭证简称自制凭证，是指由本单位内部经办业务的部门或个人（包括财务部本身）在执行或完成某项经济业务时所填制的原始凭证。常见的自制原始凭证有：企业仓库部门填制的《材料验收单》、《产品入库验收单》、《销售发货票》和《发出材料汇总表》，生产车间及其他部门申请领料时填制的《领料单》，企业职工出差向单位借款时填制的《借款单》以及财务部编制的《工资费用结算单》和《制造费用分配表》等。

不同的自制原始凭证会包含不同的要素，具体介绍如表4-2所示。

表 4-2

凭证	要素
材料验收单	单据编号，合同编号，单据填制日期，材料或设备的名称、规格、单位、数量、单价和金额，附件（含运输清单、出厂合格证和厂家质检报告等）

续上表

凭证	要素
产品入库验收单	填制日期，入库时间，订货数量，产品的名称、编号和批号，点收数，实收数，检验情况描述，检验结果判断，合格率和不良率，处理情况（接收、拒收、特检或全检），相关负责人签字盖章
销售发货单	填制日期，收货地址，单据编号，商品的名称、单位、数量、单价和金额，出库人的签字盖章等
发出材料汇总表	制作日期，领料部门和用途，原材料、辅助材料、周转材料和低值易耗品等项目，每种材料的批次，合计金额等
领料单	凭证填制日期，材料的名称、单位、数量和金额，材料的用途，领用人和负责人签字盖章等
借款单	单据填制日期，资金性质，借款单位或个人，借款理由，借款金额，本部门负责人意见和借款人签字盖章，领导批示及还款日期等
工资费用结算单	制单日期，计量单位，工资标准（基本工资和绩效工资），出勤天数，绩效得分，应付工资，应扣工资，实发工资和备注等
制造费用分配表	表格制作日期，计量单位，分配对象，分配标准，分配率，分配金额以及各部门负责人签字盖章等

知识链接 *自制原始凭证不同于自行填制的原始凭证*

自制原始凭证是指企业自己制作的原始凭证，比如表4-2中列举的一些。而自行填制的原始凭证是指由企业自己填写的原始凭证，有可能填写的凭证不是企业自己制作的，比如销货发票，它是由国家税务机关印制的。

也就是说，“自制”指自己制作，“自行填制”指自己填写，二者有本质区别。与之相关的一些常识判断如下。

①“自制原始凭证必须由财会人员自行填制”的说法是错误的，比如入库单、出库单和领料单等，不需要财会人员填制，而是相应部门自己填制。

②“自制原始凭证只是提供给本企业使用”的说法是错误的，比如销售发货单和借款单等，需要提供给购买方和借款人。

③“自制原始凭证一般需要自行填制”的说法是正确的，因为自制原始凭证大多提供给企业自身使用，主要是一些计算凭证和执行凭证；少部分向外部单位提供，主要是一些通知凭证和执行凭证，所以需要自行填制。

自制的原始凭证一定要包含应有的要素，这样才能方便财会人员记账，也让外部单位不会对交易产生疑惑，进而可避免不必要的麻烦。而无论是自制的原始凭证还是收到的外来原始凭证，凭证都应包括如下所示的基本内容。

◆ 原始凭证的名称和编号。

◆ 填制凭证的日期和单位名称（或填制人姓名）。

◆ 凭证的接收单位名称。

◆ 经济业务的内容摘要以及所涉及的数量、计量单位、单价和金额。

◆ 经办业务部门或人员的签章。

常识043 原始凭证的填制要求和方法

原始凭证的填制不是随意为之的，而要符合一定的填制要求，这些填制要求适用于任何原始凭证，主要有如下8项要求。

记录要真实。原始凭证所填列的经济业务内容和数字必须真实可靠，即符合国家有关政策、法令、法规和制度的要求，符合有关经济业务的实际情况，不得弄虚作假，更不得伪造凭证。

内容要完整。原始凭证所填列的项目必须逐项填列齐全，不得遗漏和省略；必须符合手续完备的要求，经办业务的有关部门和人员要认真审核，签名盖章。

手续要完备。企业自制的原始凭证必须有经办部门领导人或其他指定人员签名盖章；对外开出的原始凭证必须加盖本企业公章；从外部或个人处取得的原始凭证必须盖有填制单位的公章或填制人员的签章。

书写要清楚、规范。原始凭证要按规定填写，文字要简要，字迹要清楚且易于辨认，不得使用未经国务院公布的简化汉字。大小写金额必须相符且填写规范。

知识链接 *原始凭证上的大小写金额的填写规范*

小写金额用阿拉伯数字逐个书写，不得写连笔字，在金额前要填写人民币符号“¥”，人民币符号“¥”与阿拉伯数字之间不得留有空白，金额数字一律填写到角分，无角分的，写“00”或符号“-”，有角无分的，分位写“0”，不得用符号“-”。

大写金额用汉字壹、贰、叁、肆、伍、陆、柒、捌、玖、拾、佰、仟、万、亿、元、角、分、零、整等，一律用正楷或行书字书写，金额前未印有“人民币”字样的，应加写“人民币”3个字，“人民币”字样和大写金额之间不得留有空白，金额到元或角为止的，后面要写“整”或“正”字，有分的，不写“整”或“正”字。

比如，小写金额为¥1008.00，大写金额应写成“壹仟零捌元整”。

不仅是原始凭证，与会计核算相关的单据、票据和记账凭证等，其上金额的大小写规范都以上述规范为标准。

编号要连续。如果原始凭证已经预先印定好编号，则在写坏作废时应加盖“作废”戳记，并妥善保管，不得撕毁。

不得涂改、刮擦或挖补。原始凭证有错误的，应由出具单位重开或更正，更正处应加盖出具单位的印章。原始凭证金额有错误的，应由出具单位重开，不得在原始凭证上直接更正。

填制要及时。各种原始凭证一定要及时填写，并按规定的程序及时送交会计机构和会计人员进行审核。

统一格式。一般情况下，增值税专用发票之类的原始凭证是由税务机关统一印制和监制的，一般发票是由财政部门统一印制和监制。而很多企业自制的原始凭证没有统一格式，只要包含基本内容即可。

案例分析

不同的原始凭证，其填制方法不同

原始凭证的填制主要分为两大类，一是自制原始凭证，二是外来原始凭证。下面针对自制原始凭证中的一次凭证、累计凭证和汇总原始凭证及外来原始凭证，详细讲解它们的填制方法。

①一次凭证在经济业务发生或完成时由经办人员填制，一般只反映一项经济业务，或同时反映若干项同类性质的经济业务，比如《收料单》和《领料单》。

例1：Q企业购入一种圆钢500公斤（1公斤=1千克），每公斤单价为4元，另付材料运杂费300元。仓库保管人员验收后填制《收料单》，其格式与内容如图4-3所示。

××有限公司

收　料　单

供货单位：××　　凭证编号：1103

发票编号：0024　　2017年11月3日　　收货仓库：3号库

材料类别	材料编号	材料名称及规格	计量单位	数量		金额		
				应收	实收	单价	运杂费	合计
型钢	020	圆钢	公斤	500	500	4	300	2300
备注							合计	2300

主管　会计　审核　记账　收料

图4-3

《收料单》通常是一料一单，且一式三联，一联留仓库，据以登记材料物资明细账和材料卡片；一联随发票账单送到账务部报账；一联交由采购人员存查。

例2：Q公司的二车间生产甲产品需要领用圆钢250公斤，每公斤单价4元，由经办人填制《领料单》，其格式与内容如图4-4所示。

××有限公司

领　料　单

领料单位：二车间　　凭证编号：1107

用　　途：制造甲产品　　2017年11月4日　　发料仓库：3号库

材料类别	材料编号	材料名称及规格	计量单位	数量		单价	金额（元）
				请领	实发		
型钢	020	圆钢	公斤	250	250	4	1000
备注			合计				1000

主管（签章）　记账（签章）　发料人（签章）　领料人（签章）

图4-4

《领料单》一般也是一料一单，且一式三联，一联留领料部门被备查；一联留仓库，据以登记材料物资明细账和材料卡片；一联转财务部或月末经汇总后转财务部，据以进行总分类核算。

②累计凭证是在一定时期不断重复地反映同类经济业务的完成情况，由经办人每次经济业务完成后在其上重复填制而成。下面以《限额领料单》为例，说明累计凭证的填制方法。

例3：Q企业的三车间生产乙产品，年度计划生产2500台，每台消耗圆钢0.1公斤，全月圆钢的领用限额为500公斤，每公斤该圆钢的单价为4元。11月生产乙产品时，由生产计划部门下达《限额领料单》，车间在该月之内领用圆钢情况如图4-5所示。

××有限公司

限额领料单

2017年11月　　编号：1101

领料单位：三车间　　用途：制造乙产品　　计划产量：2500台

材料编号：020　　名称规格：圆钢　　计量单位：公斤

单价：4元　　消耗定额：0.1公斤/台　　领用限额：500公斤

2017年		请领		实发				
月	日	数量	领料单位负责人	数量	累计	发料人	领料人	限额结余
11	4	100	陈勇	100	100	张峰	王鑫	400
11	10	200	陈勇	200	300	张峰	王鑫	200
11	22	125	陈勇	125	425	张峰	王鑫	75
11	30	50	陈勇	50	475	张峰	王鑫	25
累计实发金额（大写）：壹仟玖佰元整				¥1900				

供应生产部门负责人（签章）　　生产计划部门负责人（签章）　　仓库负责人（签章）

图4-5

《限额领料单》实际上是多次使用的累计领发料凭证，在有效期间内（一般为一个月），只要领用数量不超过限额就可连续使用。该领料单由生产计划部门根据下达的生产任务和材料消耗定额，按每种材料用途分别开出，一般是一料一单，且一式两联，一联交给仓库据以发料；一联交给领料部门据以领料。

由于增加生产量而需追加限额时，应经过生产计划部门批准，办理追加限额的手续；由于浪费或其他原因超限额用料需追加限额时，应由用料部门向生产计划部门提出申请，经批准后追加限额；在用另一种材料代替限额领料单内所列材料时，应另填一次《领料单》，同时相应地减少《限额领料单》的限额余额。

③汇总原始凭证是指在会计实际工作日，为了简化记账凭证的填制工作，将一定时期若干份记录同类经济业务的原始凭证汇总编制一张汇总凭证，用以集中反映某项经济业务的完成情况。该凭证是由有关责任人根据经济管理的需要定期编制的，现以《发料凭证汇总表》为例，说明汇总原始凭证的编制方法。

例4：M公司2017年10月的《发料凭证汇总表》如图4-6所示。

××有限公司

发料凭证汇总表

2017年10月31日　　　　单位：元

应借科目	应贷科目：原材料					发料合计
	明细科目：主要材料				辅助材料	
	1～10日	11～20	21～31	小计		
生产成本	7500	11000	10000	28500	1500	30000
制造费用				500	250	750
管理费用				1000	750	1750
合计	—	—	—	30000	2500	32500

图4-6

汇总原始凭证只能将同类内容的经济业务汇总在一起，填列在一张汇总原始凭证上，不能将两类或两类以上的经济业务汇总在一起。

④外来原始凭证是在企业与外单位发生经济业务时，由外单位的经办人员填制，企业自身还需确认填制的原始凭证，如图4-7所示的往来结算对账单的回执联。

清查单位（盖章）

2017年11月6日

请沿虚线裁开，并将回单寄至我单位

往来款项对账单（回单）

__________单位：

你单位寄来的“往来款项对账单”已收到，经核对：

1.“对账单”所列往来款项，核对无误。

2.“对账单”所列往来款项，与我单位账簿记录存在以下差异：

图4-7

审核原始凭证“审”什么

根据《会计法》第十四条规定，会计机构和会计人员必须按照国家统一会计制度的规定对原始凭证进行审核，对不真实、不合法的原始凭证有权不予接纳，并向有关单位负责人报告，请求查明原因，有时会追究有关当事人的责任；对记载不准确、不完整的原始凭证予以退回，并要求经办人按照国家统一的会计制度规定进行更正、补充。

原始凭证的审核主要从“五性”出发，对应审核凭证的不同内容和事项。具体如表4-3所示。

表 4-3

审核方向	内容
合法性	1. 审凭证上记载的经济业务是否符合国家有关规定的要求，是否有违反财经制度的现象，比如，凭证中发现有多计或少计收入、费用； 2. 审发票是否盖有发票专用章或财务专用章； 3. 审凭证是否有经办人签字
真实性	1. 审凭证上所列的经济业务事项是否真实，有无弄虚作假情况； 2. 审凭证内容记载是否清晰，有无掩盖事情真相的现象； 3. 审凭证的抬头，是本单位的要写明本单位名称，是外单位的要写明外单位名称； 4. 审凭证的填写笔迹，有无模仿领导笔迹冒领的现象； 5. 审凭证有无涂改、有无添加内容和金额等现象
合理性	审凭证上记载的经济业务是否符合厉行节约、反对浪费和有利于提高经济效益的原则，有无违反该原则的现象
完整性	审凭证是否具备基本内容，是否有应填未填或填写不清楚的现象，比如经审核后确定未填写接收凭证单位名称、业务内容与附件不符以及没有填证单位或制证人员签章等情况
正确性	1. 审凭证在计算方面是否存在失误，比如经审核后确定有业务内容摘要与数量和金额等不对应、业务涉及的数量与单价的乘积与金额不符以及金额合计错误等情况； 2. 自制的原始凭证附有原始单据的，要审核金额是否相符；没有原始单据的，是否有部门负责人的批准与签章； 3. 外来的发票和收据等是否用复写纸套写，是否是“报销”联，若不是复写纸套写或不是“报销”联，则不予受理

经审核的原始凭证应区别不同情况进行处理，一般有如下3种情况。

◆ 对于完全符合要求的原始凭证，应及时编制记账凭证并入账。

◆ 对于真实、合理、合法但不完整的原始凭证，应退回有关经办人，由其负责将有关凭证补充完整，更正错误或重开，再办理入账手续。

◆ 对于不真实、不合法的原始凭证，会计机构和会计人员有权不予接收，同时向单位负责人报告，查明原因，严重时追究经办人的责任。

常识045 纸质原始凭证的传递与保管方法

原始凭证是会计凭证的一种，会计凭证的传递是指从其取得或填制开始，经过出纳、审核、记账、装订到归档保管，在单位内部有关部门和有关人员之间按规定时间和路线办理业务手续和进行处理的过程。

（1）原始凭证的传递

自制原始凭证和外来原始凭证在企业内部传递时，过程有一些区别，如图4-8所示。

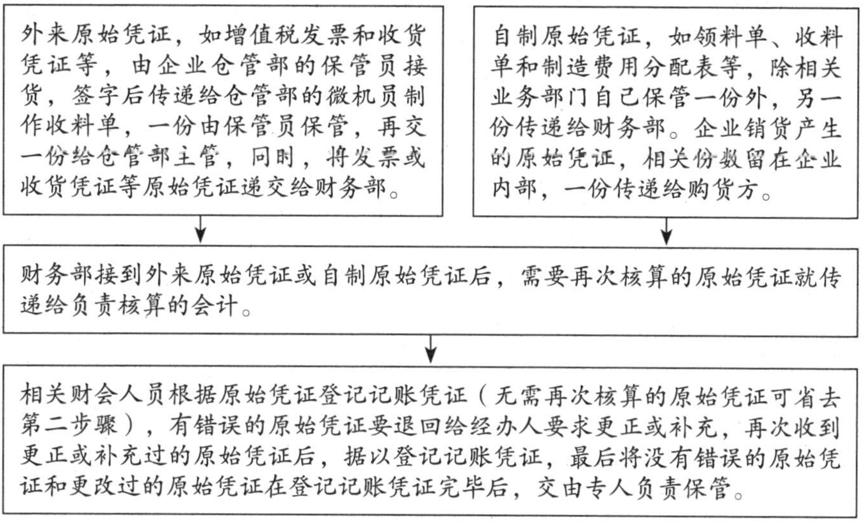

外来原始凭证，如增值税发票和收货凭证等，由企业仓管部的保管员接货，签字后传递给仓管部的微机员制作收料单，一份由保管员保管，再交一份给仓管部主管，同时，将发票或收货凭证等原始凭证递交给财务部。

自制原始凭证，如领料单、收料单和制造费用分配表等，除相关业务部门自己保管一份外，另一份传递给财务部。企业销货产生的原始凭证，相关份数留在企业内部，一份传递给购货方。

↓

财务部接到外来原始凭证或自制原始凭证后，需要再次核算的原始凭证就传递给负责核算的会计。

↓

相关财会人员根据原始凭证登记记账凭证（无需再次核算的原始凭证可省去第二步骤），有错误的原始凭证要退回给经办人要求更正或补充，再次收到更正或补充过的原始凭证后，据以登记记账凭证，最后将没有错误的原始凭证和更改过的原始凭证在登记记账凭证完毕后，交由专人负责保管。

图4-8

企业要根据有关部门和人员办理经济业务的情况，恰当地规定凭证在各个关节的停留时间和交接时间。总之，无论是原始凭证还是记账凭证，又或者是会计账簿，在传递时既要能满足内部控制制度的要求，使传递程序合理有效，又要尽量节约传递时间，减少传递的工作量。

（2）原始凭证的保管

原始凭证的保管期限为30年，通常随着对应的记账凭证一起装订保管，但也有一些原始凭证可单独装订成册保管，具体根据企业自身情况而定。对于需附在记账凭证上的原始凭证，其保管要注意以下几点。

①相对于记账凭证而言，过宽过长的原始凭证应进行纵向和横向的折叠，折叠后的外形尺寸不应长于或宽于记账凭证，同时要便于翻阅。

②原始凭证本身不必保留的部分可裁减掉，但不得因此影响凭证内容的完整性。

③相对于记账凭证而言，过窄过短的原始凭证在不能直接与记账凭证一起装订时，应进行必要的加工，再粘贴在特制的原始凭证粘贴纸上，最后装订粘贴纸。注意，粘贴时应横向进行，从右至左，后一张凭证的右边压位前一张的左边；粘贴完毕后，要在粘贴单的空白处分别写出每类原始凭证的张数、单价和总金额。

④保管记账凭证的同时就相当于保管了原始凭证。

⑤原始凭证不得外借，未经批准，不得带出公司。

常识046 认识不同分类方式下的记账凭证种类

记账凭证又称记账凭单，是财会人员根据审核无误的原始凭证，按照经济业务事项的内容加以分类，并据以确定会计分录而填制的会计凭证，它是登记会计账簿的直接依据。

根据不同的分类依据，记账凭证可分为不同的类型，如表4-4所示。

表 4-4

分类依据	种类
按用途	[专用记账凭证] 分类反映经济业务，如收款凭证、付款凭证和转账凭证。 1. 收款凭证：记录现金和银行存款的“收”业务，有的企业会将其细分为库存现金收款凭证和银行存款收款凭证； 2. 付款凭证：记录现金和银行存款的“支”业务，有的企业会将其细分为库存现金付款凭证和银行存款付款凭证； 3. 转账凭证：记录不涉及现金和银行存款的业务。 [通用记账凭证] 用来反映所有业务
按填列会计科目的数目	[单式记账凭证] 每一张记账凭证只填列经济业务事项所涉及的一个会计科目及其金额。 1. 借项凭证：填列借方科目； 2. 贷项凭证：填列贷方科目。 [复式记账凭证] 每一笔经济业务事项所涉及的全部会计科目及其发生额均在同一张记账凭证中反映
按其包括的内容	[单一记账凭证] 只包括一笔会计分录的凭证，如专用记账凭证和通用记账凭证； [汇总记账凭证] 根据一定时期内的同类单一记账凭证加以汇总而重新编制的记账凭证，又可分为汇总收款凭证、汇总付款凭证和汇总转账凭证； [科目汇总表] 也称记账凭证汇总表或账户汇总表，根据一定时期内所有记账凭证，定期加以汇总而重新编制的记账凭证，其存在的意义是简化总分类账的登记手续

从上表可以看出，同一张记账凭证可能归属于不同的分类中。在实际财会工作中，比较常见的记账凭证有收款凭证、付款凭证、转账凭证、复式记账凭证、单一记账凭证和科目汇总表。

总的来说，涉及的经济业务的性质决定了财会人员填制的记账凭证的类型。而财会人员尤其要注意的是，在经济业务涉及现金和银行存款时，切记不要填写成转账凭证；不同类的经济业务最好不要登记在同一张记账凭证上。

要避免出现经济业务与凭证类型“张冠李戴”的情况，财会人员需认真掌握记账凭证的类型及各自的特点，从而在记账时能更好地区分。

常识047 记账凭证中应包含的内容

记账凭证是对原始凭证的整理与概括，所以，在应包含的内容上会与原始凭证应包含的内容有些许不同。记账凭证必须包括的基本内容具体如下。

◆ 记账凭证的名称和填制单位的名称。

◆ 填制记账凭证的日期及凭证的编号。

◆ 经济业务事项的内容摘要。

◆ 经济业务事项所涉及的会计科目、记账方向和相应的金额。

◆ 记账标记。

◆ 所附原始凭证的张数。

◆ 会计主管、记账、审核、出纳和制单等有关人员的签章。

如图4-9所示的是一般记账凭证的样式。

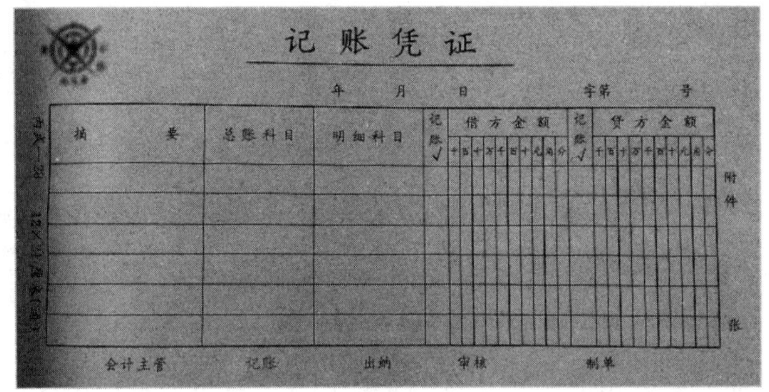

记 账 凭 证

年 月 日 字第 号

摘要	总账科目	明细科目	记账√	借方金额	记账√	贷方金额
				千百十万千百十元角分		千百十万千百十元角分

附件 张

会计主管 记账 出纳 审核 制单

图4-9

如果记账凭证没有包含上述所列的所有基本内容，则记账凭证就不符合其合规性和技术性，也就不能成为登记会计账簿的直接会计资料，因此，财会人员在编制和审核记账凭证时要格外注意。

比如，财会人员容易忽视的记账凭证的内容有明细科目部分、记账标记和附件张数等。明细科目部分直接关系到会计账簿中明细分类账的登记；记账标记直接关系到记账凭证是否能作为登记账簿的依据；而附件张数是以后查、对账没对账工作的依据关系到查账对账工作是否顺利进行。

掌握记账凭证的各种登记规则

准确地说，企业财会人员要做的与记账凭证有关的工作就是登记与审核，不会涉及编制。利用财务系统登账的企业，财会人员只需在指定的位置执行登账操作即可，系统会自动生成相应的记账凭证；而手工登账的企业，财会人员也只需要外购记账凭证，自行填制凭证的内容即可。所以，对于企业财会人员来说，最重要的是掌握凭证的登记规则。财会人员在登记记账凭证时，要做到以下几点基本要求。

①凭证的各项内容必须完整，必须以审核无误的原始凭证为依据。

②凭证应连续编号，其中，一项经济业务需要填制到两张以上记账凭证的，可采用分数编号法编号，如图4-10所示。

记账凭证

2018年6月2日　　记字第$2\frac{1}{2}$号

摘要	会计科目		借方金额	贷方金额	
	一级科目	明细科目			
销售方便面	应收账款	白家好公司	117000		附件2张
销售方便面	主营业务收入			100000	
销售方便面	应交税费	应交增值税（销项税额）		16000	

记账凭证

2018年6月2日　　记字第$2\frac{2}{2}$号

摘要	会计科目		借方金额	贷方金额	
	一级科目	明细科目			
结转方便面成本	主营业务成本		50000		附件2张
结转方便面成本	库存商品	方便面		50000	

图4-10

③凭证的书写应清晰、规范，具体要求可参考原始凭证的书写要求。

④凭证可根据每一张原始凭证来填制，或根据若干张同类原始凭证汇总编制，也可根据原始凭证汇总表填制。这里要注意，不得将不同内容和类别的原始凭证汇总填制在同一张记账凭证上。

⑤凭证上必须有填制、审核、记账和会计主管等人员的签名或盖章。注意，对于已经发生的收款和付款业务，必须坚持先审核后办理的原则，出纳员要在有关收款凭证和付款凭证上签章。相应地，对已经办妥的收款凭证或付款凭证及所附的原始凭证，出纳员要当即加盖“收讫”或“付讫”戳记（避免重收重付或漏收漏付）。

⑥除了结账和更正错误的记账凭证可以不需要附带原始凭证外，其他记账凭证必须附有原始凭证。

知识链接 *记账凭证的附件处理*

记账凭证的附件处理有一定规则，财会人员在处理附件时一定要遵守。

①记账凭证所附原始凭证的张数计算，一般以所附原始凭证的自然张数为准，不得有0.5张的情况出现。

②一张原始凭证如果涉及多张记账凭证，则可以把原始凭证附在一张主要的记账凭证背面，并在其他记账凭证上注明附有该原始凭证的编号或附上该原始凭证的复印件。

③多张原始凭证涉及一张记账凭证，显然，所有原始凭证都要附在该张记账凭证的背面。

④一张原始凭证所列的支出需要由多个单位共同承担，应由保存该原始凭证的单位开具原始凭证分割单给其他应承担的单位。注意，原始凭证分割单必须具备原始凭证的基本内容，包括凭证名称、填制凭证日期、填制凭证单位名称或填制人姓名、经办人的签章、接收凭证的单位名称、经济业务的内容、数量、单价、金额和费用分摊情况等，如图4-11所示。

⑤其他一些细微的附件处理规则可参考本章常识045关于原始凭证的保管内容。

<table>
<tr><td colspan="16">原始凭证分割单</td></tr>
<tr><td colspan="16">年 月 日　　　　编号：</td></tr>
<tr><td colspan="2">接收单位名称</td><td colspan="2"></td><td>地址</td><td colspan="11"></td></tr>
<tr><td rowspan="2">原始凭证</td><td>单位名称</td><td colspan="2"></td><td>地址</td><td colspan="11"></td></tr>
<tr><td>名称</td><td></td><td>日期</td><td></td><td>编号</td><td colspan="10"></td></tr>
<tr><td rowspan="2">总金额</td><td colspan="4" rowspan="2">人民币
（大写）</td><td>千</td><td>百</td><td>十</td><td>万</td><td>千</td><td>百</td><td>十</td><td>元</td><td>角</td><td>分</td><td></td></tr>
<tr><td></td><td></td><td></td><td></td><td></td><td></td><td></td><td></td><td></td><td></td><td></td></tr>
<tr><td rowspan="2">分割金额</td><td colspan="4" rowspan="2">人民币
（大写）</td><td>千</td><td>百</td><td>十</td><td>万</td><td>千</td><td>百</td><td>十</td><td>元</td><td>角</td><td>分</td><td></td></tr>
<tr><td></td><td></td><td></td><td></td><td></td><td></td><td></td><td></td><td></td><td></td><td></td></tr>
<tr><td>原始凭证主要内容，分割原因</td><td colspan="15"></td></tr>
<tr><td>备注</td><td colspan="15"></td></tr>
<tr><td colspan="16">单位名称（公章）：　　　会计：　　　制单：</td></tr>
</table>

图4-11

案例分析

不同的记账凭证，需要填写的内容有差异

2017年11月2日，J公司收到Q公司之前所欠的一笔货款20000元，该笔货款是以银行存款的形式付清的。J公司的财会人员根据这项经济业务登记了收款凭证，如图4-12所示。

<table>
<tr><td colspan="15">收款凭证</td></tr>
<tr><td colspan="15">借方科目：银行存款　　　2017年11月2日　　　收字第3号</td></tr>
<tr><td rowspan="2">摘 要</td><td colspan="2">贷方科目</td><td colspan="10">金 额</td><td rowspan="2">记账✓</td><td rowspan="4">附件1张</td></tr>
<tr><td>总账科目</td><td>明细科目</td><td>千</td><td>百</td><td>十</td><td>万</td><td>千</td><td>百</td><td>十</td><td>元</td><td>角</td><td>分</td></tr>
<tr><td>收到Q公司货款</td><td>应收账款</td><td>Q公司</td><td></td><td></td><td></td><td>2</td><td>0</td><td>0</td><td>0</td><td>0</td><td>0</td><td>0</td><td></td></tr>
<tr><td></td><td></td><td></td><td></td><td></td><td></td><td></td><td></td><td></td><td></td><td></td><td></td><td></td><td></td></tr>
<tr><td colspan="3">合计金额</td><td></td><td></td><td>¥</td><td>2</td><td>0</td><td>0</td><td>0</td><td>0</td><td>0</td><td>0</td><td></td><td></td></tr>
<tr><td colspan="15">会计主管：×× 记账：×× 复核：×× 制单：×× 出纳：××</td></tr>
</table>

图4-12

收款凭证左上方的“借方科目（账户）”应填写“库存现金”或“银行存款”（这里因为是以银行存款付清，所以填写“银行存款”科目）；右上方应填写凭证编号，编号一般按“现收×号”和“银收×号”分类，但有些业务量少的单位也可不分“现收”与“银收”，比如该案例，直接填写“收字第3号”；“摘要”栏内填写经济业务的内容梗概；“贷方科目（账户）”栏内填写与“库存现金”或“银行存款”科目对应的总账（一级）科目和所属明细（二级）科目；“金额”栏内

填写实际收到的现金或银行存款数额；“记账符号”栏供记账人员在根据该凭证登记有关账户后做标记使用，表示该项金额已计入有关账户。

2017年11月8日，J公司以银行存款的方式支付之前欠C公司的一笔15000元的货款。J公司的财会人员根据这项经济业务登记了付款凭证，如图4-13所示。

付款凭证

贷方科目：银行存款　　2017年11月8日　　付字第9号

摘要	借方科目		金额										记账✓
	总账科目	明细科目	千	百	十	万	千	百	十	元	角	分	
支付C公司货款	应付账款	C公司				1	5	0	0	0	0	0	
合计金额					¥	1	5	0	0	0	0	0	0

附单据2张

会计主管：　记账：　稽核：　制单：　出纳：

图4-13

付款凭证的填写规则与收款凭证的填写规则相似，唯一不同的地方在于：凭证左上方是“贷方科目（账户）”，而表格主要部分填写的是“借方科目（账户）”。无论是收款凭证还是付款凭证，凭证的左上方通常填写“库存现金”或“银行存款”科目。

2017年11月12日，J公司收到D公司40000元的预定款，财会人员根据该项经济业务登记了转账凭证，如图4-14所示。

转账凭证

2017年11月12日　　转字第7号

摘要	总账科目	明细科目	记账✓	借方金额										记账✓	贷方金额									
				千	百	十	万	千	百	十	元	角	分		千	百	十	万	千	百	十	元	角	分
收到D公司预定款	预收账款	D公司					4	0	0	0	0	0	0											
	主营业务收入																	4	0	0	0	0	0	0
合计						¥	4	0	0	0	0	0	0				¥	4	0	0	0	0	0	0

附单据2张

会计主管：　记账：　出纳：　审核：　制单：

图4-14

转账凭证的填写规则与收款凭证和付款凭证相似，不同点在于，转账凭证不涉及现金和银行存款的增加或减少，所以凭证上不会出现“库存现金”或“银行存款”科目，同时，凭证左上方没有“借方科目（账户）”或“贷方科目（账户）”，借贷方科目都在表格内填写；凭证右上角为“转字第×号”。

通用记账凭证的样式与转账凭证几乎完全相同，所以填写规则也没有太大区别，唯一的不同就是，通用记账凭证的右上角为“记字×号”，而不是“转字第×号”。

如果J公司的财会人员将11月12日发生的经济业务登记为单式记账凭证，则如图4-15所示的是借项凭证和贷项凭证。

借项记账凭证

2017年11月12日　　凭证编号　记字7号

摘　要	一级科目	明细科目	账　页	金　额
收到D公司预定款	预收账款	D公司		40000
对应一级科目：主营业务收入	合　计			40000

会计主管：[illegible]　记账：[illegible]　复核：[illegible]　出纳：[illegible]　制单：[illegible]

贷项记账凭证

2017年11月12日　　凭证编号　记字7号

摘　要	一级科目	明细科目	账　页	金　额
收到D公司预定款	主营业务收入			40000
对应一级科目：银行存款	合　计			40000

会计主管：[illegible]　记账：[illegible]　复核：[illegible]　出纳：[illegible]　制单：[illegible]

图4-15

借项记账凭证只涉及某一项经济业务的借方科目及其所属明细科目，贷项记账凭证只涉及相应经济业务的贷方科目及其所属明细科目。两张凭证的编号相同，日期相同，总金额相同。

常识049 审核记账凭证要做些什么

记账凭证是对原始凭证的“再加工”，因此，在审核记账凭证时，有些审核内容与原始凭证相似，有些是记账凭证独有的审核内容。具体有如下几点。

①审核是否按已审核无误的原始凭证填制记账凭证，记录的内容与所附原始凭证是否一致，金额是否相等，所附原始凭证的张数是否与记账凭证所列附件张数相符。

②审核记账凭证所列会计科目（包括一级科目和明细科目）、应借和应贷方向以及金额等是否正确，借贷双方的金额是否平衡，明细科目金额之和与相应的总账科目金额是否相等。

③审核记账凭证摘要是否填写清楚，日期、凭证编号、附件张数和有关人员签章等是否齐全的。若发现记账凭证的填制有差错或填列不完整、签章不齐全，应查明原因，责令更正、补充或重填。

案例分析

审核记账凭证要从“五性”出发

2017年11月2日，E公司向F公司购买一批原材料，共17550元（含税），当时已经登记了一张记账凭证（借记“原材料”科目，贷记“应付账款”科目），11月6日，E公司收到F公司开具的增值税专用发票，同时用银行存款支付了货款，而此时财会人员填制的记账凭证却是如图4-16所示的效果。

记账凭证

2017年11月6日　　凭证编号：记字　号

	总账科目	明细科目	记账	借方金额										记账	贷方金额									
			✓	千	百	十	万	千	百	十	元	角	分	✓	千	百	十	万	千	百	十	元	角	分
	原材料	××材料					1	3	0	0	0	0	0											
从F公司购入材料	银行存款																	1	3	0	0	0	0	0
合计						¥	1	3	0	0	0	0	0				¥	1	3	0	0	0	0	0

附单据1张

会计主管：（签章）　记账：（签章）　出纳：（签章）　审核：（签章）　制单：（签章）

图4-16

首先，该凭证记载的经济业务是真实的，且与所附的增值税专用发票相符；但数据与原始凭证不符，由此可见，该记账凭证的真实性审核结果为不通过。

其次，该记账凭证的金额应为17550元，相当于冲销11月2日填制的记账凭证的“应付账款”科目；借方科目应为“应付账款”，明细科目为“F公司”，由此可见，该记账凭证的正确性审核结果也为不通过。

然后，该记账凭证的编号没有填写，应为“记字14号”；相关人员既没有签名，也没有盖章；凭证中还剩余两行没有数据填充，应用斜杠划掉，由此可见，该凭证的完整性审核结果同样为不通过。

最后，审核该记账凭证所附的发票没有错误，内容真实可靠，记账凭证的填制时间与发票开具时间相差4天，由此可见，该记账凭证的及时性和合理性审核结果均为通过。

经过上述记账凭证的审核分析，11月6日财会人员正确填制的记账凭证应为如图4-17所示的效果。

记账凭证

2017年11月6日　　凭证编号：记字 14 号

	总账科目	明细科目	记账√	借方金额										记账√	贷方金额									
				千	百	十	万	千	百	十	元	角	分		千	百	十	万	千	百	十	元	角	分
从F公司购入材料	应付账款	F公司					1	7	5	5	0	0	0											
	银行存款																	1	7	5	5	0	0	0
合计						¥	1	7	5	5	0	0	0				¥	1	7	5	5	0	0	0

附单据1张

会计主管：　（签章）　记账：　（签章）　出纳：　（签章）　审核：　（签章）　制单：　（签章）

图4-17

由于记账凭证是企业根据原始凭证自行编制或登记的，所以不存在合法性的说法，因此，财会人员在审核记账凭证时，主要从其真实性、合理性、完整性、正确性与及时性这“五性”入手。

 纸质记账凭证的装订规则与保管工作

记账凭证的传递路线与其账务处理程序是一致的，其传递过程如图4-18所示。

根据原始凭证或原始凭证汇总表，按不同的经济业务类型，分别填制收款凭证、付款凭证或转账凭证。

↓

根据现金收、付款凭证逐笔序时登记现金日记账；根据银行存款收、付款凭证及其所附的银行结算凭证逐笔登记银行存款日记账；根据其他不涉及现金和银行存款业务的凭证逐笔登记各有关种类的明细分类账。

↓

根据各种记账凭证逐笔登记总分类账。

↓

根据对账的具体要求，将现金日记账、银行存款日记账和各种明细分类账，定期与总分类账相互核对，对有错误的要及时修改、补充。

↓

期末，根据总分类账和明细分类账的有关资料编制财会报表。

图4-18

由此可见，记账凭证一般从登记人员手中，传给登记明细分类账的财会人员，然后传给登记总分类账的财会人员，中间发现有错误的，还要返回给相关经办人进行更正或补充，最后传给编制财会报表的人。

记账凭证的装订规则可以参考原始凭证的保管方法（见本章常识045），与原始凭证一样，记账凭证的保管期限也为30年，具体保管工作的细节如下。

◆ 每月记账完毕，要将当月各种记账凭证加以整理，检查有无缺号和附件是否齐全。再按顺序号排列，装订成册。为了便于事后查阅，应加具封面，如图4-19所示。封面上应注明企业名称、所属年度、月份、起讫日期、记账凭证种类、起讫号数及总计册数等信息，并由有关人员签章。为了防止任意拆装，要在装订线上加贴封签，并由会计主管人员盖章。

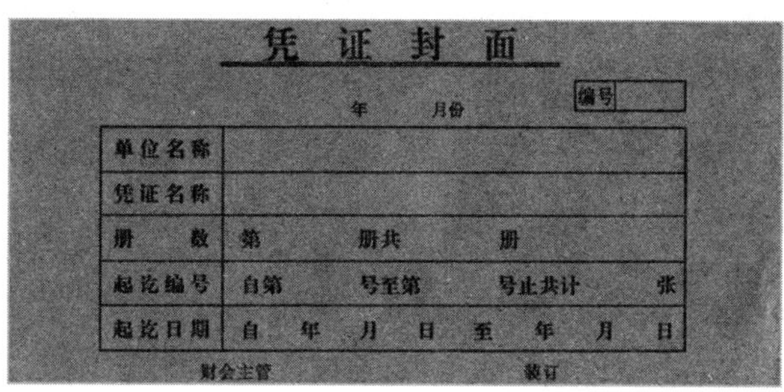

凭证封面

年　月份　编号

单位名称	
凭证名称	
册　数	第　册共　册
起讫编号	自第　号至第　号止共计　张
起讫日期	自　年　月　日　至　年　月　日

财会主管　装订

图4-19

- 如果一个月内的凭证数量过多，可分装成若干册，在封面上加注“共×册”字样。如果某些记账凭证所附的原始凭证数量过多，也可将记账凭证单独装订保管，但应在其封面及有关记账凭证上加注说明。对重要的原始凭证，如合同、契约、押金收据和需要随时查阅的收据等，在需要单独保管时应编制目录，并在原记账凭证上注明“另行保管”字样。
- 装订成册的记账凭证应集中保管，并指定专人负责。查阅时一定要有相关的手续制度。

知识链接 *会计凭证的销毁工作要合法、规范*

每种会计凭证的保管期限是不同的，企业要按照规定把在保管期间内的会计凭证进行移交保管；超出保管期限的会计凭证，企业可根据需要决定是否销毁，需永久保留的会计凭证不能销毁。会计凭证的保管期限和销毁手续必须严格执行会计制度的规定，任何人无权自行随意销毁。具体规定如下。

①根据规定，有两种会计凭证即使保管期满也不得销毁：一是尚未结清的债权债务原始凭证，保管期满后应单独抽出立卷，保管到未了事项完结时为止，才能按照法定程序对其进行销毁；二是正在项目建设期间的建设单位，其保管期满的会计凭证也不得销毁，要在建设期过后按照程序销毁。

②销毁凭证时，首先，由本企业档案机构会和会计机构提出销毁意见，编制销毁清册，列明所销毁的会计凭证的名称、卷号、册数、起止年度、档案编号、应保管期限、已保管期限和销毁的时间等。然后，由企业负责人在销毁清册上签署意见。销毁时应由档案机构和会计机构共同派员监督。最后，监销人员在会计凭证销毁前，应按照销毁清册所列的内容清点核对所要销毁的会计凭证；销毁后应在销毁清册上签名盖章，并将监销情况报告本企业负责人。

警惕！银行存款余额调节表不是凭证

银行存款余额调节表可作为银行存款科目的附列资料保存，财会人员编制该表的目的在于核对企业账目和银行账目的差异，也用于检查企业与银行账目的差错，如图4-20所示。调节后的余额是企业在对账日银行实际可用的存款数额。

银行存款余额调节表

编制单位： 年 月 金额单位：元

银行账号： 开户行： 币种：人民币

项目				金额					金额
企业银行存款账面余额					银行对账单余额				
加：银行已收而企业未收的款项					加：企业已收而银行未收的款项				
序号	记账日期	票据号码	摘要		序号	记账日期	票据号码	摘要	
减：银行已付而企业未付的款项					减：企业已付而银行未付的款项				
序号	记账日期	票据号码	摘要		序号	记账日期	票据号码	摘要	
调节后的存款余额：					调节后的存款余额：				

财务主管： 复核： 出纳： 年 月 日

图4-20

银行存款余额调节表是一种对账记录工具，并不是凭证。如果左右余额相等，则说明银行存款一般没有错；如果左右余额不相等，则可能存在未达账项或记录错误。银行存款余额调节表的编制方法一般是：在双方账面余额的基础上，分别补记对方已记而本方未记账的账项金额，然后验证调节后的双方账目是否相等。

第一步：企业账面存款余额=企业账面银行存款余额-银行已付而企业未付账项+银行已收而企业未收账项。

第二步：银行对账单调节后的存款余额=银行对账单存款余额-企业已付而银行未付账项+企业已收而银行未收账项。

注意，银行已经划账而企业尚未入账的未达账项，要待银行结算凭证到达后才能据以入账，不能以“银行存款调节表”作为记账依据。

5

Search 查清账目做好调整，完善记账

在财会人员记账完毕后，期末（月末、季末或年末）结账前，一项必不可少的工作就是查账。通过对企业账证和有关资料的检查，查核企业会计资料所反映的经济活动是否真实、合法，有无经济违法行为，从而确保会计资料能作为编制报表的依据。

查账“查”什么

会计电算化下，财会人员在登记入账的同时就要进行一些日常的查账工作，目的是减轻期末查账工作的负担。而日常查账工作与账簿是否已经登记没有直接关系，即在没有登记会计账簿前可以查账，在登记账簿后，甚至编制了每月会计报表以后都可以查账。

但需要注意的是，如果是外部审计机构要对企业实施查账，则通常在财会报表编制以后进行。这里我们主要讲解企业自行查账的工作，财会人员在查账时，主要按如下所示的5个步骤来进行。

◆ 第一步：查总账

总账即总分类账，为考察、核对各种明细账、现金日记账和银行存款日记账提供数据。通过查总账，所达到的目的是掌握企业设置了哪些会计科目，为下一步查账打下良好的基础。具体操作步骤如图5-1所示。

检查扉页，总账的扉页一般都是“经管人员一览表”，记录了企业名称、账簿名称、账页页数、使用日期、接管和移交情况等。

找到发生业务的会计科目，根据该会计科目找全对应的明细账，如现金明细账、银行存款明细账、各类收入明细账、各类支出明细账、应付和应收款明细账以及固定资产明细账等，看明细账的合计数与总账金额是否一致。

当总账与明细账不一致时，就要接着对每一种明细账进行详细的检查，看是否有记账错误；对于账目不合理的地方，要进一步检查原始凭证、记账凭证等是否有错误，这就会涉及账实核对、账证核对和账账核对（具体介绍参考本章常识053）。

图5-1

◆ 第二步：查利润表

利润表是总括反映企业在一定期间财务成果的会计报表，通过查利润表，达到的目的是核实企业利润表中的销售收入年末累计数字与总账的销售科目数字是否一致，严防企业设假账和两套账，保证财会报表的真实可靠。

◆第三步：查银行对账单

银行对账单是银行根据企业所产生的收入和支出情况编制的一项借、贷方对比单据。通过查银行对账单，达到核实企业的银行存款日记账和现金日记账是否与银行对账单一致的目的。

其中，银行对账单中的贷方和借方涉及的大笔金额要重点检查，看企业是否另设会计账簿或会计凭证，是否独立装订成册，严防企业利用一个银行账户设置多种资金运营渠道。

现金日记账和银行存款日记账是财会人员查账工作的重点，因为从这两个账目里可清晰地看清企业的资金流动方向，并通过对相关原始凭证（如银行对账单、现金支票及相关发票和税票等）的查阅，从中发现可疑问题，从而进行下一步查账。

◆第四步：查发票存根

通过查发票存根，可督促企业准备发票的领购簿，并按领购簿上的发票顺序进行排列，同时还能检查出发票存根是否存在大头小尾（即上下联金额不一致）的情况，从中发现其他违法经营活动。

◆第五步：查企业的仓库保管账

仓库保管账是反映一个企业原材料、物资购入和销售出库情况的一种账目记录。该账一般不在企业的财务部门保管，它为查出计算违法所得提供了依据，通常由企业的供销部门的仓库保管员负责保管。

查仓库保管账，目的是查出账目与实存数是否一致，进而判断是否有人擅自领用了材料、物资，或者财会人员的记账是否准确。

常识053 查对账目的最终目标是4个“相符”

4个相符是指“账账相符”、“账证相符”、“账实相符”和“账表相符”。当企业财会人员查账后，所有账目、凭证、报表和实存数均满足这4个“相符”，则说明企业当期的账务基本上没有错误，可以进行结账工作了。而这4个“相符”具体指什么内容呢？如表5-1所示。

表 5-1

目标	核对内容
账账相符	1. 查总分类账中各账户本期借方发生额合计数与贷方发生额合计数是否相符；借方期末余额合计数与贷方期末余额合计数是否相符； 2. 查总分类账中有关账户发生额和余额与其所属各明细分类账的账户发生额之和及余额之和是否一致； 3. 查现金日记账和银行存款日记账的发生额及余额与总分类账中各该账户的发生额及余额是否一致； 4. 查财务部各种财产物资明细分类账的发生额和余额与财产物资保管部门及使用部门的有关财产物资保管账目的发生额和余额是否相符
账证相符	指核对会计账簿（包括总账、明细账以及现金和银行存款日记账）的记录与原始凭证和记账凭证的时间、字号、内容及金额等是否一致，记账方向是否相符。这种查账工作通常在日常编制凭证和记账过程中进行。 一般做法是：查对证实账册记录的原始凭证是否存在、要素是否完备，从而判定过去的经济业务是否发生
账实相符	查会计账簿记录与实物和款项实有数是否相符，主要包括如下几点： 1. 现金日记账的余额与现金实际结余数（库存现金实有数）是否一致； 2. 银行存款日记账的余额与银行对账单余额是否一致； 3. 固定资产、原材料和库存商品等物资的明细账与各自对应的实际结存数是否一致； 4. 各种应收、应付款的明细分类账余额与债权、债务人单位或个人的应收、应付款的明细分类账余额是否相符
账表相符	核对会计账簿记录与会计报表有关内容是否相符，具体包括以下 3 点内容： 1. 核对会计报表中某些数字是否与有关总分类账的期末余额相符； 2. 核对会计报表中某些数字是否与有关明细分类账的期末余额相符； 3. 核对会计报表中某些数字是否与有关明细分类账的发生额相符。 进行账表核对时，查账人员必须熟记账与表中的项目或内容发生直接或间接的勾稽关系

通过查账，企业财会人员就可检查出日常做账过程中有意或无意犯的错误，并及时查出原因，做出修改，保证最终账目的准确性。

案例分析

进行查对账工作，找出错误账目的产生原因并及时更正

例1：在编制会计报表时，将来自会计账簿的某个或某些数字填错，会造成账表不符。

①该情况若出现在资产负债表的编制过程中，会造成资产与负债权益总额不等。编表人员应以此为线索进行账表核对，查出错误原因。

②如果出现在利润表的编制过程中，则会导致利润额的虚增或虚减，但不会像在资产负债表中那样出现不平衡，所以在查账过程中一般不易发现疑点。因此，有些财会人员甚至企业，为了欺骗上级或主管部门，多报或少报利润额，往往表现在编制利润表时多写或少写某个或某些数字。查账人员在审阅和调查有关会计资料或有关情况时，应注意寻找被查企业或财务部门有无账表不符的疑点。

有时账表相符也存在一定问题，比如，某企业为了调高或调低利润，就在计算销售成本时做文章，以虚增虚减库存商品来达到降低或提高销售成本的目的，而为了调节库存商品，就会在账上虚设“待处理财产损溢”科目，据此填制资产负债表中的“待处理流动资产损失”或“待处理固定资产损失”项目。此时，账表相符了，但该项目或账户所反映的内容是虚假的，财会人员可以此为线索，查出企业虚增或虚减利润的经济违法行为。

例2：“库存现金”、“银行存款”和“其他货币资金”账户余额与资产负债表中的货币资金项目有直接对应关系。

类似这种情况，在账表对应关系中还有很多。因此，在进行查账工作时，应根据账表、账证或账账项目的不同内容，确定其存在怎样的对应关系，由此来追溯账目的正确与否。

在实施查账工作时，务必要账证、账账和账表配合核对，这样才能找出错账或疑问账的真正原因。

常识054 账实核对时要进行实地盘点

查账的基本方法大致分为两类：查核书面资料与验证账实，这两种方法在查账过程中可结合使用。一般来说，查核书面资料这一方法主要针对“账账核对”、“账证核对”和“账表核对”；而验证账实这一方法主要针对“账实核对”。在实际查账工作中，并没有将这两种方法的使用生硬地分离开，而是结合运用，相辅相成。

财会人员要判断账目与实有数是否相符，最好的办法就是进行实地盘点，也就是我们常说的“盘存法”。该方法适用于对原材料、燃料、固定资产和库存商品等重点物资进行检查，从而发现“账外之账”和“账外之物”等情况。具体实施步骤如图5-2所示。

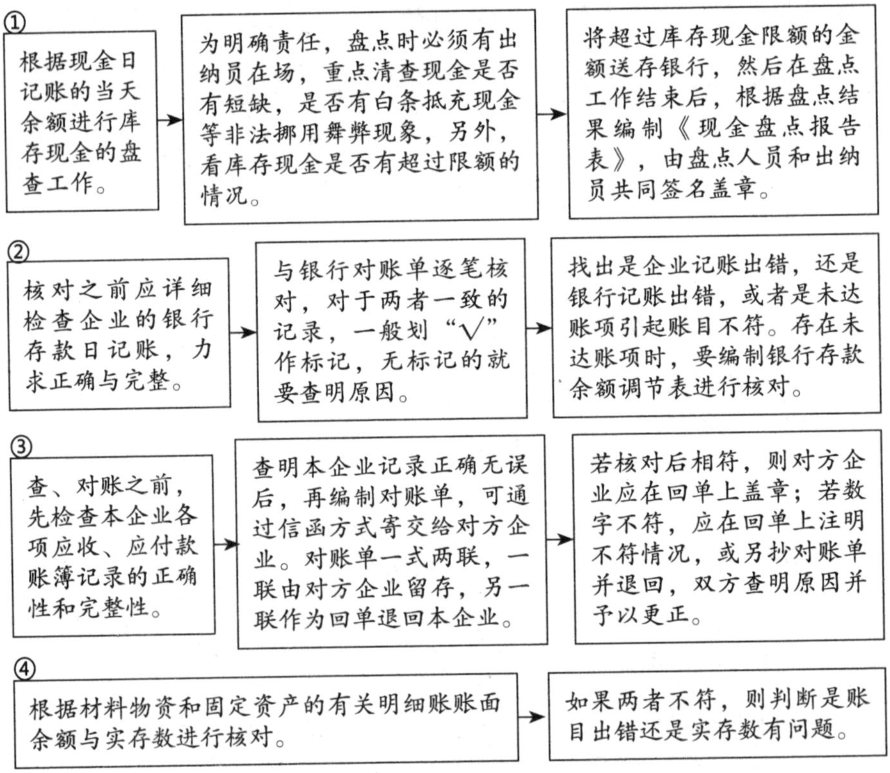

①

根据现金日记账的当天余额进行库存现金的盘查工作。 → 为明确责任，盘点时必须有出纳员在场，重点清查现金是否有短缺，是否有白条抵充现金等非法挪用舞弊现象，另外，看库存现金是否有超过限额的情况。 → 将超过库存现金限额的金额送存银行，然后在盘点工作结束后，根据盘点结果编制《现金盘点报告表》，由盘点人员和出纳员共同签名盖章。

②

核对之前应详细检查企业的银行存款日记账，力求正确与完整。 → 与银行对账单逐笔核对，对于两者一致的记录，一般划“√”作标记，无标记的就要查明原因。 → 找出是企业记账出错，还是银行记账出错，或者是未达账项引起账目不符。存在未达账项时，要编制银行存款余额调节表进行核对。

③

查、对账之前，先检查本企业各项应收、应付款账簿记录的正确性和完整性。 → 查明本企业记录正确无误后，再编制对账单，可通过信函方式寄交给对方企业。对账单一式两联，一联由对方企业留存，另一联作为回单退回本企业。 → 若核对后相符，则对方企业应在回单上盖章；若数字不符，应在回单上注明不符情况，或另抄对账单并退回，双方查明原因并予以更正。

④

根据材料物资和固定资产的有关明细账账面余额与实存数进行核对。 → 如果两者不符，则判断是账目出错还是实存数有问题。

图5-2

知识链接 ***无需进行实地盘点的账实核对方法***

有的时候，财会人员没有条件进行实地盘点，但也有方法可以进行账实核对，主要有如下3种。

①调节法：是对银行存款账的验证方法，通过验证银行存款日记账，看其是否准确真实。

具体操作：以一定时点的数据为基础，结合因已经发生的正常业务而应增应减的因素，将数据调节为所需要的数据，从而验证被查事项是否正确。该方法不仅可以审查银行存款账，也可以审查存货的结存情况。在使用调节法时，关键之处在于计算，因为它属于逆向推理，所以极易出错，查账人员应特别注意，另外还需注意的是，要将企业结账日至查账日之间的经济业务全部包含进去，不可有遗漏，否则就会出现财务信息不真实的情况。

比如，以查账日存货的盘存数为基数，加减上年决算日至查账日的收发数量，可以验证上年决算日账面结存数量是否正确，即“上年决算日存货应存量=审查日存货盘存量+上年决算日至审查日存货发出量－上年决算日至审查日存货收入量”。

②鉴定法：是交给专业技术部门化验鉴定，证实书面资料真伪的手段。具体从如下几方面鉴定。

A、数字奇异：数字正负、数值的大小和数字的准确度。

B、时间奇异：异常时间，如应收、应付长期滞留。

C、地点奇异：比如舍近求远，即物款流向是否合理。

D、奇异的往来单位：比如化工厂和面粉厂的业务往来。

E、查账时要时常观察企业财会人员的声色，若你真的发现了他的“心虚”，他是坐不住的，会不屈不挠地与你狡辩。这时一定要保持头脑清醒与冷静，没有确凿的证据就没必要和其争辩，达到最终目的就是胜利。

③询证法：是对有疑点的往来账目采用查证的方法，包括查询和函证两种。查询是指发现账目疑点，有目的地向有关人员了解情况；而函证是指为了弄清某项业务面而发函查对的方法。

操作步骤：

具体操作：在检查单位结算往来款项账目正确性和完整性的基础上，根据有关明细分类账的记录，按用户编制对账单，送交对方单位进行核对。核对相符的，在回单上盖章后退回被检查单位；若核对不相符，则应将不符的情况在回单上注明，或另抄对账单退回，以便进一步清查。

常识055 不同项目的盘盈盘亏处理方法是不同的

盘盈盘亏是财产清查工作中清查出来比实际多或少的那部分财产物品，也就是实物与账面的差异。盘点实物存数或价值大于账面存货或价值，即为盘盈；盘点实物存数或价值小于账面存数或价值，即为盘亏。

在企业经营过程中，不同的项目在盘盈或盘亏情况下，处理方法不尽相同，下面来看看具体实例。

案例分析

原材料、固定资产和现金的盘盈盘亏处理

例1：G企业在季末进行财产清查中，发现某材料盘盈5吨，每吨价值1000元，尚未报经批准。

①盘盈没有批准之前，应计入“待处理财产损溢——待处理流动资产损溢”科目，财会人员编制了如下会计分录。

借：原材料——××材料　　5000
　　贷：待处理财产损溢——待处理流动资产损溢　　5000

②经查明，盘盈的该材料是因为计量仪器不准而溢余的，批准冲减管理费用。财会人员根据批准处理意见，编制了如下会计分录。

借：待处理财产损溢——待处理流动资产损溢　　5000
　　贷：管理费用　　5000

如果G企业在季末时盘亏了5吨这种材料，则其批准前财会人员需要编制的会计分录如下所示。

借：待处理财产损溢——待处理流动资产损溢　　5000
　　贷：原材料——××材料　　5000

经查明也是由于仪器计量不准而短缺的，按规定计入管理费用。此时财会人员要编制的会计分录如下。

借：管理费用　　5000

贷：待处理财产损溢——待处理流动资产损溢　　5000

例2：H企业在年末时进行财产清查，盘盈账外机器一台，估计重置价值为8000元，已计提折旧4800元，尚未报经批准。

①盘盈批准前，应计入“以前年度损益调整”科目的贷方，财会人员编制了如下会计分录。

借：固定资产　　8000

贷：累计折旧　　4800

以前年度损益调整　　3200

②按规定，盘盈的固定资产作为前期差错进行处理，结转为留存收益，所以财会人员编制了如下会计分录。

借：以前年度损益调整　　3200

贷：盈余公积——法定盈余公积　　320

利润分配——未分配利润　　2880

如果H企业在年末时进行财产清查，盘亏了一台机器，则计入“待处理财产损溢”科目，经批准前，财会人员应编制如下会计分录。

借：待处理财产损溢　　3200

累计折旧　　4800

贷：固定资产　　8000

经查明，该固定资产无法确定相关责任人，所以经批准后，财会人员应编制的会计分录如下。

借：营业外支出——盘亏损失　　3200

贷：待处理财产损溢　　3200

例3：I公司在月末清点库存现金时，发现库存现金溢余了150元，尚未报经批准。

①报经批准前，应计入“待处理财产损溢——待处理流动资产损溢”科目，所以财会人员应编制如下会计分录。

借：库存现金　　150

贷：待处理财产损溢——待处理流动资产损溢　　150

②经反复核查，溢余的库存现金无法查明原因，所以财会人员应编制如下会计分录。

借：待处理财产损溢——待处理流动资产损溢　　150
　　贷：营业外收入　　150

如果I公司在月末盘点库存现金时，发现库存现金短缺150元，尚未报经批准前，财会人员应编制如下会计分录。

借：待处理财产损溢——待处理流动资产损溢　　150
　　贷：库存现金　　150

经查明，库存现金短缺中的100元应由出纳员江某赔偿，另外50元无法查明原因。所以批准后财会人员应编制如下会计分录。

借：其他应收款——江某　　100
　　管理费用　　50
　　贷：待处理财产损溢——待处理流动资产损溢　　150

当收到江某赔偿的库存现金时，财会人员还需编制如下会计分录。

借：库存现金　　100
　　贷：其他应收款——江某　　100

通过上述案例可知，原材料、固定资产和库存现金等，无论是盘盈还是盘亏，在报经批准前，其会计分录都是固定的；但在报经批准后，账务处理所涉及的会计分录会因为查明的原因不同而有所差异。具体情况如表5-2所示。

表 5-2

项目	盘盈/亏	报经批准后的账务处理
原材料	盘盈	1. 管理原因造成 借：待处理财产损溢——待处理流动资产损溢 　　贷：管理费用 2. 非正常原因造成，或无法查明原因 借：待处理财产损溢——待处理流动资产损溢 　　贷：营业外收入——原材料盘盈利得

续上表

项目	盘盈/亏	报经批准后的账务处理
原材料	盘亏	1. 管理原因造成，且能找到具体责任人进行赔偿 借：其他应收款——×× 　　贷：待处理财产损溢——待处理流动资产损溢 2. 管理原因造成的，不能找到具体责任人进行赔偿 借：管理费用 　　贷：待处理财产损溢——待处理流动资产损溢 3. 属于非常损失的，如自然灾害和不可抗力的其他因素 借：营业外支出——非常损失 　　贷：待处理财产损溢——待处理流动资产损溢
固定资产	盘盈	一般是将盘盈的固定资产直接结转为留存收益，参考案例内容，这里不再赘述
	盘亏	1. 无法查明盘亏的原因 借：营业外支出——资产盘亏损失 　　贷：待处理财产损溢——待处理固定资产损溢 2. 可以查明原因，是管理体制本身的原因 借：管理费用 　　贷：待处理财产损溢——待处理固定资产损溢 3. 可以查明原因，且能查明具体的责任人并进行赔偿 借：其他应收款——×× 　　贷：待处理财产损溢——待处理固定资产损溢
库存现金	盘盈	1. 属于应支付给有关人员或单位的 借：待处理财产损溢——待处理流动资产损溢 　　贷：其他应付款 2. 无法查明原因的 借：待处理财产损溢——待处理流动资产损溢 　　贷：营业外收入
	盘亏	1. 属于应由责任人赔偿或保险公司赔偿的部分 借：其他应收款——××人 　　贷：待处理财产损溢——待处理流动资产损溢 2. 无法查明原因 借：管理费用 　　贷：待处理财产损溢——待处理流动资产损溢

从税务的角度来说，项目如果盘盈，则说明账面上没有关于这部分的账面价值，当然就没有这部分的进项税额，所以不需要做进项税额转

出；如果项目盘亏，无论是哪种原因造成的，都不能再用于销售，因此，盘亏部分的进项税额应做进项税额转出。

另外还要特别注意，在对固定资产的盘盈盘亏进行账务处理时，如果涉及固定资产清理，则会计分录还要比案例中和表格中所列示的复杂。比如发现某固定资产盘亏，相应地已计提了折旧和减值准备，批准前的会计分录如下：

借：待处理财产损溢——待处理流动资产损溢

累计折旧

固定资产减值准备

贷：固定资产 （按原价）

常识056 会计政策、会计估计等变更和会计差错需调账

会计政策在每一个会计期间和前后各期应保持一致，不得随意变更，但有些情况可以变更，有如下两种情况。

- ◆法律、行政法规或国家统一的会计制度等要求变更。
- ◆会计政策变更能提供更可靠、更相关的会计信息。

会计估计变更是指由于资产和负债的当前状况及预期经济利益和义务发生了变化，从而对资产或负债的账面价值及资产的定期消耗金额等进行调整。而会计差错一般是指财会人员在做账时出现的错误。

当企业做账时依据的会计政策或会计估计发生变更，或者财会人员登账错误时，都需要在查账完毕后进行调账，确保账目的正确性，下面具体介绍不同情况下的调账方法。

（1）会计政策变更下的调账方法

该原因引起账目不正确而需要调账的，主要运用追溯调整法和未来适用法。追溯调整法是指对某项交易或事项变更会计政策时，视同该交易或事项初次发生时就开始用新的会计政策，并以此对财务报表相关项

目进行调整。未来适用法是指对某项交易或事项变更会计政策时，新的会计政策适用于变更当期和未来期间发生的交易或事项。两种方法的具体运用如下：

追溯调整法的运用。应计算会计政策变更的累积影响数，并相应调整变更年度的期初留存收益和会计报表的相关项目。具体实施步骤为：第一，计算会计政策变更的累计影响数；第二，进行相关账务处理，对留存收益（包括法定盈余公积、资本公积和未分配利润）进行调账；第三，调整相关会计报表，对受影响的各期间会计报表的相关项目进行调整；第四，在表外进行披露，即在财务报告附注中进行说明。

未来适用法的运用。不计算会计政策变更的累积影响数，也不必调整变更当年年初的留存收益，只在变更当年，采用新的会计政策，根据披露要求，计算确定会计政策变更对当期净利润的影响数即可。

案例分析

用未来适用法表现会计政策变更对账务的影响

A公司原对存货采用先进先出法，由于物价持续上涨，公司从2016年1月1日起改用后进先出法。2016年1月1日存货的价值为100万元，公司购入存货实际成本为800万元，2016年12月31日按后进先出法计算确定的存货价值为125万元。假设2016年12月31日按先进先出法计算的存货价值为230万元，当年销售额为1500万元，该年度其他费用为75万元，所得税税率为25%。则调账过程如下。

①A公司采用未来适用法时，不调整采用先进先出法下的2016年期初存货余额，只对变更后存货的计价按后进先出法计算。

后进先出法的销售成本＝期初存货+购入存货实际成本−期末存货

＝100+800−125＝775（万元）

先进先出法的销售成本＝期初存货+购入存货实际成本−期末存货

＝100+800−230＝670（万元）

由此看出，会计政策变更会增加销售成本，进而减少利润总额。

会计政策变更对利润总额的影响＝（1500−775−75）−（1500−670−75）＝−105（万元）

会计政策变更对所得税的影响＝−105×25%＝−26.25（万元）

会计政策变更对净利润的影响＝−105−（−26.25）＝−78.75（万元）

所以，财会人员此时要在财务报告的附注中说明：本年度公司按照会计制度的规定，对存货的计价由先进先出法改为后进先出法。此项会计政策的变更无法确定其累积影响数，因而采用未来适用法。会计政策变更使当期净利润减少了78.75万元。

（2）会计估计变更下的调账方法

会计估计变更与会计政策变更之间不存在十分严格的界限，对于一些小企业来说，这两类变更统一采用未来适用法调账。比如，通过对固定资产折旧年限和预计净残值的会计估计变更，将会使固定资产的定期耗费金额（折旧）得以调整。

会计估计变更不能认为是会计差错更正，只要当初赖以估计的基础信息不是错误的，而是由于情况发生了变化，或掌握了新的信息，积累了更多经验，使得变更后的会计估计能更可靠地反映企业的财务状况和经营成果，就属于会计估计变更。

采用未来适用法对会计估计变更进行调账，与会计政策变更的调账处理原则和方法几乎完全相同，即以前已按原估计处理的交易或事项不再调账，而从新的会计估计确定时（变更日）开始，按变更后的会计估计对以后的交易或事项进行账务处理或调账。

（3）会计差错下的调账方法

会计差错可分为很多类型，主要有以下几种。

◆ **计算错误或运用会计政策、会计估计错误**：包括运用会计处理方法错误而相关数据随之错误、纯粹的数字计算错误、使用了不允许使用的会计政策导致数据出错以及赖以估计的信息基础错误导致数据计算错误等。

- **会计基础工作操作时错误**：比如编制记账凭证时，科目用错、方向颠倒或金额写错；登记账簿时，串户或结错余额，以及科目汇总表和财务报表的编制错误等。
- **当期发现当期的会计差错**：发现会计错误时，该差错发生在当期（当月、当季或当年）。
- **当期发现以前会计期间的差错**：会计差错在其发生的当期未被发现，而在以后期间被发现，这里的“以后期间”主要指年度。一般发现的途径除了企业日常核算和对账外，有些是企业外部监督（如税务机关或中介机构）在查税或审计时发现的。

针对会计差错的调账，将在本章接下来的内容（见常识057～常识061）中进行详细讲解。

常识057 结账前，账簿中的文字或数字笔误用划线更正法

划线更正法是指用划红线注销原来错误的记录，然后在错误记录的上方写上正确记录的方法。具体做法是：先在错误的文字或数字上划一条红线表示注销，划线时必须使原有字迹仍可辨认；然后将正确的文字或数字用蓝字写在划线处上方，由记账人员在更正处盖章，明确责任。

该方法的适用范围是：结账前发现登记账簿中的文字或数字的笔误（记账凭证没有错误）。

需要注意的是，对于文字的错误，财会人员可只划去错误的部分并更正；但对于数字的错误，财会人员必须划掉全部数字，不能只更正某一数据中的个别错误数字。另外，如果记账凭证中的文字或数字发生错误，在尚未过账前也可使用划线更正法。

在实际工作中，划线更正法大多用在手工记账的企业，在电算化下的财务软件中很少使用。下面通过一个案例，来了解手工做账时划线更正法的具体操作。

案例分析

用划线更正法更正凭证或账簿中的文字或数字错误

某企业2017年10月底过账前，组织财会人员对当月填制的记账凭证进行了统一的对账检查，发现两张凭证的内容有误。一张是2017年10月15日填制的第23号凭证，其摘要填写错误，如图5-3所示，应该是“付费某报办公费”，结果会计人员登记成了“付李某报办公费”。

记 账 凭 证

文字内容填写错误

2017 年 10 月 15 日　　字第 23 号

摘要	总账科目	明细科目	借方金额										贷方金额										附件2张
			千	百	十	万	千	百	十	元	角	分	千	百	十	万	千	百	十	元	角	分	
付李某报办公费	管理费用	办公费					1	5	5	0	0	0											
付李某报办公费	库存现金																1	5	5	0	0	0	
合计（大写）壹仟伍佰伍拾元整						¥	1	5	5	0	0	0				¥	1	5	5	0	0	0	

会计主管 ××　　记账 ××　　出纳 ××　　制单 王×

图5-3

由于是在过账前发现了该凭证的内容填制出错，所以会计人员在原来的记账凭证上利用划线更正法划掉了错误的摘要文字，并写上正确的摘要，同时还盖了会计人员专用章，如图5-4所示。

记 账 凭 证

2017 年 10 月 15 日　　字第 23 号

摘要	总账科目	明细科目	借方金额										贷方金额										附件2张
			千	百	十	万	千	百	十	元	角	分	千	百	十	万	千	百	十	元	角	分	
费 王会计 ~~付李某报办公费~~	管理费用	办公费					1	5	5	0	0	0											
费 ~~付李某报办公费~~	库存现金																1	5	5	0	0	0	
王会计																							
合计（大写）壹仟叁佰伍拾元整						¥	1	5	5	0	0	0				¥	1	5	5	0	0	0	

会计主管 ××　　记账 ××　　出纳 ××　　制单 王×

图5-4

另一张是2017年10月15日填制的第25号记账凭证，其日期填写错误，应为16日，如图5-5所示。会计人员也使用划线更正法更正了错误，如图5-6所示。

记　账　凭　证

2017 年　10 月　15 日　　　　字第 25 号

摘要	总账科目	明细科目	借方金额										贷方金额									
			千	百	十	万	千	百	十	元	角	分	千	百	十	万	千	百	十	元	角	分
付王某报办公费	管理费用	办公费						5	0	0	0	0										
付王某报办公费	库存现金																	5	0	0	0	0
合计（大写）伍佰元整							¥	5	0	0	0	0					¥	5	0	0	0	0

附件 2 张

会计主管　××　　记账 ××　　出纳 ××　　制单 王×

图5-5

记　账　凭　证

2017 年　10 月　~~15~~ 16 日 王会计　　　　字第 25 号

摘要	总账科目	明细科目	借方金额										贷方金额									
			千	百	十	万	千	百	十	元	角	分	千	百	十	万	千	百	十	元	角	分
付王某报办公费	管理费用	办公费						5	0	0	0	0										
付王某报办公费	库存现金																	5	0	0	0	0
合计（大写）伍佰元整							¥	5	0	0	0	0					¥	5	0	0	0	0

附件 2 张

会计主管　××　　记账 ××　　出纳 ××　　制单 王×

图5-6

记账凭证中除了涉及金额的的数字不能用划线更正法更正以外，其他内容中涉及的数字错误都用划线更正法更正；与会计科目和记账方向无关的文字内容出错都用划线更正法。而在使用财务软件做账时，只要还没有过账，财会人员就可直接更改记账凭证的内容（在原记账凭证上直接修改），无需采用划线更正法、红字更正法或补充登记法等。

结账后，记账凭证引发的部分错误用红字更正法

财会人员记账后，若在当月或当年内发现记账凭证所记的科目或金额有错，可采用红字更正法进行更正。具体做法是：先用红字填制一张与原来错误凭证完全相同的记账凭证，目的是冲销原有的错误记录；然

后用蓝字填制一张正确的记账凭证，并在“摘要”栏中注明“订正×年×月×日×号凭证”，据以登记入账。

该方法适用于两种情况：一是记账后发现账簿记录的错误是由记账凭证中的会计科目或记账方向错误引起；二是记账后发现记账凭证和账簿记录的金额大于应计的正确金额，而会计科目没有错误。要注意，该方法一般用于企业当期已结账而在下一会计期间发现凭证错误的情况。

案例分析

结账后，下一会计期间发现凭证有错采用红字更正法

以常识057中的案例的第一张凭证为例，假设其摘要文字没有错误，而是金额多记了200元，即涉及的金额应为1350元而不是1550元；会计分录贷方科目填写错误，应为“银行存款”科目而不是“库存现金”科目。鉴于此，相关财会人员在2017年11月1日就先用红字填制了一张完全相同的记账凭证，记为第1号凭证，如图5-7所示。

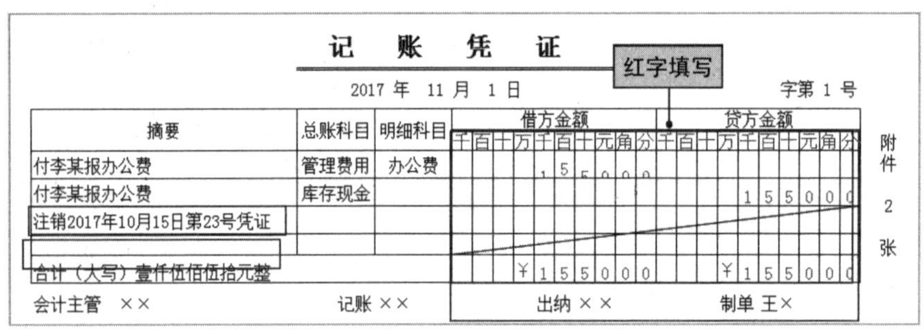

记　账　凭　证

红字填写

2017 年 11 月 1 日　　字第 1 号

摘要	总账科目	明细科目	借方金额（千百十万千百十元角分）	贷方金额（千百十万千百十元角分）
付李某报办公费	管理费用	办公费	155000	
付李某报办公费	库存现金			155000
注销2017年10月15日第23号凭证				
合计（大写）壹仟伍佰伍拾元整			¥155000	¥155000

附件 2 张

会计主管 ××　记账 ××　出纳 ××　制单 王×

图5-7

财会人员完成红字凭证的填制后，紧接着需要用蓝字（实务操作中通常指黑色字体）填制一张正确的记账凭证。此时，财会人员按照填制记账凭证的一般操作进行正确凭证的填写，借方科目为“管理费用——办公费”，金额为1350元；贷方科目为“银行存款”，金额为1350元，另外还要在下一行摘要栏中注明“订正2017年10月15日第23号凭证”字样。最终填制的正确记账凭证如图5-8所示，凭证号为第2号。

记 账 凭 证

2017 年 11 月 1 日　　　　字第 2 号

摘要	总账科目	明细科目	借方金额										贷方金额									
			千	百	十	万	千	百	十	元	角	分	千	百	十	万	千	百	十	元	角	分
付李某报办公费	管理费用	办公费					1	3	5	0	0	0										
付李某报办公费	银行存款																1	3	5	0	0	0
订正2017年10月15日第23号凭证																						
合计（大写）壹仟叁佰伍拾元整						¥	1	3	5	0	0	0				¥	1	3	5	0	0	0

附件 2 张

会计主管 ××　　记账 ××　　出纳 ××　　制单 王×

图5-8

这样就完成了对会计差错进行调账的红字更正法操作。

知识链接 *无需填制蓝字凭证的红字更正法*

有的企业在运用红字更正法更正错误凭证时，只填制了一张红字凭证而没有另外填制蓝字凭证，这种处理手段用得好也是正确的，但会计人员此时在填制红字凭证时，其金额将不再与错误金额相等，而是错误金额与正确金额之间的差额。

比如，上述案例中，如果凭证的会计科目没有错误，而只是金额比实际应记金额大，此时，如果财会人员不想在最后还要编制蓝字凭证，则可在编制红字凭证时，将摘要、会计科目及相应记账方向等都保持与错误记账凭证相同，而金额填制为200（1550-1350）元，同时在红字凭证摘要栏中注明“注销2017年10月15日第23号凭证多记金额”字样。如图5-9所示。

记 账 凭 证

2017 年 11 月 1 日　　　　字第 1 号

摘要	总账科目	明细科目	借方金额										贷方金额									
			千	百	十	万	千	百	十	元	角	分	千	百	十	万	千	百	十	元	角	分
付李某报办公费	管理费用	办公费						2	0	0	0	0										
付李某报办公费	库存现金																	2	0	0	0	0
注销2017年10月15日第23号凭证多记金额																						
合计（大写）贰佰元整							¥	2	0	0	0	0					¥	2	0	0	0	0

附件 2 张

会计主管 ××　　记账 ××　　出纳 ××　　制单 王×

图5-9

如果财会人员编制了上图所示的记账凭证，则无需再编制如图5-8所示的蓝字凭证（正确凭证）。

常识059 结账后，记账凭证引发的部分错误用补充登记法

补充登记法是指在账务处理过程中，用补记金额的方式更正原来错误凭证记录的一种方法。具体做法是：在科目对应关系正确时，将少记的金额另外填制一张记账凭证，并在新填制的凭证摘要栏中注明“补记×年×月×日×字第×号凭证少计金额”字样，在会计实务中，“×字”部分可省略。

所以，该方法适用范围是；记账后发现记账凭证所填金额小于正确金额的情况。

案例分析

结账后，下一会计期间发现凭证少记了金额用补充登记法

以常识057中的案例的第一张凭证为例，假设其摘要文字和会计科目没有错误，而是金额少记了100元，即涉及的金额应为1650元而不是1550元。鉴于此，财会人员根据补充登记法的更正做法，只需再填制一张会计科目和其记账方向完全相同但金额为100元的记账凭证（记为2017年11月1日的第1号凭证），然后在摘要栏中注明“补记2017年10月15日第23号凭证少记金额”字样。最终补记的记账凭证如图5-10所示。

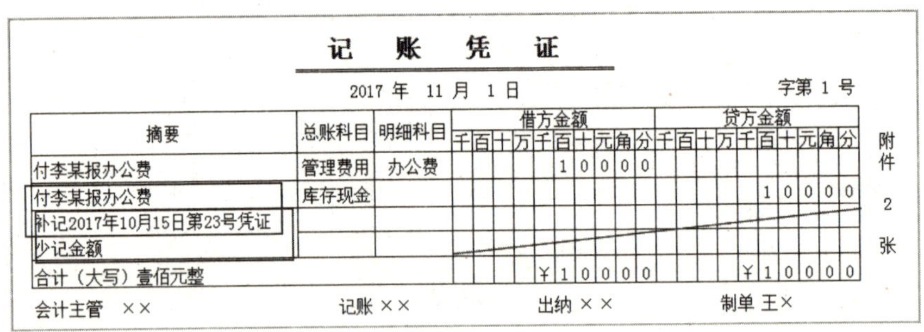

记　账　凭　证

2017 年　11 月　1 日　　　　字第 1 号

摘要	总账科目	明细科目	借方金额										贷方金额										附件
			千	百	十	万	千	百	十	元	角	分	千	百	十	万	千	百	十	元	角	分	
付李某报办公费	管理费用	办公费						1	0	0	0	0											
付李某报办公费	库存现金																	1	0	0	0	0	2
补记2017年10月15日第23号凭证																							
少记金额																							张
合计（大写）壹佰元整							¥	1	0	0	0	0					¥	1	0	0	0	0	

会计主管　××　　记账 ××　　出纳 ××　　制单 王×

图5-10

常识058和常识059介绍的红字更正法和补充登记法的具体操作，主要针对结账后发现凭证错误的情况。在实际会计工作中，很多财会人员

在当月结账前就会发现之前填制的凭证存在错误，此时财会人员可直接在原来填制的凭证上修改，当然，这是基于会计电算化下利用财务软件做账的基础上。如果是手工做账，有的错误能在原凭证上修改，但有的错误不能在原凭证上修改。

 常识060 资产负债表日后事项的调整

资产负债表日后事项指资产负债表日至财务报告批准报出日之间发生的有利或不利事项，包括资产负债表日后调整事项和资产负债表日后非调整事项。

- **资产负债表日后调整事项：** 指对资产负债表日已经存在的情况提供了新的或进一步证据的事项。
- **资产负债表日后非调整事项：** 表明资产负债表日后发生的情况的事项。

若企业发生了资产负债表日后调整事项，财会人员要相应地调整资产负债表日的财务报表；若企业发生了资产负债表日后非调整事项，则不需要调整资产负债表日的财务报表。企业财会人员和管理人员要同时了解资产负债表日后的调整事项和非调整事项，这样才能全方位保证财务报表的正确性。那么，哪些属于资产负债表日后的调整事项，哪些又属于资产负债表日后的非调整事项呢？如表5-3所示。

表 5-3

项目	事项
资产负债表日后的调整事项	1. 资产负债表日后诉讼案件结案，法院判决证实了企业在资产负债表日已经存在现时义务，企业需要调整原来确认的与该诉讼案件相关的预计负债，或确认为一项新负债； 2. 资产负债表日后取得确凿证据，表明某项资产在资产负债表日发生了减值或需要调整该项资产原来确认的减值金额； 3. 资产负债表日后进一步确定了资产负债表日前购入资产的成本或售出资产的收入； 4. 资产负债表日后发现了财务报表舞弊或有差错

续上表

项目	事项
资产负债表日后的非调整事项	1. 资产负债表日后发生重大诉讼、仲裁或承诺； 2. 资产负债表日后资产价格、税收政策和外汇汇率发生重大变化； 3. 资产负债表日后因自然灾害导致资产发生重大损失； 4. 资产负债表日后发行股票、债券和其他巨额举债； 5. 资产负债表日后资本公积转增资本； 6. 资产负债表日后发生巨额亏损； 7. 资产负债表日后发生企业合并或处置子公司

资产负债表日后，企业利润分配方案中拟分配的以及经审议批准宣告发放的股利或利润，不确认为资产负债表日的负债，所以不会因此调整财务报表，但应在附注中单独披露。

资产负债表日后的调整事项涉及很多账目调整，如预计负债、资产减值、销售退回和前期会计差错等。下面以一实例讲解前期会计差错的调账过程。

案例分析

对影响损益的前期会计差错，要进行调账

K公司2013年6月28日以1200万元购入一项专利权，该专利受法律保护的年限为8年，尚可使用年限为5年。2017年度财务报告批准报出后，发现2016年无形资产摊销150万元。

K公司每年应摊销无形资产＝1200/5＝240（万元）

由此看出，K公司2016年少摊销无形资产90万元（240−150），属于前期会计差错，应调增无形资产摊销90万元，并追溯调减2017年年初的留存收益。具体账务处理如下。

①调增无形资产摊销

借：以前年度损益调整　　900000

　　贷：累计摊销　　900000

②调减所得税，$90\times25\%=22.5$（万元）

借：应交税费——应交企业所得税　　225000
　　贷：以前年度损益调整　　225000

③调整收益，未分配利润$=90-22.5=67.5$（万元）

借：利润分配——未分配利润　　675000
　　贷：以前年度损益调整　　675000

④调整盈余公积，盈余公积$=67.5\times10\%=6.75$（万元）

借：盈余公积——法定盈余公积　　67500
　　贷：利润分配——未分配利润　　67500

若案例中的情形为无形资产摊销多记，则做相反的账务处理，调增期初留存收益。其他需要调整的账目也按此思维方式调账，该调增的调增，该调减的调减，该摊销的摊销，该计入递延项目的计入递延项目。

常识061 跨年错账要分情况进行相应的调账处理

跨年错账即上年度决算已经报出，下年度发现决算有错误。对这样的错账进行调整时，一般要调整上年利润总额和利润分配，可通过“以前年度损益调整”科目来进行。

比如，某项开支经查明不能列为成本支出，则应从成本中剔除。如果在年度内调账，则只需调成本账；如果在下年度内调账，就不能追溯到成本的形成过程，不能调成本，就只能调整利润和所得税，即从后果考虑调增上年利润总额和利润分配。

对上一年度的错误会计账目进行调账时，需要分多种情况进行处理，具体介绍如下。

◆ 在上年度决算报表编制前发现的错账，且对上年度税收产生影响

如果在上年度决算报表编制前发现错账，可直接调整上年度账项。

比如分摊调增或调减的成本，先计算分摊率（需要调增或调减的成本/原各项产品的成本之和），然后计算各产品应分摊的调增或调减成本的数额（各产品原成本数额×分摊率），接着计算应调增或调减的增值税数额，最后根据计算出的各产品应分摊的数额编制会计分录，调整“本年利润”账户。

◆ 在上年度决算报表编制后发现的错账，且对上年度税收产生影响

如果在上年度决算报表编制后发现错账，一般不能再用上述方法，而需要按正常的会计核算过程，对有关账户进行逐一调整，最后调整增值税数额，这时，调增或调减的数额应通过“以前年度损益调整”账户进行调账。

◆ 不影响上年度税收但与本年度核算和税收相关的上年度错账

这种情况下，可根据上年度账项的错漏金额影响本年度税项的情况，相应调整本年度有关账项。如果在预算报表编制前发现且产品还未出售，则应用转账调整法调整上年度账项。比如会涉及如下的会计分录。

借：材料成本差异

　　贷：库存商品

如果在决算报表编制后发现且产品已售出，则要直接调整本年度的“主营业务成本”或“本年利润”科目，比如会涉及如下的会计分录。

借：材料成本差异

　　贷：主营业务收入/本年利润

Search 计缴应纳税款，履行纳税义务

纳税是公民必须履行的向国家缴纳一定税款的责任和义务，具有强制性和无偿性。它不仅规范了企业及个人的经营行为，更为国家财政收入提供了一种有效的收入来源渠道。因此，企业财会人员要掌握税款的计算和缴纳常识。

常识062 税收的最大特征是强制性、无偿性和固定性

税收是以实现国家公共财政职能为目的，基于政治权力和法律规定，由政府专门机构向居民和非居民就其财产或特定行为实施强制、非罚且不直接偿还的金钱或实物课征，是国家最主要的一种财政收入形式。税收的最大特征是强制性和无偿性。此外，固定性也是税收的主要特征。下面分别对这三大特征进行介绍。

◆ 强制性

税收强制性是指税收是国家以社会管理者的身份，凭借政权力量，依据政治权力，通过颁布法律或政令来进行强制征收。

负有纳税义务的社会集团或成员，都必须遵守国家强制性的税收法令，在国家税法规定的限度内，纳税人必须依法纳税，否则就要受到法律的制裁。这是税收具有法律地位的体现。

强制性特征体现在两方面：一是税收分配关系的建立具有强制性，即税收征收完全凭借国家拥有的政治权力；二是税收的征收过程具有强制性，即如果出现了税务违法行为，国家可以依法进行处罚。

◆ 无偿性

税收无偿性是指通过征税，社会集团和成员的一部分收入转归国家所有，国家不向纳税人支付任何报酬或代价。税收无偿性与国家凭借政治权力进行收入分配的本质相关联。

无偿性特征也体现在两方面：一是政府获得税收收入后无需向纳税人直接支付任何报酬；二是政府征得的税收收入不再直接返还给纳税人。

税收无偿性是税收的本质体现，它反映的是一种社会产品所有权和支配权的单方面转移关系，而不是等价交换关系。该特征是区分税收收入和其他财政收入形式的重要特征。

◆ 固定性

税收固定性是指税收按照国家法令规定的标准征收，即纳税人、课税对象、税目、税率、计价办法和期限等，都是税收法令预先规定了的，有比较稳定的试用期间，是一种固定的连续收入。

对于税收预先规定的标准，征税和纳税双方都必须共同遵守，非经国家法令修订或调整，征纳双方都不得违背或改变这个固定的比例或数额以及其他制度规定。

税收的这3个基本特征是统一的整体，强制性是实现税收无偿征收的强有力保证，无偿性是税收本质的体现，固定性是强制性和无偿性的必然要求。三者相辅相成，缺一不可。

常识063 用增值税进项税额区分一般纳税人和小规模纳税人

一般纳税人是指年应征增值税的销售额（以下简称年应税销售额）超过财政部规定的小规模纳税人标准的企业和企业性单位。这里的小规模纳税人标准主要有如下所示的两点。

- 从事货物生产或提供应税劳务的纳税人，以及以从事货物生产或提供应税劳务为主（即年货物生产或提供劳务的销售额占全年应税销售额50%以上），并兼营货物批发或零售的纳税人，年应税销售额在500万元以下的，视为小规模纳税人。
- 对于不从事货物生产或提供应税劳务的纳税人，以及从事货物生产或提供应税劳务的销售额低于全年应税销售额50%的纳税人，其年应税销售额在500万元以下的，视为小规模纳税人。

也就是说，无论纳税人的应税销售额超过了上述哪一种标准，都将认定为一般纳税人。但需要注意，有一种称呼叫“营改增一般纳税人”，是指应税服务年销售额超过500万元（＞500万元）的纳税人。

而小规模纳税人是指年销售额在规定标准以下，且会计核算不健全，不能按规定报送有关税务资料的增值税纳税人。这里的会计核算不健全是指不能正确核算增值税的销项税额、进项税额和应纳税额。

除了从概念的角度区分一般纳税人和小规模纳税人之外，财会人员还可以从增值税进项税额的角度区分两者。具体的判断依据是：一般纳税人发生的增值税进项税额可以抵扣销项税额，小规模纳税人发生的增值税进项税额不能抵扣销项税额。下面我们通过一个案例来进行说明。

案例分析

一般纳税人和小规模纳税人的进项税额处理

J公司为增值税一般纳税人，主要经营业务是生产并销售产品。2018年7月，公司进购了一批生产用的原材料，价款为5.6万元，适用增值税税率为16%，税额为8960元（56000×16%）。该原材料不在免税或减征范围内。所以可以按照规定正常地进行增值税进项税额的抵扣。具体账务处理如下。

①当公司购进该批原材料时就收到了对方公司开具的增值税专用发票，公司也立即支付了货款，财会人员此时应编制如下会计分录。

借：原材料　　56000
　　应交税费——应交增值税（进项）　　8960
　　贷：银行存款　　64960

②假设公司当月完成了产品销售额120万元，产品的适用税率也为16%，税额为192000万元（1200000×16%），则月底核算应纳税额时就可用发生的进项税额抵扣该销项税额。在抵扣之前，财会人员要先编制确认收入的会计分录。

借：银行存款　　1392000
　　贷：主营业务收入　　1200000
　　　　应交税费——应交增值税（销项）　　192000

如果当月没有再购进原材料，则用进项税额抵扣销项税额时，可计算出应纳税额为183040元（192000−8960），即公司实际缴纳的增值税为183040元，而不是192000元。如果当月还进购了其他原材料，则最终应纳税额还会比183040元少。

如果J公司是增值税小规模纳税人，则不管其经营的是什么产品，其适用税率一律为3%。但由于其原材料的供应商属于一般纳税人，所以进项税额适用税率要根据供应商经营业务来确定（这里假定为16%），在支付货款时，财会人员编制的会计分录与①中的相同。假设公司当月完成产品销售额50万元，且当月没有再进购其他原材料，则增值税销项税额为1.5万元（500000×3%），财会人员应编制的会计分录如下。

借：银行存款　　515000

　贷：主营业务收入　　500000

　　应交税费——应交增值税（销项）　　15000

因为公司为小规模纳税人，所以其进购原材料时支付的进项税额不能抵扣，也就是说，公司最终的应纳税额为23960元（8960+15000）。需要注意的是，如果公司的供应商也是小规模纳税人，则涉及的进项税额税率就为3%，即税额为1680元（56000×3%），而不是8960元。

由案例可知，企业在核算自身的进项税额时，要注意供应商或销货方的适用税率是多少；在核算自身的销项税额时，要注意自身的适用税率是多少。

常识064 企业要明确自己的纳税义务和权利

企业作为纳税人，负有纳税义务的同时也有相应的可以享受的权利。要做好税务工作，企业就需要明确自己的纳税义务和权利。

（1）纳税义务

纳税义务是根据宪法和法律规定，公民必须履行的、向国家缴纳一定税款的责任。符合纳税条件且应向国家缴纳税款的公民称为纳税人，具体的纳税义务如下所示。

依法进行税务登记。营改增后，企业在办理营业执照的同时就会进行税务登记，最终持有“五证合一”的营业执照。

依法设置并保管账簿和有关资料。纳税人应按照有关法律、行政法规和国务院财政、税务主管部门的规定设置账簿，根据合法、有效的凭证进行记账与核算，账簿、记账凭证、完税凭证及其他有关资料不得伪造、变造或擅自销毁。

依法开具、使用和保管发票。纳税人在购销商品、提供或接受经营服务以及从事其他经营活动中，应依法开具、使用、取得和保管发票。

财务会计制度和会计核算软件备案。纳税人的财务会计制度或财务会计处理办法和会计核算软件等应报送税务局备案，这些事项与税收规定有抵触的，应依照国务院或国务院财政、税务主管部门有关税收的规定计算应纳税款、代扣代缴和代收代缴税款。

按规定安装和使用税控装置。国家根据征税管理的需求，积极推广使用税控装置，纳税人应按规定安装和使用，不得损毁或擅自改动。

按时、如实申报。纳税人和扣缴义务人必须按法律、行政法规规定或税务局依照法律、行政法规规定确定的申报期限和内容，如实办理纳税申报，报送纳税申报表、财会报表、代扣代缴或代收代缴税款报告表及税务局根据实际需要要求纳税人报送的其他纳税资料。需要注意的是，纳税人当期没有应纳税款的，也要按规定办理纳税申报。

按时缴纳税款。纳税人应按法律、行政法规规定或税务局依照法律、行政法规的规定确定的期限，缴纳或解缴税款，未按规定期限缴纳或解缴税款的，税务局除责令限期缴纳外，从滞纳税款之日起按日加收滞纳税款0.5‰的滞纳金。

代扣、代收税款。若纳税人按照法律、行政法规规定负有代扣代缴或代收代缴税款义务，则必须依照相关规定履行代扣、代收税款义务。纳税人在依法履行代扣、代收税款义务时，实际缴纳税款的纳税人不得拒绝，如果拒绝，代扣、代收税款的纳税人应及时报告税务局处理。

接受依法检查。纳税人应主动配合税务局按法定程序进行税务检查，如实向税务局反映自己的生产经营和执行财务制度的情况，并按有关规定提供报表和资料，不得隐瞒和弄虚作假，不能阻挠或刁难税务局的检查和监督。

及时提供信息。纳税人向税务局提供与纳税有关的信息时，要做到及时，比如纳税人有歇业、经营情况变化或遭受各种灾害等特殊情况的，应及时向税务局说明，以便税务局依法妥善处理。

报告其他涉税信息。纳税人应就其与关联企业之间的业务往来向当地税务机关提供有关的价格和费用标准等资料；纳税人有合并或分立情形的，应向税务局报告并依法缴清税款；纳税人应按国家有关规定，向主管税务机关书面报告全部账号，如银行基本存款账户、其他存款账户及税务登记号等；纳税人的欠缴税款税额在5万元以上的，在处分不动产或大额资产前应向税务局报告。

（2）纳税权利

与纳税义务对应，即纳税人在承担义务时相应的会享受的权利，主具体如表6-1所示。

表 6-1

权利	具体内容
知情权	纳税人有权向税务局了解国家税收法律、行政法规的规定及与纳税程序有关的情况，包括办理税收事项的时间、方式、步骤和需要提交的资料，应纳税额核定和其他税务行政处理决定的法律依据与计算方法等

续上表

权利	具体内容
保密权	纳税人有权要求税务局为纳税人的情况保密，税务局将依法为纳税人的商业机密和个人隐私保密，主要包括纳税人的技术信息、经营信息和纳税人、主要投资人和经营者不愿公开的个人事项，但根据法律规定，税收违法行为信息不属于保密范围
税收监督权	纳税人对税务局违反税收法律或行政法规的行为，如税务人员索贿受贿、徇私舞弊、玩忽职守、不征或少征应征税款、滥用职权多征税款或故意刁难等，可进行检举和控告，同时对其他纳税人的税收违法行为也有权进行检举
纳税申报方式选择权	纳税人可直接到办税服务厅办理纳税申报或报送代扣代缴、代收代缴税款报告表，也可按规定采取邮寄、数据电文或其他方式办理纳税申报和报送事项，但前提是经过主管税务机关批准
申请延期申报权	纳税人不能按期办理纳税申报或报送代扣代缴、代收代缴税款报告表，应在规定期限内向税务局提出书面延期申请，经核准，可在核准期限内办理。经核准延期办理的，应在税法规定的纳税期内按上期实际缴纳税额或税务局核定的税额预缴税款，并在核准的延期内办理税款结算
申请延期缴纳税款权	若纳税人因有特殊困难（如不可抗力导致纳税人正常生产经营活动受到较大影响，或当期货币资金在扣除应付职工工资和社会保险费后不足以缴纳税款的）而不能按期缴纳税款的，经省、自治区、直辖市国家税务局和地方税务局批准，可延期缴纳税款，但最长不得超过 3 个月
申请退还多缴税款权	纳税人超过应纳税额缴纳的税款，税务局发现后要自发现之日起 10 天内主动办理退还手续；若纳税人自结算缴纳税款之日起 3 年内发现多缴税款，可向税务局要求退还多缴税款并加算银行同期存款利息
依法享受税收优惠权	纳税人可依照法律和行政法规的规定书面申请减税或免税，经税务机关批准后享受税收优惠，但减免税期满后，应自期满次日起恢复纳税。减免税条件发生变化的，应自发生变化之日起 15 日内向税务局报告。若纳税人享受的税收优惠需要备案，应按税收法律和有关政策规定，及时办理事前或事后备案
委托税务代理权	纳税人有权以某些事项委托税务代理人代为办理税务，某些事项是指办理、变更或注销税务登记，除增值税专用发票外的发票领购手续及涉税文书制作等
陈述申辩权	纳税人对税务局做出的决定享有陈述权和申辩权，即纳税人有充分证据证明自己的行为合法，税务局就不得对纳税人实施行政处罚；即使纳税人的陈述或申辩不充分，税务局也要向纳税人解释实施行政处罚的原因，税务局不会因为纳税人的申辩而加重处罚

续上表

权利	具体内容
拒绝检查权	税务局遣派人员到企业进行税务检查时，如果遣派人员没有出示税务检查证和税务检查通知书，纳税人有权拒绝检查
税收法律救济权	纳税人对税务局做出的决定依法享有申请行政复议、提起行政诉讼和请求国家赔偿等权利
依法要求听证的权利	对纳税人做出规定金额以上罚款的行政处罚之前，税务局会向纳税人送达《税务行政处罚事项告知书》，告知纳税人已经查明的违法事实、证据、行政处罚的法律依据和拟将给予的行政处罚。对此，纳税人有权要求举行听证，税务局应纳税人的要求组织听证。若纳税人认为税务局指定的听证主持人与案件有直接利害关系，则有权申请主持人回避
索取有关税收凭证权	税务局征收税款时必须给纳税人开具完税凭证；扣缴义务人代扣、代收税款时，纳税人要求扣缴义务人开具代扣、代收税款凭证时，扣缴义务人应当开具；税务局扣押商品、货物或其他财产时，必须开付收据；查封商品、货物或其他财产时，必须开付清单

常识065 了解我国常见的税种类型

我国现行税种有增值税、消费税、企业所得税、个人所得税和环保税等，总计为18个。常见的有如下一些。

◆ 增值税

该税种是对销售货物或提供加工、修理修配劳务及进口货物的单位和个人就其实现的增值额征收的一种税，属于流转税。它有进项税额和销项税额之分，进项税额是企业购进货物时发生的税款，销项税额是企业卖出产品时发生的税款。

◆ 消费税

消费税是以特定消费品为课税对象所征收的一种税，属于流转税。消费税是典型的间接税，实行价内税（即售价中包含税费），只在应税消费品的生产、委托加工和进口环节缴纳。由此可见，并不是所有的企业都会涉及消费税的缴纳。

◆ 企业所得税

该税种是对我国内资企业和经营单位的生产经营所得和其他所得征收的一种税，但个人独资企业和合伙企业征收个人所得税。其中生产经营所得包括销售货物、提供劳务、转让财产、股息红利、利息、租金、特许权使用费和接受捐赠等所得。

◆ 个人所得税

个人所得税是国家对本国公民、居住在本国境内的个人所得和境外个人来源于本国的所得所征收的一种税。2011年9月1日起，我国内地个税免征额调至3500元，也就是说，个人工资低于3500元的，不用缴纳个人所得税，反之高于3500元的，需按规定缴纳个人所得税。

◆ 城市维护建设税

该税简称城建税，是我国为了加强城市的维护建设，扩大和稳定城市维护建设资金的来源，对有经营收入的单位和个人征收的一种税。城建税以纳税人实际缴纳的增值税和消费税税额为计税依据，按照适用税率计缴税额，并与增值税和消费税同时缴纳。

◆ 印花税

该税种是对经济活动和经济交往中设立或领受具有法律效力的凭证的行为所征收的一种税，因其采用在应税凭证上粘贴印花税票作为完税标志而得名。全面实行“营改增”后，以前在“管理费用”科目中列支的“四小税”（房产税、土地使用税、车船税和印花税）就调整到“税金及附加”科目中列支。

◆ 土地增值税

该税种是指转让国有土地使用权、地上建筑物及其附着物并取得收入的单位和个人，以其转让所得（包括货币收入、实物收入和其他收入）减去法定扣除项目金额后的增值额为计税依据向国家缴纳的一种税，但继承或赠与方式无偿转让房地产的行为不在该税种的缴纳范围。

◆ 车辆购置税

购置应税车辆的单位和个人，依法缴纳车辆购置税，该税种是一种财产税，实行一次课征制，这是区分该税与车船使用税（每年都要缴纳）的主要特点。车辆购置税是价外税，它的计税依据中不包含车辆购置税税额。

◆ 关税

该税是指进出口商品在经过一国关境时，由该国政府设置的海关向进出口商征收的一种税。

◆ 环保税

环保税是一种为保护本国环境，对有污染行为的国际贸易收取的一项税款。依法缴纳环保税后，企业不再缴纳排污费。

常识066 即使没有应交税款也要进行纳税申报

法律对纳税申报的规定，真正含义是无论单位或个人当期是否有应交税款，都要进行纳税申报。

案例分析

正确进行零申报

例1：某林木公司已按规定办理增值税减免备案，认定为增值税小规模纳税人，2017年第三季度的林木销售额合计为50万元，全部符合免税条件。这种情况下该公司能否进行零申报呢？

分析：不可以。按照相关规定，办理增值税减免备案的纳税人应纳税额为0，但这并不代表该纳税人可以零申报。正确的做法是，将当期免税收入50万元填列到《纳税申报表》的“其他免税销售额”栏中，即可完成当期申报。

例2：某广告公司兼营广告服务和灯箱字牌制作，属于“营改增”规定的混业纳税人。已知该公司为增值税小规模纳税人，2016年全年提供广告服务的收入为30万元，而申请代开增值税专用发票的销售额为30万元，且已按规定预缴9000元税款。此情况下，纳税人可进行零申报吗？

分析：不可以。纳税人当期确认收入为30万元，虽已向税务机关申请代开专票并预缴税款，但并不能进行零申报。正确的做法是，在《纳税申报表》的规定栏目中填写销售收入，系统自动识别其已预缴的税款并进行冲抵，同时还应申报当期的文化事业建设费。如果该公司2016年全年发生的收入是制作字牌的，未发生广告服务销售额，此时的文化事业建设费可进行零申报。

例3：某工业企业为增值税一般纳税人，2018年8月未发生销售和视同销售行为，当期认证增值税进项发票一份，税额为1.7万元。此时，该纳税人可进行零申报吗？

分析：不可以。虽然该公司当期没有发生收入，但当期存在进项税额。正确的做法是，在《纳税申报表》中对应“销售额”栏填写“0”，同时必须如实填写当期已认证的进项税额。如果该公司因未发生销售而办理了零申报，则未抵扣进项税额会造成逾期抵扣而不能抵扣。如果该企业2018年8月发生增值税应税销售额500万元（未开票），税额为80万元，当期取得的进项税发票都未认证。此时该纳税人不能因为当期未认证增值税进项发票而进行零申报，正确的做法是，将当期收入的500万元填入《纳税申报表》的“未开票收入”栏中，并按规定缴纳当期税款。

例4：某新办企业为增值税一般纳税人，2017年10月仍在建设中，当月未发生销售业务，也未认证增值税进项发票。则该企业筹建期是否可以进行增值税零申报呢？

分析：可以。如果当期该纳税人有增值税进项发票，且已在当期进行认证，则不能进行零申报，需按规定填写当期的进项税额。

由案例可知，没有应交税款也要进行纳税申报与零申报不同。没有应交税款的情况包括零申报，即有些无应交税款的，也不能进行零申报。

知识链接 *关于零申报你必须知道的重点*

①什么情况下可以进行零申报?

对于一般纳税人来说，如果当期增值税、消费税和企业所得税申报数据全部为“0”（前提是数据真实），则可以进行零申报。

A.有销售收入，但没有进项税额或进项发票未认证，此时有企业所得税，所以不能进行零申报。

B.没有销售收入，但有进项税额或进项发票已认证，此时有增值税，所以不能进行零申报。

C.没有销售收入，也没有进项税额或进项发票未认证，此时不涉及增值税、消费税和企业所得税中的任何一种，所以可进行零申报。特别注意，此时未认证发票涉及的进项税额将不能在以后的会计期间抵扣。

②零申报只是在收入上写“0”吗?

增值税小规模纳税人当期收入为“0”时，则代表零申报时在收入上写“0”；而增值税一般纳税人当期收入为“0”时，若有进项税额，则不能进行零申报，就没有“零申报只是在收入上写0”的说法；若没有进项税额，则零申报时在收入上写“0”。若进项发票未认证，则进行零申报时除了要在收入上写“0”外，还要在“待抵扣进项税额”栏中填写相应的进项税。

③如果违规零申报会承担什么后果?

A.若当期有收入而无应纳税款，办理了零申报，属于进行虚假的纳税申报，需承担不利后果。

B.若当期有收入且有应纳税款，办理了零申报，属于偷税，主管税务机关将按现行《征管法》的有关规定追征税款，并进行税务行政处罚。

C.增值税一般纳税人当期无收入且无应纳税款，但有进项税额，办理了零申报，则当期进项税额不能再申报抵扣。

D.违规零申报会降低纳税人的纳税信用级别。

常识067 掌握合理避税与偷、骗、抗、欠税的区别

合理避税指在法律允许的情况下，以合法手段和方式达到纳税人减少企业开支的经济行为。定义的关键是“纳税人在税法许可范围内”。

知识链接 *道德层面上的避税行为*

实际上，避税也不排除利用税法上的某些含糊之处的方式来安排企业自身的经济活动，以减少自身承担的纳税数额。

由此可见，避税行为可能被认为是不道德的，但避税所使用的方式是合法的，且不具有欺诈性质。税务当局往往还要根据避税情况所显示出来的税法缺陷采取相应措施对现有税法进行修改和纠正。

合理避税不同于偷税、逃税，它不是对法律的违背和践踏，而是以尊重税法和遵守税法为前提，以对法律和税收的详尽理解、分析和研究为基础，是对税法的不足进行反制约、反控制的行为，但这并不影响和消弱税法的法律地位。那么，什么样的行为称为偷、骗、抗、欠税呢？含义如表6-2所示。

表 6-2

行为	含义
偷税	指纳税人故意违反税收法规，采用欺骗和隐瞒等方式逃避纳税的违法行为，比如为了少缴或不缴应纳税款而有意少报或瞒报应税项目、销售收入和经营利润，有意虚增成本、乱摊费用而缩小应税所得额，转移财产、收入和利润，伪造、涂改、销毁账册票据或记账凭证等
骗税	指纳税人用假报出口等虚构事实或隐瞒真相的方法，经过公开的、合法的程序，利用国家税收优惠政策骗取减免税或出口退税的行为。骗税与偷税相比，具有明显的公开欺骗性，主要的两种表现形式就是骗取减免税和出口退税
抗税	指纳税人以暴力和威胁等手段拒不缴纳税款的行为，另外，拒绝接受税务机关检查或威胁、围攻及殴打税务人员等行为也属于抗税
欠税	指纳税人和扣缴义务人超过征收法律法规规定或税务机关依照税收法律法规规定的纳税期间，未缴或少缴税款的行为

从上表可看出，偷、骗、抗、欠税与合理避税的最大区别是，这些

行为都或明或暗地违反了税收法律法规，而合理避税是在法律允许范围内对相关规定的不完善进行利用。

案例分析

欠税与抗税有本质区别

被告人：秦某，男，40岁，广东省×市人，原系×市××大酒店经理，家住×市×村。2016年9月21日被取保候审。

2015年10月15日，被告秦某（乙方）与×市粮油运输贸易总公司（甲方）签订了承包协议。协议规定甲方将××大酒店承包给乙方经营管理，乙方每年向甲方交纳管理费8万元，承包期为2016年1月1日至2017年12月30日。2016年1月6日，秦某承包经营的××大酒店正式营业。

被告人秦某从营业之日起至同年7月14日，既不办理税务登记，又不申请缓交税款手续，以致欠缴营业税和营改增后的增值税3万元左右。经税务工作人员多次催缴，被告人不予理睬。2016年6月14日税务机关向其下达限期纳税通知书后，被告人仍不缴纳。同年7月6日，驻税务机关检查室的检察人员向被告人调查其纳税情况时，被告人假报住址，称自己的现住址为×市×区×小区×号楼×号。后经查实，秦某根本未住在该处。

为了逃避纳税，被告人又在2016年7月14日夜私自将其存放在××大酒店的冰柜、床和其他电器家具等财产转移，并到外地躲避长达4个月，致使税务机关无法追缴其欠缴的税款。案发后，被告人秦某的认罪态度较好，向税务机关补缴了税款和罚款。

【审判】

广东省×市×区人民检察院以被告人秦某犯抗税罪，向该区人民法院提起诉讼。被告人秦某辩称，未办理税务登记是甲方（×市粮油运输贸易总公司）的责任，事后已补缴税款及罚款，应得到从宽处理。其辩护律师认为，被告人没有抗税的故意行为，不构成抗税罪。

该区人民法院经公开审理认为：①被告人秦某作为纳税义务人，拒不缴纳税款并采取转移财产的手段，致使税务机关无法追缴欠缴税款，数额达两万多元，其行为已构成逃避追缴欠税罪，应依法惩处。②被告人辩称的“未办理税务登记是×市粮油运输贸易总公司的责任”，经查与事实不符，本院不予采纳。③辩护律师提出的“被告人的行为不构成抗税罪”意见能成立，本院予以采纳。④鉴于被告人在案发后认罪态度较好，积极补缴了所欠税款和罚款，可酌情从轻处罚。

该院依照全国人民代表大会常务委员会《关于惩治偷税、抗税犯罪的补充规定》和《中华人民共和国刑法》的相关规定，于2017年3月15日作出了如下刑事判决：被告人秦某犯逃避追缴欠税罪，判处有期徒刑一年，缓刑两年，并处罚金35000元。宣判后，被告人秦某没有提出上诉，人民检察院也没有提出抗诉。

【评析】

逃避追缴欠税罪是自1993年1月1日起施行的全国人大常委会《关于惩治偷税、抗税犯罪的补充规定》（以下简称《补充规定》）中增设的一种罪名。根据《补充规定》的规定，逃避追缴欠税罪是指纳税人欠缴应纳税款，采取转移或隐匿财产的手段，致使税务机关无法追缴欠缴的税款，数额在一万元以上的行为。

本罪在主观方面表现为直接故意，行为人的目的就是逃避纳税；在客观方面表现为行为人采取了转移或隐匿财产的手段致使税务机关无法追缴欠缴的税款，数额在一万元以上。如果纳税人没有采取转移或隐匿财产的行为，只是客观上确实无力缴纳所欠税款；或者虽采取了转移或隐匿财产的行为，企图不缴所欠税款，但税务机关通过采取税收强制措施或保全措施依法追缴了所欠税款，都不构成本罪。如果无法追缴的所欠税款数额不满一万元，应视为情节显著轻微，不以犯罪论处，由税务机关依照税收法规处理。

本案被告人秦某作为纳税义务人，欠缴定额营业税和营改增后的增值税接近3万元，经税务机关下达限期纳税通知书后仍不缴纳，且采取假报住址和转移财产的手段拒不缴税，致使税务机关无法追缴其欠缴税款，其行为完全符合逃避追缴欠税罪的犯罪构成，法院以此罪对其定罪判刑是正确的。

逃避追缴欠税罪与抗税罪有相似之处，两罪都是负有纳税义务的人故意违反税收法规，拒不缴纳税款，情节严重的行为。但两罪又有明显的区别，逃避追缴欠税罪的行为人采取转移或隐匿财产的手段，致使税务机关无法追回欠缴税款；而抗税罪的行为人则以暴力或威胁的手段，采取公然对抗的方法拒不缴纳税款。本案被告人秦某只是以转移财产的手段逃避纳税，并没有以暴力或威胁的方法抗拒纳税，其行为显然不符合抗税罪的特征，不构成抗税罪。

常识068 真正的税收筹划不是偷税、漏税

税收筹划称为“合理避税”，指纳税人在法律规定许可的范围内，通过对经营、投资、理财活动的事先筹划和安排，尽可能取得节税的经济利益。这说明了税收筹划的前提条件是必须符合国家法律及税收法规，且筹划的发生必须在生产经营和投资理财活动之前，目标是使纳税人的税收利益最大化（税负最轻、税后利润最大化和企业价值最大化等）。

很多人不能从税收筹划的含义区分其与偷税、漏税的区别，下面从税收筹划的内容出发区分其与偷税、漏税的区别。主要有如下4点。

- **避税筹划**：指纳税人采用非违法手段（即表面上符合税法条文但实质上违背立法精神的手段），利用税法中的不足、空白获取税收利益。
- **节税筹划**：指纳税人在不违背立法精神的前提下，充分利用税法中固有的起征点和减免税等一系列的优惠政策，通过对筹资、投资和经营等活动的巧妙安排，达到少缴税甚至不缴税目的。

◆ **转嫁筹划**：指纳税人为了达到减轻税负的目的，通过价格调整将税负转嫁给他人承担。

◆ **实现涉税零风险**：指纳税人账目清楚，纳税申报正确，税款缴纳及时且足额，不会出现任何关于税收方面的处罚，即在税收方面没有任何风险或风险极小可忽略不计。该状态虽不能使纳税人直接获取税收上的好处，但却能间接地获取一定的经济利益，且该状态的实现更有利于企业的长远发展与规模扩大。

案例分析

企业所得税的税收筹划方案

某集团企业2016年和2017年预计会计利润（账面利润，即公司在利润表中披露的利润）分别为120万元和180万元，企业所得税率为25%。该企业为提高其产品知名度和竞争力，树立良好的社会形象，决定向贫困地区捐赠40万元，相关财务人员提出如下3套方案。

方案一：2016年底直接捐给某贫困地区。

方案二：2016年底通过省级民政部门捐赠给贫困地区。

方案三：2016年底通过省级民政部门捐赠20万元，2017年初通过省级民政部门捐赠20万元。

从纳税筹划的角度来分析，3种方案的区别如下。

【分析】

方案一：该企业2016年直接向贫困区捐赠40万元不得在税前扣除，当年应纳企业所得税为30万元（120×25%）。

方案二：该企业2016年通过省级民政部门向贫困地区捐赠40万元，只能在税前扣除14.4万元（120×12%），其中，12%是指企业通过政府机构对外捐赠能够税前扣除的最高比例。超过14.4万元的部分不得在税前扣除，当年应纳企业所得税为26.4万元[（120−14.4）×25%]。

方案三：该企业分两年进行捐赠，由于2016年和2017年的预计会计利润为120万元和180万元，其12%的限额分别为14.4万元和21.6万元，因此2016年底捐赠20万元只能税前扣除14.4万元，而2017年初捐赠20万元可以税前扣除20万元（20＜21.6）。所以，2016年应纳企业所得税为26.4万元，2017年应纳企业所得税为40万元[（180−20）×25%]。

由此可知，方案一下企业2016年和2017年的净利润为185万元（120+180−30−180×25%−40）；方案二下企业2016年和2017年的净利润为188.6万元（120+180−26.4−180×25%−40）；方案三下企业2016年和2017年的净利润为193.6万元（120+180−26.4−40−40）。

由上述案例可知，公司采取方案三会更有利，应交的企业所得税是3个方案里最少的，相应地，净利润是最多的。

 常识069 各类税种的征收范围要明确

企业及其财会人员要明确经济业务涉及的各税种的征收范围，这样才能很好地核算企业应交的各项税费，从而有效规避纳税风险。具体介绍如表6-3所示。

表 6-3

税种	征收范围
增值税	1. 一般范围：销售货物（包括进口）、提供加工及修理修配劳务； 2. 特殊项目：货物期货（包括商品期货和贵金属期货）、银行销售金银的业务、典当业销售死当物品业务、寄售业销售委托人寄售物品的业务、集邮商品的生产和调拨以及邮政部门以外的其他单位和个人销售集邮商品等业务； 3. 特殊行为：一般指视同销售的行为，如将货物交由他人代销，代他人销售货物，将货物从一地转送至另一地（同一县市除外），将自产或委托加工的货物用于非应税项目，将自产、委托加工或购买的货物作为对其他单位的投资或分配给股东及投资者，将自产、委托加工或购买的货物用于职工福利或个人消费，将自产、委托加工或购买的货物无偿赠送他人
企业所得税	国有企业、集体企业、私营企业、联营企业、股份制企业、有生产经营所得和其他所得的其他组织所发生的销售货物、提供劳务、转让财产、股息红利、利息、租金、特许权使用、接受捐赠等所得和其他所得

续上表

税种	征收范围
个人所得税	本国公民和居住在本国境内的个人所得以及境外个人来源于本国的所得，包括工资薪金所得，个体工商户的生产、经营所得，对企事业单位的承包、承租经营所得，劳务报酬所得（从事设计、装潢、安装、制图和表演等），稿酬所得，特许权使用费所得，利息、股息和红利所得，财产租赁或转让所得，偶然所得及其他所得
消费税	烟（卷烟、雪茄烟和烟丝），酒（白酒、黄酒、啤酒和其他酒），鞭炮与焰火，化妆品，成品油（汽油、柴油、航空煤油、石脑油、溶剂油、润滑油和燃料油），贵重首饰及珠宝玉石，高尔夫球及球具，高档手表，游艇，木制一次性筷子，实木地板，摩托车，小汽车（乘坐用车、中轻型商用客车和超豪华小汽车），电池及涂料等
城市维护建设税	城市、县城、建制镇和税法规定征税的其他地区内的有经营收入的单位和个人
印花税	1. 经济合同：购销合同、加工承揽合同、建设工程勘察设计合同、建筑安装工程承包合同、财产租赁合同、货物运输合同、仓储保管合同、借款合同、财产保险合同及技术合同； 2. 产权转移书据：财产所有权、版权、商标专用权、专利权和专有技术使用权这 5 项产权的转移数据，另外还有土地使用权出让合同、土地使用权转让合同及商品房销售合同等产权转移书据； 3. 营业账簿：资金账簿和其他营业账簿
土地增值税	1. 一般规定：转让国有土地使用权、转让地上建筑物及其他附着物产权及有偿转让的房地产； 2. 特殊规定：投资联营的企业从事房地产开发、房地产开发企业以其建造的商品房进行投资联营、房地产开发企业将开发的房产转为自用或出租且产权发生转移、企业之间的房地产互换及合作建房建成后转让等
车辆购置税	购置（包括购买、进口、资产、受赠、获奖或以其他方式取得并自用）的汽车、摩托车、电车、挂车和农用运输车
关税	进出口商的所有进出口产品
资源税	所有开采者开采的所有应税自然资源，比如城市土地、矿藏（原油、天然气、煤炭、其他非金属矿原矿、黑色金属矿原矿、有色金属矿原矿和盐等）、水流、森林、山岭、草原、荒地和滩涂等
房产税	城市、县城、建制镇和工矿区的房产（有屋面和维护结构的场所），但围墙、暖房、水塔、烟囱和室外游泳池等不属于房产

续上表

税种	征收范围
城镇土地使用税	城市、县城、建制镇和工矿区的国家所有、集体所有的土地，另外还有外商投资企业、外国企业和在华机构的用地等。对拥有土地使用权的单位和个人征收，以实际占用的土地面积为计税标准
车船使用税	简称车船税，包括依法应在我国车船管理部门登记的车辆（汽车、拖拉机、无轨电车、三轮车、自行车和蓄力驾驶车等）和船舶（客轮、货船、气垫船、木船、帆船和舢板），规定减免的车船除外
船舶吨税	自中华人民共和国境外港口进入境内港口的船舶
耕地占用税	包括纳税人为了建房或从事其他非农建设而占用的国家所有和集体所有的耕地（即菜地、花圃、苗圃、茶园、果园、桑园、其他种植经济林木的土地及鱼塘等）
契税	土地使用权出售、赠与和交换，房屋买卖、赠与和交换等，与房产税不同，该税负由土地和房屋权属承受单位或个人承担
烟叶税	中华人民共和国境内从事烟叶收购的企业，征收环节为烟叶收购环节
环保税	重点监控的排污纳税人为火电、钢铁、水泥、电解铝、煤炭、冶金、建材、采矿、化工、石化、制药、纺织和制革等行业

案例分析

税额的计算不仅依靠征收范围的确定，还需考虑减免政策

K公司是一家经国务院批准的高新技术产业开发区内的高新技术企业，2016年实现营业收入共240万元。根据税法的规定，经国务院批准的高新技术产业开发区内的高新技术企业所得税减免10%，即按15%的税率征收。就该公司应交企业所得税而言，税额的计算分析如下。

应交企业所得税＝240×15%＝36（万元）

如果该企业不是这样的高新技术企业，则其应交的企业所得税为60万元（240×25%）。

该企业管理者预计2017年可实现会计利润300万元，当年未形成无形资产的研发费用共计100万元。在这样的前提下，该企业2017年大概需要缴纳多少企业所得税呢？按照相关税法规定，科技型中小企业的研发费用未形成无形资产的，可按照实际发生额的75%在税前进行加计扣除（该政策适用于2017年1月1日至2019年12月31日），也就是说，这里的研发费用100万元可按175%在税前进行扣除。

应交企业所得税=（300−100×175%）×15%=18.75（万元）

由案例可知，财会人员在核算企业应交所得税时不仅要明确征收范围，还要清楚相关税法对企业所得税的特殊规定。同理，其他税费的核算也应按照这样的处理思路进行。

常识070 减轻税负要从每个税种入手

经济市场中，很多企业面临税负重、盈利小的问题，因此都在积极地寻找减轻税负的办法。而大部分企业主要从增值税和企业所得税入手寻找，殊不知每个税种都有其相应的税收优惠政策。企业和个人都要学会从每个税种角度考虑如何减轻自身的税负。

增值税。该税种有免征、减征和进项税额抵扣等税收优惠政策，通过这些政策，企业与个人可有效降低自身的税负。

消费税。该税只对一些特殊商品进行征收，对于经营特殊商品的企业来说，一般没有税收优惠政策；对于没有经营特殊商品的企业来说，在拓展业务时尽量不要经营规定的特殊业务即可达到减税负的目的。

企业所得税。该税种有免征、减征、定期减免、低税率、税前扣除（包括加计扣除）、投资抵税、减计收入、加速折旧、免征额优惠、证券投资基金发展优惠、过渡期优惠和西部大开发等税收优惠政策，通过这些政策，企业可降低税负。

个人所得税。该税种有免征额和减免项目等税收优惠，比如个人工资、薪金，超过3500元的，超过部分征收个人所得税。这里要注意“起征点”和“免征额”的区别，比如免征额为3500元，工资为3501元，则3500元免征个人所得税，只对超出的1元缴税；如果是起征点为3500元，则3501元作为缴税基数，全额计缴个人所得税。

城市维护建设税。该税种有免征和减征的税收优惠政策，主要随着增值税和消费税等的税收优惠达到减轻税负。

印花税。该税种的税收优惠政策相对较少，一般是对一些特殊的书据、合同、托运单据和修理单等实施税收减免。

土地增值税。该税种有免征和税项扣除等税收优惠政策，通过界定企业的经营范围是否符合税收优惠来减轻税负。

车辆购置税。该税种有免征、减征和退税等税收优惠政策，纳税人可通过购买免征或减征车辆购置税的车型来达到减轻税负的目的，也可购买能进行车辆购置税退税申请的车辆来减轻税负。

关税。与印花税类似，该税种的税收优惠政策也较少，对关税税额在人民币50元以下的单一货物以及其他一些特殊经济行为涉及的货物实施关税免征政策。

常识071 应纳税额与应纳税所得额之间是天差地别的

应纳税额与应纳税所得额是两个完全不同的概念，应纳税额的重点在于“税额”，应纳税所得额的重点在于“所得额”。也就是说，应纳税额指的是税，而应纳税所得额指的是收入。

◆ 应纳税额

应纳税额一般需要通过相应的计算公式才能得出确切的答案，如下所示的是通用计算公式。

应纳税额＝需要缴纳税费的数额×适用税率－需要扣除的税额

针对不同的税种，需要缴纳税费的数额按实际数额确定，适用税率按各税种的规定标准确定，而需要扣除的税额则按进项税额抵扣、免征、减征和税项扣除等标准确定。

◆ 应纳税所得额

应纳税所得额是企业所得税的计税依据，该数据一般也要通过一定的计算公式得出结果，其计算公式如下：

应纳税所得额＝收入总额－不征税收入－免税收入－各项扣除－允许弥补的以前年度亏损

除了该计算公式外，财会人员在核算应纳税所得额时还可以借助间接法来计算，其计算公式如下。

应纳税所得额＝会计利润总额±纳税调整项目的金额

比如，L企业2016年财务会计认定的收入总额为2500万元，其中，国家财政补贴20万元，国债利息收入40万元。期间费用、成本支出和其他支出共计1600万元，以前年度亏损40万元，已经过税务机关认可。该公司适用企业所得税税率为25%。在这样的已知条件下，其国债利息收入的40万元应计入应纳税所得额的减去项，即2016年该企业应纳税所得额为：2500-20-40-1600-40=800万元，应纳企业所得税为：800×25%=200万元。

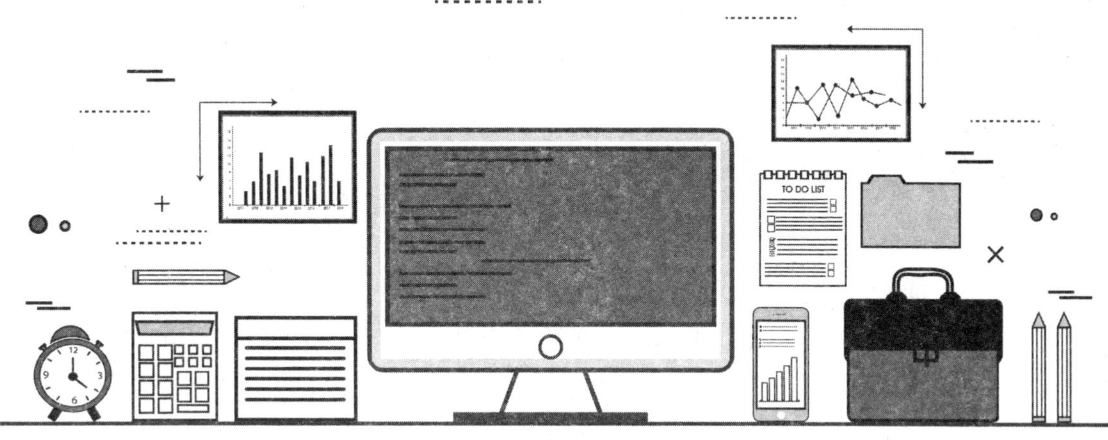

随身查
会计人员必会的115个财务常识（案例版）

Search 生成会计账簿，汇总经营数据

在会计电算化这一会计核算环境下，很多企业的做账工作已经不再单独地登记账簿了，只要通过相应的财务软件系统就可自动生成账簿并保存。即使如此，财会人员也要在了解财务软件自动生成会计账簿的同时，清楚地知道纸质账簿是如何形成的。

常识072 了解会计账簿的种类

会计账簿是由一定格式、相互联系的账页所组成的，用来序时、分类地全面记录企业或单位紧急业务事项的会计簿籍。设置和登记会计账簿是重要的会计核算基础工作，是连接会计凭证和会计报表的中间环节，做好这项工作对于加强经济管理具有重要的意义。所以我们要从基础抓起，先来认识会计账簿的种类。

根据不同的分类依据，可将会计账簿分成不同的类型，具体介绍如表7-1所示。

表 7-1

分类依据	具体种类	描述
用途	序时账簿	又称日记账，是财会人员按照收到会计凭证号码的先后顺序进行逐日逐笔登记的账簿，该类账簿根据记录内容的不同又分为普通日记账和特种日记账。 1. 普通日记账：不论每天发生的所有经济业务的性质如何，按先后顺序变成会计分录登记账簿； 2. 特种日记账：按经济业务性质单独设置的账簿，如库存现金日记账和银行存款日记账
	分类账簿	对全部经济业务事项按照会计要素的具体类别而设置的分类账户进行登记的账簿，该类账簿按其提供核算指标的详细程度的不同又分为总分类账和明细分类账。 1. 总分类账：简称总账，是根据总分类科目开设账户，用来登记全部经济业务，进行总分类核算，提供总括核算资料的分类账簿； 2. 明细分类账：简称明细账，是根据明细分类科目开设账户，用来登记某一类经济业务，进行明细分类核算，提供明细核算资料的分类账簿
	备查账簿	又称辅助账簿，是对某些在序时账簿和分类账簿等主要账簿中都不予登记或登记不够详细的经济业务事项进行补充登记时使用的账簿，相当于参考资料。该类账簿的设置应视实际需要而定，并非一定要设置，且没有固定格式，比如租入固定资产登记簿、代销商品登记簿等

续上表

分类依据	具体种类	描述
账页格式	两栏式账簿	只有借方和贷方，普通日记账通常采用这种账页格式
	三栏式账簿	有借方、贷方和余额，适用于只进行金额核算的资本、债权及债务明细账，如“应收账款”、“应付账款”和“实收资本”等账户
	多栏式账簿	在账页的两个基本栏目借方和贷方，按照需要分设若干专栏，适用于收入、成本、费用、利润和利润分配明细账，如“生产成本”、“管理费用”、“主营业务收入”和“本年利润”等账户
	数量金额式账簿	在账页的3个基本栏目借方、贷方和余额内，都分设数量、单价和金额这3个小栏，以反映财产物资的实物数量和价值量，如“原材料”、“库存商品”、“产成品”和“固定资产”等明细账
	横线登记式账簿	在同一账页的同一行记录某一项经济业务从发生到结束的相关内容的账簿
外形特征	订本账	指在启用前将编有顺序页码的一定数量账页装订成册的账簿，适用于重要的和具有统驭性的总分类账、现金日记账和银行存款日记账。在会计电算化下，财会人员将同类经济业务的记账凭证打印出来并按顺序进行装订，就可成为订本账
	活页账	指将一定数量的账页置于活页夹内，可根据记账内容的变化而随时增减部分账页的账簿，适用于明细分类账。在会计电算化下，财会人员将同类经济业务的记账凭证打印出来并按顺序放好不装订，就可成为活页账
	卡片账	指将一定数量的卡片式账页存放于专设的卡片箱中，账页可根据需要随时增添的账簿，适用于低值易耗品和固定资产等明细账（在我国，一般只对固定资产明细账采用卡片账形式）

常识073 财会人员可通过财务软件直接生成账簿

在当今经济市场中生存的企业，其内部财会人员不用事先购买账簿，而是通过财务软件直接生成会计账簿，需要用到纸质的账簿时，打印出来装订好就可以了。下面以金蝶KIS专业版为例，讲解具体生成账簿的操作。

登录金蝶KIS专业版，进入主界面，单击左侧“账务处理”选项卡，在界面右侧会出现很多账簿名称，选择其中的一种账簿即可进入生成账簿的相关设置。这里选择“总分类账”选项，如图7-1所示。

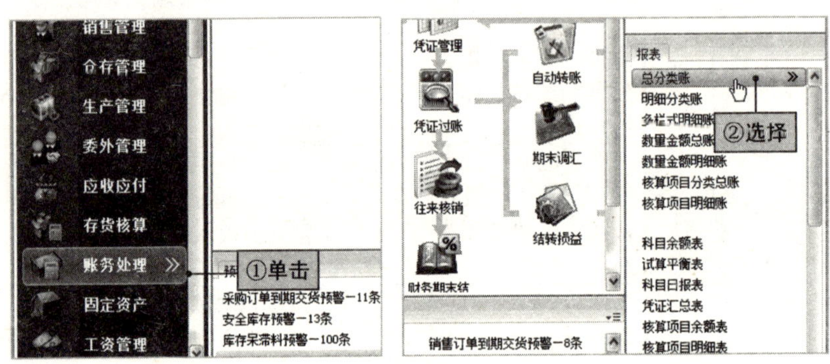

图7-1

在打开的“总分类账”界面中，系统会自动打开一个“过滤条件”对话框，财会人员在其中设置一些条件，这里设置会计期间为“2017年3期”（即2017年3月），设置科目级别为“1级”，设置科目代码为“1012”（即其他货币资金），选中“包括未过账凭证”和“显示禁用科目”复选框，然后单击“确定”按钮，在该界面就会自动生成相应的会计电子账簿，如图7-2所示。

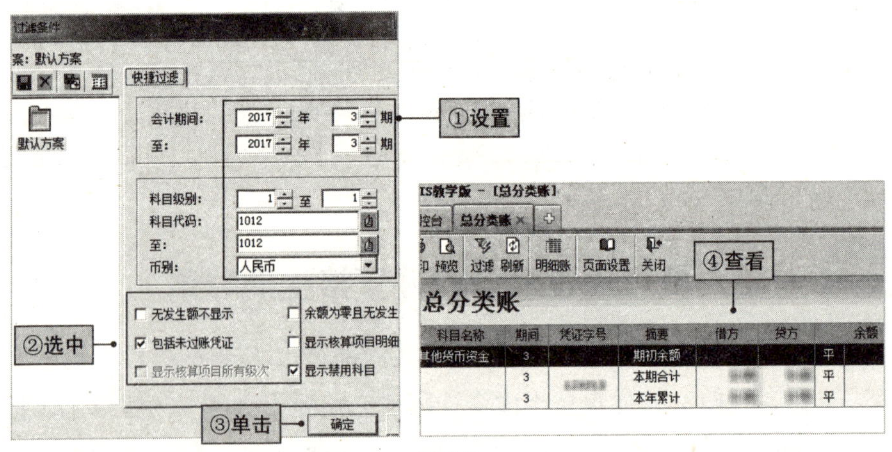

图7-2

以相同的操作步骤，财会人员还可令系统生成其他的会计账簿，如多栏式明细账和数量金额式明细账等。如果需要装订成纸质账簿，则可在7-2右图所示的界面中单击左上角的“预览”按钮，确认样式和内容后，如果需要更改样式的，就要单击界面左上角的“打印设置”按钮（确认无误后无需进行任何修改的，直接单击“打印”按钮），如图7-3所示。

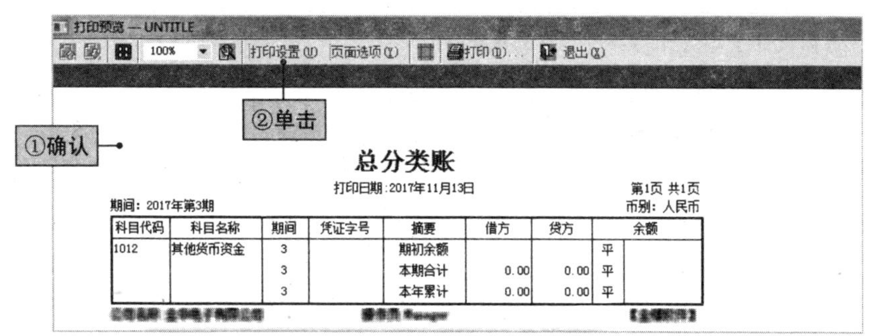

图7-3

在打开的“打印设置”对话框中进行相应的打印设置，这里就需要财会人员根据企业自身对纸质账簿的需求进行详细设置，设置完成后单击“确定”按钮，即可将电子账簿打印成纸质账簿，如图7-4所示。

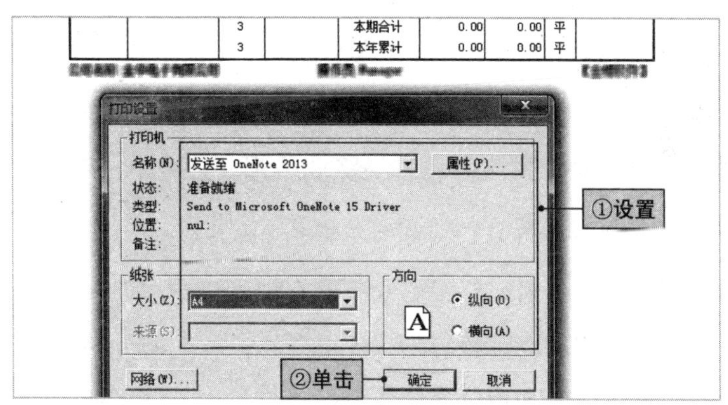

图7-4

如果在“总分类账”界面时就能确定不用预览直接打印，则可直接单击界面左上角的“打印”按钮打开“打印设置”对话框，在其中进行详细的打印参数设置，最后单击“确定”按钮即可完成打印操作。其他账簿的打印操作与此类似，可参照着进行操作。

常识074 按相关要求手工登记账簿

手工登记账簿不能使用圆珠笔、铅笔或毛笔，一般用黑色钢笔或签字笔书写。财会人员手动登记账簿时，一般的流程如图7-5所示。

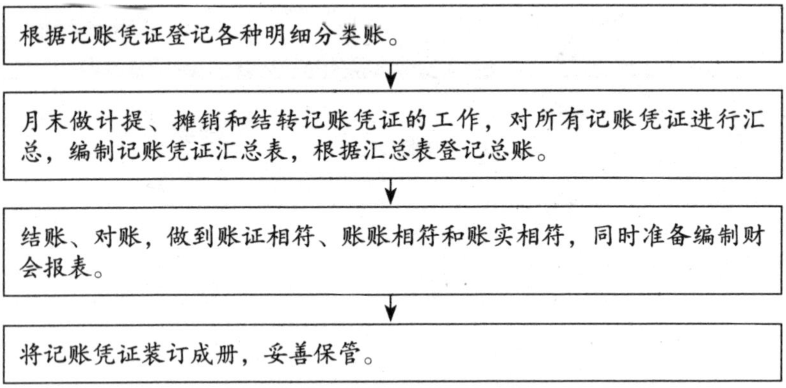

根据记账凭证登记各种明细分类账。

↓

月末做计提、摊销和结转记账凭证的工作，对所有记账凭证进行汇总，编制记账凭证汇总表，根据汇总表登记总账。

↓

结账、对账，做到账证相符、账账相符和账实相符，同时准备编制财会报表。

↓

将记账凭证装订成册，妥善保管。

图7-5

财会人员在登记账簿的过程中，要时刻注意规范性的要求，不能随意登账，具体的登记规则如下。

◆ 要以审核无误的会计凭证为登账依据

为了保证账簿记录的真实性和正确性，财会人员必须根据审核无误的会计凭证登账，企业发生的各种经济业务都要记账。

◆ 登记账簿的时间要求

各种账簿每隔多少时间登记一次并没有统一规定，但一般的原则是：总分类账按企业采用的会计核算形式及时登账；各明细分类账要根据原始凭证、原始凭证汇总表和记账凭证等每天进行登记，或定期（3天或5天）登记一次，而现金日记账和银行存款日记账最少每天登记一次。

◆ 登记账簿的一些其他规范要求

在登记账簿时，除了登账依据和时间外，财会人员还需要注意一些细节内容的规范处理，大致有如下7点。

①登记账簿时，应将会计凭证日期、编号、业务内容摘要、金额和其他有关信息逐项记入账内，同时在记账凭证上签名或盖章，并注明已登账的符号（如“√”），防止漏记、重记或错记情况的发生。

②各种账簿要按账页顺序连续登记，不得跳行或隔页，若发生跳行或隔页，应将空行或空页划线注销，或注明“此行空白”或“此页空白”字样，同时由记账人员签名或盖章。

③红色笔只能用于制度规定的“红字冲账法”更正凭证或账簿。

④登记账簿时要保持页面的清晰、整洁；文字和数字要端正、清楚且书写规范，一般应占账簿格距的1/3～1/2，以便留出改错的空间。

⑤凡是需要结出余额的账户，应定期结出余额（现金日记账和银行存款日记账要每天结出余额）。结出余额后，应在“借或贷”栏内注明“借”或“贷”字样，没有余额的账户应在该栏内注明“平”字样，并在“余额”栏内用“0”表示。

⑥每登记满一张账页而要结转下页时，应结出本页合计数和余额并写在本页最后一行和下页第一行有关栏内，同时在本页的“摘要”栏内注明“转后页”字样，在次页的“摘要”栏内注明“承前页”字样。

⑦会计账簿记录发生错误时，不允许用涂改、挖补、刮擦或药水消除字迹等手段更正错误，也不允许重抄，而应根据具体情况，按照规定采用划线更正法、补充登记法和红字冲销法等进行更正。由于账簿记录的错误很多是因为记账凭证有错误，所以要先更正记账凭证，再按更正的记账凭证登记账簿。

常识075 现金日记账要随时按顺序逐笔登记

现金日记账用来逐日反映库存现金的收入、支出和结余情况，由企业出纳人员根据审核无误的现金收付款凭证和从银行提现的银付凭证进行逐笔登记。为了确保账簿安全且完整，必须采用订本式账簿。

案例分析

为图省事不按时登记现金日记账，容易发生坐支现金的情况

某企业在经营过程中，每天出纳人员要负责将收到的现金款项存入公司开户行中，并协助财会人员核算每日收入情况。2017年11月15日，出纳人员收到5000元的后续货款，当时没有立即将其登记到库存现金日记账上。当天，公司销售部员工李青向出纳提交差旅费借款单，请求出纳人员支取3000元现款。于是，出纳人员直接从当天刚收取的后续货款中提取3000元交给李青，当天下班前将剩余的2000元现金放入保险柜，作为库存现金保管。

过了2天（即11月17日），该出纳人员清点库存现金，发现比账上多了2000元，凭着记忆觉得可能是收到了什么款项没有及时记录，于是决定查一下收付款单据来补登账。查了好久才查到11月15日收到的5000元货款收入收据和3000元差旅费借款单，这才仔仔细细地将两笔收支记录到库存现金日记账上。

从上述案例可知，该出纳人员图省事，没有遵循现金日记账“日清月结”的原则，导致出现坐支现金的情况，进而引起“账实不符”。出现这样的情况时，又要自己查出账目错误的原因，并更正错账，这不仅容易导致记账错误，还加大了自己的工作量。如果该出纳人员一直没有想起清点库存现金，而是到了公司组织相关人员进行财产盘查时发现账目错误，则不仅是出纳人员自身工作量加大，还会使财会部门及其他相关人员的工作量也加大，变相增加企业经营成本。

另外，案例中的出纳人员坐支了现金，如果没有及时查出，则销售人员的差旅费借款将不能体现在账上，企业就不能很好地进行营业成本控制，就会影响财会人员核算当期的净利润，进而影响税款的核算。如果企业在自查时没有查出这个问题，而是被审计部门或税务部门查出，则企业将面临逃税、漏税风险，会额外缴纳税款滞纳金或罚款，增加企业不必要的开支，对企业的税务信誉也有一定影响。

所以，出纳人员对于收到的现金和支出的现金，要随时逐笔登记，一旦忘记登账，很容易发生记账错误，进而导致后续的一系列账务问题的出现，对企业的发展是不利的。

常识076 每项经济业务要同时登记总分类账和明细分类账

经济法规定，企业财会人员记账方法为平行登记，即对每一项经济业务要在有关总分类账户中进行总括登记，同时要在其所属的有关明细分类账汇总进行明细登记（没有明细分类账户或没有涉及明细分类账户的除外）。两种账登记的凭证依据相同，核算内容相同。具体的登记方法有如下几点。

依据相同。登记总分类账与明细分类账均以相关会计凭证为依据。

同期登记。对发生的一项经济业务，根据有关会计凭证进行全面分析，登记总分类账户的同时还要在同一会计期间计入总分类账户所属的明细分类账户中。

同向登记。把有关会计科目的总分类账和明细分类账以相同方向进行登记，即计入总分类账借方的同时要计入明细分类账会计科目的借方，若计入贷方，则分别计入贷方。

等额登记。财会人员在登记金额时，总分类账的金额要与明细分类账的金额相等。

案例分析

同时登记总分类账和明细分类账的具体操作

M公司2017年11月13日处置了一些固定资产，应转入账中的成本为150000元，收到价款186310.68元。11月14日，财会人员结转了固定资产清理的净收益。11月30日，财会人员又确认了固定资产报废情况，合计42000元，同时结转固定资产清理损失42000元。所以，财会人员当月登记的“固定资产清理”明细账如图7–6所示。

明细分类账

总账科目：固定资产清理
明细科目：

2017年		凭证		摘要	对方科目	页数	借方金额	贷方金额	借或贷	余额
月	日	字	号							
11	13	记	30 1/2	出售固定资产转入情况	固定资产		150000			
11	13	记	30 2/2	收到出售固定资产价款	银行存款			186310.68		
11	14	记	31	计算并结转固定资产清理净收益	营业外收入		36310.68			
11	30	记	85 1/2	固定资产报废	营业外支出		42000			
11	30	记	85 2/2	结转固定资产清理损失				42000		
				本月合计			228310.68	228310.68	平	0

图7-6

与此同时，财会人员应登记的“固定资产清理”总分类账如图7–7所示（假设每期固定资产发生额都为228310.68）。

总分类账
2017年11月

科目代码	科目名称	期间	摘要	借方金额	贷方金额	借或贷	余额
……	……	11	……				
1606	固定资产清理	11	期初余额	2283106.8	2283106.8	平	0
			本期合计	228310.68	228310.68	平	0
			本年累计	2511417.48	2511417.48	平	0
……	……	11	……				

图7-7

由上图7–7所示可知，每月的总分类账包含了所有一级会计科目，而“固定资产清理”账户为其中一项，按照企业科目代码的记账顺序依次填写。这里“固定资产清理”账户的“期初余额”是2017年1月～10月的累计发生额（即2017年10月的“本年累计”行数据），“本期合计”是2017年11月的发生额合计数，“本年累计”为2017年11月期初余额与当期发生额合计数的总和，同时也将是2017年12月的“期初余额”。如果是年底登记总分类账，则账面会是如图7-8所示的模样（假设2017年1月固定资产清理的期初余额为0）。

总分类账
2017年

科目代码	科目名称	期间	摘　要	借方金额	贷方金额	借或贷	余额
……	……	12	……				
1606	固定资产清理	1	期初余额	0	0	平	0
		1	本期合计	228310.68	228310.68	平	0
		1	本年累计	228310.68	228310.68	平	0
		……	……	……	……	……	……
		12	本期合计	228310.68	228310.68		
		12	本年累计	2739728.16	2739728.16	平	0
……	……	……	……				

图7-8

为了不造成账页不够或账页浪费，财会人员在登记总分类账之前就要对每个一级会计科目一年所需的账页数量进行预估。有的财会人员为了简化工作，会把不同的一级会计科目的总分类账记录分开记录，即总分类账簿的第×页至第×页为“库存现金”账户，第×页至第×页为“银行存款”账户，以此类推。

同一项经济业务同时登记总分类账和明细分类账，可方便财会人员日后查账，查账时可将一些计算公式作为依据进行判断。如图7-9所示。

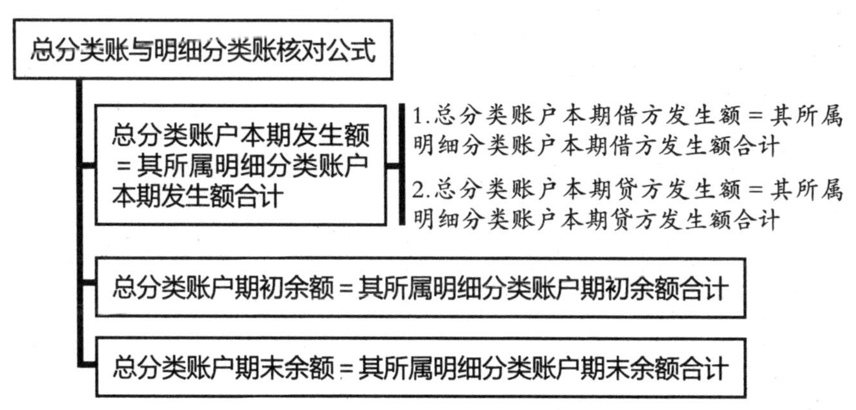

图7-9

常识077 明细账要进行月结、季结和年结

相关账户的明细账与库存现金日记账和银行存款日记账一样，都要逐日逐笔登记，且需要进行月结、季结和年结工作，一般在账页上体现为“本月合计”、“本季合计”和“本年合计”。

（1）月结工作

财会人员应在当月最后一项经济业务下面划一条通栏单红线，在红线下方的“摘要”栏内注明“本月合计”字样，在“借方”、“贷方”和“余额”栏分别填入本月合计数和月末余额，同时在“借或贷”栏内注明借贷方向，最后在“本月合计”行下面再划一条通栏红线，以便与下月发生额划清。如图7-10所示。

明细分类账

总账科目：固定资产清理
明细科目：__________

2017年		凭证		摘要	对方科目	页数	借方金额	贷方金额	借或贷	余额
月	日	字	号							
11	13	记	30 1/2	出售固定资产转入情况	固定资产		150000			
11	13	记	30 2/2	收到出售固定资产价款	银行存款			186310.68		
11	14	记	31	计算并结转固定资产清理净收益	营业外收入		36310.68			
11	30	记	85 1/2	固定资产报废	营业外支出		42000			
11	30	记	85 2/2	结转固定资产清理损失				42000		
				本月合计			228310.68	228310.68	平	0

图7-10

（2）季结工作

通常在每个季度的最后一个月月结的下行“摘要”栏内注明“本季合计”或“本季度发生额及余额”字样，同时结出借、贷方发生总额和季末余额，最后在“本季合计”行下面划一条通栏单红线，表示季结工作的结束。如图7-11所示。

明细分类账

总账科目：固定资产清理
明细科目：________

2017年		凭证		摘要	对方科目	页数	借方金额	贷方金额	借或贷	余额
月	日	字	号							
12	13	记	30 1/2	出售固定资产转入情况	固定资产		150000			
12	13	记	30 2/2	收到出售固定资产价款	银行存款			186310.68		
12	14	记	31	计算并结转固定资产清理净收益	营业外收入		36310.68			
12	30	记	85 1/2	固定资产报废	营业外支出		42000			
12	30	记	85 2/2	结转固定资产清理损失				42000		
				本月合计			228310.68	228310.68	平	0
				本季合计			684932.04	684932.04	平	0

图7-11

（3）年结工作

在第四季度季结的下一行的“摘要”栏内注明“本年合计”或“本年发生额及余额”字样，同时结出借、贷方发生额和期末余额，最后在“本年合计”行下面划一条通栏双红线，以示封账。如图7-12所示。

明细分类账

总账科目：固定资产清理
明细科目：________

2017年		凭证		摘要	对方科目	页数	借方金额	贷方金额	借或贷	余额
月	日	字	号							
12	13	记	30 1/2	出售固定资产转入情况	固定资产		150000			
12	13	记	30 2/2	收到出售固定资产价款	银行存款			186310.68		
12	14	记	31	计算并结转固定资产清理净收益	营业外收入		36310.68			
12	30	记	85 1/2	固定资产报废	营业外支出		42000			
12	30	记	85 2/2	结转固定资产清理损失				42000		
				本月合计			228310.68	228310.68	平	0
				本季合计			684932.04	684932.04	平	0
				本年合计			2739728.16	2739728.16	平	0

图7-12

需要说明的是，会计电算化下的结账工作比较简单，只需要按照一定的操作步骤进行，财务软件系统就可自动生成相应的账簿，且此时生成的账簿没有通栏红线，这时的账簿并不是错误的。

知识链接 年终时将各账户的余额结转到下一会计年度

年终时财会人员要把各账户的余额结转到下一会计年度，只在“摘要”栏注明“结转下年”字样，结转金额不再抄写，如图7-13所示。如果账页的“结转下年”行以下还有空行，应自“余额”栏的右上角至日期栏的左下角用红笔划对角线斜线注销。

明细分类账

总账科目：固定资产清理

明细科目：__________

2017年		凭证		摘要	对方科目	页数	借方金额	贷方金额	借或贷	余额
月	日	字	号							
12	13	记	30 1/2	出售固定资产转入情况	固定资产		150000			
12	13	记	30 2/2	收到出售固定资产价款	银行存款			186310.68		
12	14	记	31	计算并结转固定资产清理净收益	营业外收入		36310.68			
12	30	记	85 1/2	固定资产报废	营业外支出		42000			
12	30	记	85 2/2	结转固定资产清理损失				42000		
				本月合计			228310.68	228310.68	平	0
				本季合计			684932.04	684932.04	平	0
				本年合计			2739728.16	2739728.16	平	0
				结转下年						

图7-13

在下一会计年度新建的有关会计账簿的第一行“摘要”栏内要注明“上年结转”字样，并在对应的“余额”栏内填写结转的金额，如图7-14所示。

明细分类账

总账科目：固定资产清理

明细科目：__________

2018年		凭证		摘要	对方科目	页数	借方金额	贷方金额	借或贷	余额
月	日	字	号							
1	1			上年结转			2739728.16	2739728.16	平	0
1										

图7-14

常识078 纸质账簿的更换与保管工作

年度结账后，总账（总分类账）和日记账应更换新账，明细账一般也应更换，但有些明细账，如固定资产明细账等，可连续使用原来的账簿而不必每年更换。下面具体介绍订本式账簿活页式账簿和卡片式账簿这3类账簿的更换与保管工作。

◆ 订本式账簿

这类账簿一般一年更换一次，不得跨年度使用。同时，由于该类账簿账页固定而不能增减，账页多余时会造成浪费。

需要财会人员注意的是，当订本账的账页不够时，记账人员应在保管好已经用完的账簿的同时及时更换账簿，以免影响账簿的连续性登记。年终更换账簿时，财会人员要把尚未用完账页的订本账连同已经更换的新账簿一并作为会计档案，送交主管总账会计处集中统一保管。

◆ 活页式账簿

这类账簿可以根据需要适当地增减账页，不会造成浪费。但为了防止散失或被抽换，财会人员在使用空白账页时必须连续编号，且有关人员要在账页上盖章，定期装订成册。年度终了时，财会人员应根据需要对该类账簿进行更换。

损益类账簿（包括各种期间费用明细账和收入明细账等账簿）原则上一年更换一次，不必跨年使用；对于部分财产物资明细账簿，如记录财产物资品种少、规格单一等，应在每年年终按规定办理结账手续，之后更换并启用新账簿，同时将其余额结转计入新账簿中；对于所记财产物资品种和规格繁多的材料明细账簿，以及债权债务单位较多的往来账簿，如果更换新账，重抄一遍的工作量非常大，且容易改变所记内容的原貌，所以这类账簿可以跨年度使用。

◆卡片式账簿

卡片账通常放置于专设的卡片箱中，数量可根据经济业务的需要随时增添，如固定资产卡片账和周转材料卡片账等。使用时应将卡片账页连续编号，登记完毕后应将卡片账也穿孔固定保管。

卡片式账簿可跨年度连续使用而无需更换账页，便于分类汇总和根据管理需求转移卡片。要注意，卡片账页应在所记财产报废清理后或办理完转让手续时抽出，作为会计档案另行保管，保管时间不低于5年。

知识链接 *不同的企事业单位保管账簿的区别*

实行会计电算化的企事业单位，应保存打印出的纸质会计账簿。具备采用磁性介质保存会计账簿条件的企事业单位，应在档案备份后，将保存在磁性介质上的会计账簿数据连同纸质会计账簿一并保管，无需更换会计账簿。

常识079 会计电算化下不一定都要保管纸质账簿

会计电算化下，大多数公司的财会人员都通过财务软件系统储存会计账簿。只有在需要使用纸质账簿时，才将系统中储存的会计账簿打印出来。如果企业存在打印出的纸质会计账簿，则需要对其进行保管；如果企业没有打印纸质账簿，就不需要保管相应账簿，做好电子档会计账簿的备份保管工作即可。

会计电算化下，企业的会计档案分为3类，不同类型下的会计账簿有其特定的保管措施，具体情况如下。

机制会计档案。包括会计电算化系统（财务软件系统）打印输出的会计凭证、会计账簿和财务会计报告等纸质档案，也包括应依法保存的会计档案移交、保管和销毁清册等其他类档案。

机读会计档案。包括以计算机硬盘和软盘等磁性介质或光盘等其他介质存储的、只能以电子数据状态保存的会计数据，主要是会计凭证、会计账簿和会计报表等数据和会计数据库。该类档案中的会计账簿就无需打印输出为纸质账簿，而是直接以电子档形式保存管理。

计算机系统档案。包括计算机硬件系统型号、存储空间和外部设备类型及其增减变化，计算机操作系统及网络操作系统型号，会计电算化软件系统名称和版本号，以及与之配套的安装光盘、磁盘、用户服务卡和用户手册等全套文档资料。这类会计档案不需要保存纸质档案。

常识080 不使用纸质账簿也要缴纳相应的印花税

印花税是每个企业都会涉及的税种，但因税额较小，所以往往不被企业重视。现行印花税只对《印花税暂行条例》列举的凭证征收，如经济合同和营业账簿，其中，营业账簿的印花税是每个企业都需要缴纳的。

印花税税目中的营业账簿归属于财务账簿，是按照财务会计制度的要求设置，反映生产经营活动的账册。按照营业账簿反映的内容不同，在税目中分为记载资金的资金账簿和其他营业账簿这两类，以便于分别采用按金额计税和按件计税两种计税方法。

（1）资金账簿

资金账簿是反映生产经营企业“实收资本”和“资本公积”金额变化的账簿，其以实收资本和资本公积两项合计金额为计税依据。但有3种情况有其特殊的计税依据，如表7-2所示。

表 7-2

情况	计税依据
跨地区经营的分支机构	营业账簿在计税贴花时，为了避免对同一资金重复计税，规定上级机构记载资金的账簿按扣除拨给下属机构的资金数额后的其余部分计算贴花

续上表

情况	计税依据
外国银行在我国境内设立的分行	根据相关印花税政策的规定，外国银行的境外总行须拨付规定数额的“营运资金”，分行在账户设置上不设“实收资本”和“资本公积”账户，而外国银行分行记载由境外总行拨付的“营运资金”账簿，应按核拨的账面资金数额计税贴花
增加注册资本的	企业执行《企业会计准则》启用新账簿后，其“实收资本”和“资本公积”两项合计金额大于原已贴花资金的，应增加部分补贴印花

资金账簿按计税依据的0.5‰税率贴花。即使不使用纸质账簿，而只保存电子档会计账簿，企业也要按照输出打印纸质账簿涉及的金额总数，核算应交的印花税税额。

（2）其他营业账簿

其他营业账簿是一类反映除资金资产以外的其他生产经营活动内容的账簿，即除资金账簿以外，归属于财务会计体系的生产经营用账册。这类账簿包括日记账账簿和各明细分类账账簿。

该类账簿按每册5元定额贴花。同样，即使不使用纸质账簿，而只保存电子档会计账簿，企业也要按照输出打印纸质账簿的册数，核算应交的印花税税额。

在核算印花税时，为了避免漏贴花、漏缴税，财会人员要特别注意以下问题。

①采用一级核算形式的企事业单位，只对财会部门设置的账簿进行贴花；采用分级核算形式的企事业单位，除财会部门的账簿应贴花缴税外，财会部门设置在其他部门和车间的明细分类账也应按规定贴花。

②车间、门市部和仓库等设置的不属于会计核算范围或虽属于会计核算范围，但不记载金额的登记簿、统计簿和台账等，不贴印花。

③对会计核算采用单页表式记载资金活动情况的以表代账，在未形成账簿（账册）前，暂不贴花，待装订成册时按册贴花缴税。

④对有经营收入的事业单位，凡属于由国家财政部门拨付事业经费、实行差额预算管理的，其记载经营业务的账簿按其他账簿定额贴花缴税，不记载经营业务的账簿不贴花；凡属于经费来源实行自收自支的单位，其营业账簿应对资金账簿和其他账簿分别按规定贴花缴税。

⑤跨地区经营的分支机构使用的营业账簿应由各分支机构在其所在地缴纳印花税，上级机构拨付资金的，资金账簿按核拨的账面资金数额贴花缴税；上级机构不核拨资金的，就按其他账簿定额贴花缴税。

⑥实行公司制改造并经县级以上政府和有关部门批准的企业，在改制过程中成立的新企业（重新办理法人登记的）的新启用资金账簿记载的资金或因企业建立资本纽带关系而增加的资金，凡原已贴花的部分可不再贴花缴税，未贴花的部分和以后新增加的资金按规定贴花缴税。

⑦以合并或分立方式成立的新企业，其新启用的资金账簿记载的资金，凡原已贴花的部分可不再贴花缴税，未贴花的部分和以后新增加的资金要按规定贴花缴税。

⑧企业债权转股权，账簿中新增加了资金，要对新增加的资金按规定贴花缴税。

⑨企业改制中经评估增加的资金按规定贴花缴税。

⑩企业其他会计科目记载的资金转为实收资本或资本公积时，新增的实收资本或资本公积要按规定贴花缴税。

⑪对于使用财务软件的企业，在相关账表未打印出来之前，暂不贴花缴税，年末按照打印的装订成册的账簿，按册贴花缴税。

常识081 电子会计档案的保管有了新规

会计电算化下，企业大多保管的是电子会计档案。在前述常识中我们已经了解了电子会计档案的印花税处理，但电子会计档案的一系列管理工作究竟是怎样的也还不清楚。下面就来了解一些具体的电子会计档案的保管新规。

◆ 新《会计档案管理办法》肯定了电子会计档案的法律效力，电子会计凭证的获取、报销、入账、归档和保管等，均可以实现电子化管理。

◆ 新《会计档案管理办法》允许符合条件的会计凭证、账簿等会计资料不再打印纸质归档保存，同时要求建立会计档案鉴定销毁制度，完善销毁流程，推动会计档案销毁工作有序开展。

◆ 新《会计档案管理办法》明确将电子会计档案纳入会计档案范围，将大力推动电子会计数据的深度开发和有效利用，为政府决策和管理提供更多维度和更具参考价值的会计信息。

由此也可印证常识079和常识080说法的正确性，因为电子会计档案具有法律效力，所以需不需要打印成纸质的账簿进行保管已经不再有统一的标准，企业可选择打印，也可选择只保存电子会计档案；而印花税也将不再受到纸介质或电子介质的约束，均应缴纳印花税。

新《会计档案管理办法》共31条，与原《会计档案管理办法》相比，主要做了这些调整：一是完善了会计档案的定义和范围；二是增加并明确了电子会计档案的管理要求；三是完善了会计档案的销毁程序；四是明确了会计档案出境的管理要求；五是调整了会计档案的定期保管期限，并延长了会计档案向企业档案管理机构移交的期限。

这些新的规定将节约大量纸质会计资料的打印、传递和整理成本，以及归档后的保管成本，减少社会资源耗费，推动节能减排，有利于形成绿色环保的生产方式。

随身查
会计人员必会的115个财务常识（案例版）

Search 绘制财务报表，通晓经营状况与成果

在实际财会工作中，财会人员登记完毕会计账簿后要先编制试算平衡表，再编制财会报表。财会报表可以反映企业经营过程中的诸多问题和结果，帮助企业管理者分析企业的经营现状并做出正确的经营策略。

常识082 资产负债表与利润表的一般结构

资产负债表也可称为财务状况表，用于反映企业在一定日期（通常为各会计期末）的财务状况（即资产、负债和所有者权的状况）。该表利用会计平衡原则，将合乎会计原则的资产、负债和所有者权益分为两大区块，在经过分录、转账、分类账、试算和调整等会计程序后，以特定日期的静态企业情况为基准，浓缩成一张报表，如图8-1所示。

资产负债表

编制单位：××公司　　　　年　月　日　　　　单位：元

资产	期末余额	年初余额	负债	期末余额	年初余额
流动资产：			流动负债：		
货币资金			短期借款		
交易性金融资产			交易性金融负债		
应收票据			应付票据		
应收账款			应付账款		
预付款项			预收款项		
应收利息			应付职工薪酬		
应收股利			应交税费		
其他应收款			……		
存货			**流动负债合计**		
……			非流动负债：		
其他流动资产			长期借款		
流动资产合计			应付债券		
非流动资产：			长期应付款		
可供出售金融资产			递延所得税负债		
持有至到期投资			……		
长期应收款			其他非流动负债		
长期股权投资			**非流动负债合计**		
投资性房地产			**负债合计**		
固定资产			所有者权益：		
在建工程			实收资（股）本		
固定资产清理			资本公积		
无形资产			减：库存股		
……			盈余公积		
其他非流动资产			未分配利润		
非流动资产合计			**所有者权益合计**		
资产总计			**负债和所有者权益合计**		

图8-1

需要特别注意，财会人员一定要确保账目试算平衡后才编制资产负债表。在试算平衡环节可能会用到试算平衡表，一般分为两种：一是将本期发生额与期末余额分别编制列表；二是将本期发生额和期末余额合并在一张表格上进行试算平衡。如图8-2所示的是一般结构的试算平衡表。

试算平衡表

年　月　日　　　　币别：人民币

科目代码	科目名称	期初余额		本期发生额		期末余额	
		借方	贷方	借方	贷方	借方	贷方
1001	库存现金						
1002	银行存款						
1121	应收票据						
1122	应收账款						
1123	预付账款						
……	……						
	合计						

记账：　　　　审核：　　　　制单：

图8-2

知识链接 *报告式资产负债表的格式*

正文中展示的资产负债表是企业常用的一种账户式报表，有时根据需要，管理者要求财会人员提供报告式资产负债表，如图8-3所示。

资产负债表

编制单位：　　年　月　日　　单位：元

项目	金额
资产	
流动资产	×××
长期投资	×××
固定资产	×××
无形资产	×××
……	
其他资产	×××
资产合计	×××
权益	×××
负债	
流动负债	×××
长期负债	×××
……	
其他负债	×××
负债合计	×××
所有者权益	
实收资本	×××
资本公积	×××
盈余公积	×××
未分配利润	×××
所有者权益合计	×××
权益合计	×××

资产负债表

编制单位：　　年　月　日　　单位：元

项目	金额
资产	
流动资产	×××
长期投资	×××
固定资产	×××
无形资产	×××
……	
其他资产	×××
资产合计	×××
减：负债	
流动负债	×××
长期负债	×××
……	
其他负债	×××
负债合计	×××
所有者权益	
实收资本	×××
资本公积	×××
盈余公积	×××
未分配利润	×××
所有者权益合计	×××

图8-3

左图是按“资产＝负债＋所有者权益”的原理排列而成的报告式资产负债表，右图是按“资产－负债＝所有者权益”的原理排列而成的报告式资产负债表。

除了资产负债表，财会人员还需要了解三大报表之一的利润表，它是反映企业在一定会计期间经营成果的报表，与资产负债表相比，它是一张动态报表，有时也被称为损失表或收益表。如8-4左图所示的是利润表的一般结构（多步式），8-4右图所示的是单步式利润表。

利润表

编制单位： 年 月 日 单位：元

项目	行次	本期数	本年累计数
一、主营业务收入			
减：主营业务成本			
主营业务税金及附加			
二、主营业务利润（亏损以"－"号填列）			
加：其他业务利润（亏损以"－"号填列）			
减：销售费用			
管理费用			
财务费用			
资产减值损失			
三、营业利润（亏损以"－"号填列）			
加：投资收益（损失以"－"号填列）			
补贴收入			
营业外收入			
减：营业外支出			
四、利润总额（亏损以"－"号填列）			
减：所得税			
少数股东权益			
五、净利润（亏损以"－"号填列）			
加：年初未分配利润			
其他转入			
六、可供分配的利润			
减：提取法定公积金			
提取盈余公积			
……			
七、可供投资者分配的利润			
减：应付优先股股利			
提取任意盈余公积			
……			
八、未分配利润			

利润表

编制单位： 年 月 日 单位：元

项目	行次	本月数	本年累计数
一、收入			
主营业务收入			
其他业务利润			
投资收益			
营业外收入			
……			
收入合计			
二、费用			
主营业务成本			
流转税			
销售费用			
管理费用			
财务费用			
营业外支出			
所得税			
……			
费用合计			
三、净利润			

图8-4

常识083 现金流量表列的不是会计科目

现金流量表是财会报表的3个基本报表之一，它反映的是企业在一固定期间（通常是每月或每季）内现金（含银行存款）的增减变动情形。该表可用于分析企业在短期内有没有足够现金应付开销。

现金流量表主要揭示资产负债表中各个项目对现金流量的影响，一般以现金的来龙去脉的活动名称来表现，而不像资产负债表或利润表一样以具体的会计科目表现，并且根据用途划分为经营、投资和融资3个活动分类，如图8-5所示为现金流量表的一般结构。

现金流量表

年　月　日

编制单位：　　　　企××表

单位：元

项目	行次	本年累计金额	本月金额
一、经营活动产生的现金流量：			
销售产成品、商品、提供劳务收到的现金	1		
收到其他与经营活动有关的现金	2		
购买原材料、商品、接受劳务支付的现金	3		
支付的职工薪酬	4		
支付其他与经营活动有关的现金	5		
……	……		
经营活动产生的现金流量净额	8		
二、投资活动产生的现金流量：			
收回短期投资、长期债券投资收到的现金	9		
收回长期股权投资收到的现金	10		
取得投资收益收到的现金	11		
处置固定资产、无形资产收回的现金净额	12		
处置其他非流动资产收回的现金净额	13		
……	……		
投资活动产生的现金流量净额	17		
三、筹资活动产生的现金流量：			
取得借款收到的现金	18		
吸收投资者投资收到的现金	19		
偿还借款本金支付的现金	20		
偿还借款利息支付的现金	21		
分配利润支付的现金	22		
……	……		
筹资活动产生的现金流量净额	26		
四、现金净增加额	27		
加：期初现金余额	28		
五、期末现金余额	29		

图8-5

从上图可以看出，列举的项目都是描述性短句，而不是具体的会计科目。因为现金流量表就是对“库存现金”和“银行存款”科目的解释说明，所以无法再用更具体的会计科目表示。

常识084 专业财会人员就该懂什么是所有者权益变动表

所有者权益变动表是反映企业当期（年度或中期）内截至期末，所有者权益变动情况的报表。它一般以资产负债表附表的形式体现，新准则颁布后，所有者权益变动表将成为与资产负债表、利润表和现金流量表并列披露的第四张财务报表。

在所有者权益变动表中，企业应单独列示反映以下信息：一是所有者权益总量的增减变动；二是所有者权益增减变动的重要结构性信息；

三是直接计入所有者权益的利得和损失。如图8-6所示。

所有者权益变动表

编制单位：　　　　年　月　日　　　　单位（金额）：元

项目	本年金额						上年金额					
	实收资本	资本公积	盈余公积	减：库存股	未分配利润	所有者权益合计	实收资本	资本公积	盈余公积	减：库存股	未分配利润	所有者权益合计
一、上年年末余额												
加：会计政策变更												
加：前期差错更正												
二、本年年初余额												
三、本年增减变动金额												
（一）净利润												
（二）直接计入所有者权益的利得和损失												
1.可供出售金融资产的公允价值变动净额												
2.权益法下被投资单位其他所有者权益变动的影响												
3.与计入所有者权益项目相关的所得税的影响												
4.其他												
（一）、（二）小计												
（三）所有者投入和减少资本												
（四）利润分配												
（五）所有者权益内部结转												
四、本年年末余额												

法定代表人：　　　主管会计工作负责人：　　　会计机构负责人：

图8-6

在上图所示的所有者权益变动表中，“（三）所有者投入和减少资本”项目下会涉及一些更具体的项目，如“所有者投入资本”、“股份支付计入所有者权益的金额”等；“（四）利润分配”项目下会涉及的更具体项目有“提取盈余公积”和“对所有者（或股东）的分配”等；“（五）所有者权益内部结转”项目下会涉及的更具体项目有“资本公积转增资本（或股本）”、“盈余公积转增资本（或股本）”和“盈余公积弥补亏损”等。有的企业会涉及“（六）专项储备”项目。

所有者权益变动表很容易填错，填列时要特别注意不要填错行，编制完成后还要把所有项目的期末余额与资产负债表中所有者权益项目进行核对，核对无误后才算编制完成。

常识085 资产负债表的5个常见填列方法

一张完整的资产负债表可按其流动属性分为5个部分：流动资产、非流动资产、流动负债、非流动负债和所有者权益。资产和负债的流动性与非流动性并不是一成不变的，随着经营发展的需要，资产和负债的流动性会随时发生变化，要详细划分流动性还要从业务实质着手。因此，在填列资产负债表时，要按照具体的填列方法进行才不容易出错。

◆ 从总账科目余额中取数，直接填列

大部分报表项目与会计科目名称一致，但并不是所有项目的数据都可直接从会计科目余额中取数并填列。实际上，只有负债类和所有者权益类科目可从总账科目余额中取数直接填列。由于资产类科目一般都有备抵科目，要扣减备抵金额后才可填列到资产负债表中，但固定资产清理和递延所得税资产等少数项目可从会计科目余额中直接取数并填列。

◆ 从多个会计科目中取数，汇总填列

货币资产项目填列的是库存现金、银行存款和其他货币资金3个科目余额的合计数；存货的原值包括库存商品、原材料、生产成本、在产品和周转材料等最终准备出售的材料等（不准备出售而打算自用的原材料放在工程物资项目中）。

◆ 将会计科目重新分类，分析填列

比较典型的就是往来性质的会计科目，应收账款项目（原值）是取会计科目应收账款和预收账款明细账的借方余额合计数进行填列的。

案例分析

资产负债表中的应收账款项目的填列操作

N公司与供应商和客户之间形成的往来账都按照客商划分，比如“应收账款——×客户”之类的。已知N公司刚向×客户销售了一批产品，含税价为16 000元（税率为16%），财会人员开出销货发票后立即记账，会计分录如下。

借：应收账款　　　　　　　　　　　　　　116 000

　　贷：主营业务收入　　　　　　　　　　　　100 000

　　　　应交税费——应交增值税（销项）　　　16 000

后来这位客户因为产品畅销，回款时多给N公司打了4万元作为下次订货的订金。N公司此时不可能为了多出的4万元专门建立一个预收账款明细账（财会人员做账都要有原始单据支撑，一张汇款凭证原则上只能附在一张记账凭证后面），因此“应收账款——×客户”明细账的期末余额就会变成贷方4万元，这4万元实际上属于预收账款，在资产负债表中要归类到预收账款项目中。

由上述案例可举一反三，其他应收账款项目（原值）取会计科目其他应收账款和其他应付账款明细账的借方余额合计数进行填列；预付账款项目（原值）取会计科目预付账款和应付账款明细账的借方余额合计数进行填列；应付账款项目取会计科目预收账款和预付账款明细账的贷方余额合计数填列；其他应付账款项目取会计科目其他应付账款和其他应收账款明细账的贷方余额合计数进行填列；预收账款项目取会计科目预收账款和应收账款明细账的贷方余额合计数进行填列。

除此之外，一年内到期的非流动资产和一年内到期的非流动负债，要根据到期时间（从报表截止日起的未来一年内）分别从非流动资产和非流动负债的明细科目余额中取数，然后进行分析填列。

◆ 减去备抵科目后，按净值填列

资产只要是按历史成本计价的，就有减值的可能，要减值就要计提跌价准备，比如以历史成本计量的金融资产、存货和在建工程等科目；而固定资产、无形资产和投资性房地产等科目还要先扣减累计折旧（摊销）后再扣除减值准备。只有少数资产类科目如货币资金、以公允价值计量的金融资产、固定资产清理、长期待摊费用和递延所得税资产等没有备抵科目。

◆综合多个会计科目，分析填列

应收账款、其他应收款和预付账款等项目都要先重新分类再扣减备抵科目后填列。存货项目则更麻烦，要先把属于存货的会计科目期末余额先汇总，再扣除存货跌价准备，然后才填列。另外，有的企业库存商品是按计划成本计量的，在扣除存货跌价准备后还要加减成本差异金额，然后才能填列存货项目。

所有项目填完后，要认真检查一遍报表。先检查报表左右是否平衡，即资产＝负债+所有者权益；再将所有项目期末余额与期初余额做对比，看变动幅度大小，如果幅度超过20%，则应查明原因，可能是业务变动的真实反映，也可能是填报错误。最后对填报错误的进行更正。

常识086 注重填列顺序就能掌握利润表的填列方法

财会人员填列利润表时，按照当期收益的计算步骤进行填列就是专属于利润表的填列方法。

（1）填列相应项目并计算填列营业利润

营业利润对关心企业发展的人来说，比净利润更重要，它有狭义和广义之分。收入减成本费用，再减去税费和减值损失，得出的是狭义的营业利润，它反映的是企业最基本的经营成果；广义的营业利润包含狭义的营业利润、公允价值变动收益和投资收益。但在了解企业最核心的经营成果时，狭义的营业利润会更可靠一些。

先根据科目汇总表分别填列营业收入、营业成本、税金及附加、销售费用、管理费用、财务费用、资产减值损失、公允价值变动收益（损失以“-”号填列）和投资收益（损失以“-”号填列），然后通过如下公式计算营业利润并进行填列（亏损以“-”号填列）。

营业利润=营业收入－营业成本－税金及附加－销售费用－管理费用

财务费用–资产减值损失±公允价值变动损益±投资损益

（2）填列相应项目并计算填列利润总额

先根据科目汇总表分别填列营业外收入（包括详细的收入项目）和营业外支出（包括详细的支出项目），然后通过如下公式计算利润总额并进行填列（亏损总额以“-”号填列）。

利润总额=营业利润+营业外收入–营业外支出

（3）填列相应项目并计算填列净利润

先根据科目汇总表填列所得税费用项目，然后通过如下公式计算净利润并进行填列（净亏损以“-”号填列）。

净利润=利润总额–所得税费用

（4）计算综合收益

综合收益是指在当期没有股东投入资本的情况下，期末所有者权益减去期初所有者权益的差额。综合收益包括净利润和其他综合收益，其中，其他综合收益就是当期未实现但已确认的收益，比如以公允价值计量的可供出售金融资产产生的利得或损失。假设某公司持有一家上市公司的股票，由于没有划到交易性金融资产中，所以划为“可供出售金融资产”科目核算，年初时股价共50万元，年末股票升值为75万元，这升值的25万元就是其他综合收益。

是否确认为其他综合收益，关键是看该收益当期是否实现。如果已实现就是交易已完成，可确认收益。如果企业所持股票当期没有交易就不能视为已实现的收益。而同样的股若划为交易性金融资产，则无需交易，账面价值升值或减值都通过“公允价值变动损益”科目进行核算，也就会成为净利润的一部分。有的企业担心公允价值变动较大，对企业当期收益影响也就会较大，所以就要让变动部分只影响所有者权益而不影响当期收益。但这么做会对据实在利润表中反映公允价值变动的企业不公平，于是就产生了“其他综合收益”这一项目。

知识链接 *利润分配表是否在利润表中体现，取决于所有者权益变动表*

很多时候，利润表和利润分配表合二为一，计算出期末未分配利润，格式参见图8-4展示的多步式利润表。若利润分配表单独编报，则如图8-7所示。

利润分配表

编制单位：　　　　年　月　日　　　　单位：元

项目	金额	备注
一、净利润		
加：年初未分配利润		
其他转入		
二、可供分配的利润		
减：提取法定盈余公积		
提取任意盈余公积		
提取职工福利及奖金基金		
提取储备基金		
提取企业发展基金		
利润转作投资		
补充流动资本		
三、可供投资者分配的利润		
减：应付优先股股利		
应付普通股股利		
转作资（股）本的普通股股利		
四、未分配利润		

图8-7

由此可见，可供分配的利润=净利润+期初未分配利润+其他转入；可供投资者分配的利润=可供分配利润-提取法定盈余公积-提取任意盈余公积-提取职工福利及奖金基金-……-补充流动资本；未分配利润=可供投资者分配的利润-应付优先股股利-应付普通股股利-转作资（股）本的普通股股利。

这里的未分配利润的数据可以与资产负债表中的未分配利润数据进行核对，结果一致说明计算无误。但当所有者权益变动表出现，就会把利润分配表中的内容转移到所有者权益变动表中，为了避免重复计算，利润分配表的内容将不在利润表中体现。要注意，很多企业的未分配利润数据出现错误，大多数是因为利润分配表没有编制。

总的来说，当有所有者权益变动表时，利润分配表可以不编制，但必要的计算步骤不能省，这样可以避免未分配利润数据出现错误。

常识087 直接与间接，两法完成现金流量表主附表的编制

直接法是指通过现金收入和现金支出的主要类别列示各类活动的现

金流量，它直接确定每笔涉及现金收支业务的属性，分别归入经营、投资和筹资3个部分的现金收支项目，最后3个部分的现金流入流出净额合计数就是企业整个会计期间的现金净流量。利用该方法编制出的现金流量表即图8-5展示的模样。

现金流量表在编制时与其他报表有一个很大的不同点，即数据不是从账上提取，而完全是由人工编制出来的。为了防止财会人员随意编制现金流量表，准则规定编制时要掌握两大原则：一是在不影响报表使用者误判的情况下可以忽略一些细节，比如支付的其他与经营活动有关的现金金额小且没有明确指向，则可打包统计，具体操作时以不超过流入或流出金额的5%为宜；二是不能犯明显的错误。如表8-1所示的是运用直接法编制现金流量表的具体做法。

表 8-1

项目	做法
销售商品、提供劳务收到的现金	这个项目反映的是企业销售商品或提供劳务在当期实际收到的现金，主要包括销售收入和增值税销项税额，可直接从利润表的营业收入中取数，再加上对应的增值税销项税额即可。但大多数企业会采取赊销形式进行交易，这就要求我们还要考虑应收票据、应收账款和预收账款等，比如应收账款期末大于期初，说明当期有收入但没有收到现金，所以要从收入中扣除，反之，要在收入的基础上加上应收账款减少的数额
收到的税费返还	政府为鼓励某些行业的发展，会把企业上交的税款返还一部分给企业，在利润表中通常会体现在“营业外收入——政府补贴”项目中，在现金流量表中则体现在“收到的税费返还”项目中
收到的其他与经营活动有关的现金	这个项目主要指除退税收入之外的营业外收入和与经营有关的暂收款，比如保证金和暂借款等，所以主要从利润表中的营业外收入和其他应付款项目中取数并填列
购买商品、接受劳务支付的现金	这个项目反映的是企业购买原材料或接受劳务在当期实际支付的现金，主要包括支付的货款和增值税进项税额，可直接从销售成本中取数，再加上相应的增值税进项税额即可。但如果企业采取赊销形式进行交易，则填列此项目时还要考虑存货、应付票据、应付账款和预付账款等项目的增减变动情况，比如应付账款期末大于期初，说明当期有支出但没有支付现金，所以要从支出中扣除，反之，要加上应付账款减少的数额

续上表

项目	做法
支付给职工及为职工支付的现金	该项目反映的是企业实际为职工支付的现金报酬，通常会比职工拿到手的金额要大，这是由于企业为职工支付的医疗(含生育保险)、养老、事业、工伤保险及住房公积金等无法直接给职工，但也是企业的一项开支。所以要填列，只需找到应付职工薪酬明细账的借方发生数便可直接填列
支付的各项税费	该项目反映的是企业当期实际支付的各项税费，可从应交税费项目中找出相应的数据进行填列
支付的其他与经营活动有关的现金	要从多个项目中取数，具体可从利润表中的扣除人工费用后的管理费用和销售费用中找数据。另外，营业外支出中的罚款支出及其他应付款里的借出款项、保证金等也是该项目的填列引用范围

而间接法就是在净利润的基础上，通过对有关项目的调整，计算经营活动产生的现金流量的过程。该方法的运用需要假设净利润与经营性现金净额是相关联的，编制出的现金流量表如图8-8所示。

现金流量表

年　月　日　　企××表

编制单位：　　单位：元

补充资料	本期发生额	上期发生额
1.将净利润调节为经营活动的现金流量		
净利润		
加：计提的资产减值准备		
固定资产折旧		
无形资产和长期待摊费用摊销		
处置固定资产、无形资产和其他长期资产的损失（减：收益）		
固定资产报废损失（收益以“－”号填列）		
公允价值变动损失（收益以“－”号填列）		
财务费用（收益以“－”号填列）		
投资损失（收益以“－”号填列）		
递延所得税资产减少（增加以“－”号填列）		
递延所得税负债增加（减少以“－”号填列）		
存货的减少（增加以“－”号填列）		
经营性应收项目的减少（增加以“－”号填列）		
经营性应付项目的增加（减少以“－”号填列）		
其他		
2.经营活动产生的现金流量净额		
不涉及现金收支的重大投资和筹资活动		
债务转为资本		
一年内到期的可转换公司债券		
融资租入固定资产		
……		
3.现金及现金等价物净变动情况		
现金的期末余额		
减：现金的期初余额		
加：现金等价物的期末余额		
减：现金等价物的期初余额		
现金及现金等价物的净增加额		

图8-8

间接法编制现金流量表时，主要的操作集中在“将净利润调节为经营活动现金流量”上，这里的调节一般有4个步骤，如图8-9所示。

找出不涉及现金流的成本费用，如资产减值准备、固定资产折旧、无形资产和长期待摊费用摊销等项目，这些项目按权责发生制的要求，在计算净利润时扣除，但不涉及现金支付，所以要在计算经营性现金流时加回来。

↓

找出与经营活动无关的损益，视具体情况加上或扣除。如处置固定资产、无形资产和其他长期资产的损失，固定资产报废损失，财务费用和投资损失等影响了当期利润，也涉及现金流，但都与经营性现金无关，所以有收益就要扣除，有损失就要加回。

↓

找出不涉及当期现金流入流出的流动资产项目，加上或扣除。如存货的减少、经营性应收项目的减少和经营性应付项目的增加等，其中存货的减少说明当期耗用的存货有一部分是用以前年度的现金购买的，不影响当期现金流，所以要加回来，另外两个项目的处理参考存货的处理。

↓

找出其他与现金流无关但影响当期利润的项目，如公允价值变动损失、递延所得税资产减少和递延所得税负债增加等，这些都会影响当期损益，但其增减变动又不涉及现金收支，所以要视增减情况从利润中扣除或加回。

图8-9

从现金流量表两种编制方法编制出的现金流量表可看出，直接法编制的是现金流量表主表，而间接法编制的是现金流量表附表。

常识088 财务报表能提供哪些有用信息

财务报表主要包括3张，即资产负债表、利润表和现金流量表，有时还会涉及所有者权益变动表和利润分配表。这些报表能够提供一些有用的信息，所以每家企业都需要编制。那么，财务报表具体能为报表使用者提供哪些有用信息呢？

◆ 企业财务方面是否有重大问题

从资产负债表、利润表和现金流量表中，可以看出科目、金额是否有异常，如果有，则说明企业财务方面存在问题，问题的大小还要根据具体情况进一步判断；如果没有，则说明企业财务方面一般没有问题，但也有些问题不能单纯地从科目和金额来判断，此时要借助其他方法。

◆ 提供一些财务指标的计算依据

流动比率、速动比率、现金流量比率、资产负债率、股东权益比率、利息保障倍数、流动资产周转率和销售净利率等反映企业偿债能力、营运能力和盈利能力的指标，其计算依据都是三大报表中的数据。

◆ 反映企业的利润水平是否与现金流量水平一致

当利润表上反映的经营利润水平和经营活动产生的现金流量水平不一致时，就标志着财务管理存在问题，比如利润是否都转化为现金、利润的质量是否有问题等。

◆ 反映企业经营的好坏

可将财务报表中的数据与同行企业的财务报表数据进行比较，进而得出企业经营好坏的信息。

◆ 看是否有掩饰主营业务利润不足或亏损的情况

如果财会人员发现企业扣除非经常性业务损益后的净利润远低于企业利润表中的净利润，则可以推断出企业的利润主要不是来源于主营产品或服务，而是来源于不经常发生或偶然发生的业务。这样的利润水平是无法持续的，管理者就可怀疑企业是否存在以非经常性业务利润来掩饰主营业务利润不足或亏损的情况，由此进行经营策略的调整。

◆ 反映是否将收益性支出或期间费用资本化

有些企业将本应该列支为当期费用的利润表项目计入待摊费用或长期待摊费用的资产负债表项目，比如国内部分房地产开发企业，经常将房地产项目开发期间发生的销售费用、管理费用和利息支出，任意、长时间地“挂账”在“长期待摊费用”科目。这样的做法就是将收益性支出或期间费用资本化，导致利润虚增。

◆反映企业是否有关联交易方式的经营业绩

财会人员通过研究关联方交易业绩占企业总销售、采购、借款和利润的比例，可审查出交易价格是否有失公允，进而可查看企业是否存在为了掩盖亏损局面而做出违规行为的情况。

◆反映企业的利润是否正常

财会人员通过查看利润表的利润总额和净利润之间有无除所得税和少数股东收益之外的异常科目出现，来判断企业的利润来源是否正常。

◆反映现金流量是否有异常

财会人员通过查看现金流量表中的“收到的其他与经营活动有关的现金”项目是否存在异常，来判断企业资金的融通是否有问题。

常识089 资产负债表可利用的重要指标

资产负债表中包含了资产、负债和所有者权益三大类会计科目，根据这些科目反映的数据，结合相应的计算公式，就可获得一些重要的财务指标，进而分析企业的相关能力。

◆流动比率=流动资产/流动负债

该指标反映短期偿债能力。比率越高，说明企业偿还流动负债的能力越强。但比率过高会反映为滞留在流动资产上的资金过多，未能有效利用，可能会影响企业的盈利能力。国际公认比率为2∶1。

◆速动比率=（流动资产-存货）/流动负债×100%

该指标反映短期偿债能力，比流动比率更准确。因为即使流动比率较高，但不能说明流动资产的流动性就高，所以不能保证短期偿债能力好。该比率撇开变现能力较差的存货，更能体现短期偿债能力的高低。

◆ 资产负债率=负债总额/资产总额×100%

该指标反映长期偿债能力，有时也称负债比率或举债经营比率。比率越高，说明企业偿债综合能力越差，财务风险越大；反之，偿债综合能力越强。

◆ 产权比率=负债总额/股东权益总额

该指标反映长期偿债能力。它实际上是资产负债率的另一种表现形式，可以揭示企业的财务风险和股东权益对债务的保障程度。比率越高，说明企业长期财务状况越好，债权人投资的安全性越有保障；反之，债权人的权益保障度越低。

◆ 股东权益比率=股东权益总额/资产总额×100%

该指标反映长期偿债能力。比率越大，资产负债率就越小，企业财务风险也就越小，偿债能力相应较强；反之，偿债能力较弱。

◆ 权益乘数=资产总额/股东权益总额

该指标反映长期偿债能力。它是股东权益比率的倒数，乘数越大，说明股东投入的资本在总资产中所占比重越小，财务杠杆就越大；反之，财务杠杆越小。

◆ 应收账款周转率=赊销收入净额/应收账款平均余额

该指标反映营运能力。其中，赊销收入净额=销售收入净额-现销收入，销售收入净额=销售收入（利润表中的营业收入）-销售退回-销售折扣和折让。比率越高，应收账款的周转速度越快，流动性越强；反之，流动性越弱，应收账款占用资金数量过多，影响资金的正常周转。

◆ 应收账款平均收账期=360/应收账款周转率

该指标反映营运能力。平均收账期越短，说明周转速度快，周转率高；反之，周转率低。

◆ 资产增长率=本年总资产增长额/年初资产总额×100%

该指标反映发展能力。增长率越高，说明企业资产规模增长速度快，竞争力会增强；反之，资产规模增长速度慢，竞争力不强。

◆ 股权资本增长率=本年股东权益增长额/年初股东权益总额×100%

该指标反映发展能力。也称为资本积累率，它反映了企业当年股东权益的变化水平。比率越高，说明资本积累能力越强，发展能力越好；反之，资本积累能力越低，发展能力越弱。

常识090 利润表可利用的重要指标

利润表中的项目都是与利润有关的收入、成本和费用，根据计算得出的相应数据，结合一定的计算公式，可获得一些重要财务指标，也能分析企业的相关能力的强弱。

◆ 利息保障倍数=（税前利润+利息费用）/利息费用

该指标反映长期偿债能力。利息费用包括财务费用中的利息费用和计入固定资产成本的资本化利息，若比率太低，说明企业难以保证用经营所得来按时按量支付债务利息，这会引起债权人的担心。一般来说，企业的利息保障倍数至少大于1，否则难以偿付债务和利息，长此以往会导致企业破产倒闭。

◆ 存货周转率=销售成本/存货平均余额

该指标反映营运能力。其中，存货平均余额=（期初存货余额+期末存货余额）/2，这一依据可规避季节性经营对企业带来的大幅度销售和存货波动。在正常经营情况下，存货周转率越高，说明存货周转速度越快，销售能力越强，营运资本占用在存货上的金额越少，资金利用效率较高；反之，说明企业库存管理不利，销售状况不好，存货有积压。

◆ 存货周转天数=360/存货周转率

该指标反映营运能力。它表示存货周转一次所需要的时间，周转天数越少，说明存货周转越快。

◆ 流动资产周转率=销售收入/流动资产平均余额

该指标反映营运能力。它体现了企业全部流动资产的利用效率。比率越高，说明企业流动资产周转速度越快，利用效率越高；反之，流动资产的利用效率越低。

◆ 固定资产周转率=销售收入/固定资产平均净值

该指标反映营运能力。它主要用于分析企业对厂房和设备等固定资产的利用效率。比率越高，说明对固定资产的利用率越高；反之，说明企业生产效率较低，可能会影响企业的盈利能力。

◆ 总资产周转率=销售收入/资产平均总额

该指标反映营运能力。它主要用于分析全部资产的使用效率。若比率较低，说明企业利用其资产进行经营的效率较差，会影响企业的盈利能力，此时应采取措施提高销售收入或处置资产，以提高总资产利用率。

◆ 资产息税前利润率=息税前利润/资产平均总额×100%

该指标反映盈利能力。它属于资产报酬率的其中一种表达形式，不受企业资本结构变化的影响，通常用来评价企业利用全部经济资源获取报酬的能力。一般来说，只要资产息税前利润率大于负债利息率（计算工式为：利息支出/平均负债×100%），企业就有足够的收益用于支付债务利息。

◆ 资产利润率=利润总额/资产平均总额×100%

该指标反映盈利能力。它也是资产报酬率的一种表达形式，能综合评价企业的资产盈利能力，也能反映企业管理者的资产配置能力。

◆ 资产净利率=净利润/资产平均总额×100%

该指标反映盈利能力。它是资产报酬率的另一种表达形式，通常用来评价企业对股权投资的回报能力，股东经常用到该指标。

◆ 股东权益报酬率=净利润/股东权益平均总额×100%

该指标反映盈利能力。其中，股东权益平均总额=（期初股东权益总额+期末股东权益总额）/2。比率越高，说明企业盈利能力越强，反之，盈利能力越弱。

◆ 销售毛利率=销售毛利/营业收入净额×100%

该指标反映盈利能力。其中，销售毛利=营业收入金额-营业成本，而营业收入净额是指营业收入扣除销售退回、折让和折扣后的金额。比率越大，说明在营业收入净额中营业成本占比越小，企业通过销售获取利润的能力越强；反之，通过销售获取利润的能力越弱。

◆ 成本费用净利率=净利润/成本费用总额×100%

该指标反映盈利能力。比率越高，说明企业为获取报酬而付出的代价越小，盈利能力越强；反之，盈利能力越弱。

◆ 每股利润=（净利润-优先股股利）/发行在外的普通股平均股数

该指标反映盈利能力。它也称为每股收益或每股盈余，每股利润越高，说明企业的盈利能力越强；反之，盈利能力越弱。

◆ 每股现金流量=（经营活动产生的现金流量净额-优先股股利）/发行在外的普通股平均股数

该指标反映盈利能力。每股利润很高，但缺乏现金，也无法分配现金股利，所以，就需要通过每股现金流量这一指标来评价现金股利的支付能力。比率越高，就说明企业越有能力支付现金股利。

◆ 每股股利=（现金股利总额-优先股股利）/普通股总股份数

该指标反映盈利能力。倾向于分配现金股利的投资者，应比较分析企业历年的每股股利，从而了解企业的股政策。

◆ 每股净资产=股东权益总额/发行在外的普通股股数

它也称为每股账面价值，严格来讲，该指标并不用于衡量盈利能力。若企业利润较高，则每股净资产会随之较快地增长。

◆ 市盈率=每股市价/每股利润

该指标反映盈利能力。它也称为盈余比率，一般而言，比率越高，说明投资者对企业的发展前景看好，愿意出较高的价格购买企业的股票。因此，成长性好的企业，其股票市盈率通常较高。

◆ 市净率=每股市价/每股净资产

该指标反映盈利能力。比率越高，说明股票的市场价值越高。一般来说，资产质量好且盈利能力强的企业，其市净率较高；反之，风险较大且发展前景较差的企业，其市净率较低。

◆ 销售增长率=本年营业收入增长额/上年营业收入总额×100%

该指标反映发展能力。比率大于0，说明企业本年营业收入增加，比率越高，说明营业收入的成长性较好，发展能力较强；反之，说明企业本年营业收入减少，成长性和发展能力不强。

◆ 可持续增长率=净利润×留存比率/年初股东权益总额×100%=股东权益报酬率×留存比率

该指标反映发展能力。企业不靠外部筹资而仅通过自身盈利积累实现增长，股东权益增长额仅来自企业留用利润，则股权资本增长率（=本年股东权益增长额/年初股东权益总额×100%）即为可持续增长率。

◆ 利润增长率=本年利润总额增长额/上年利润总额×100%

该指标反映发展能力。比率越高，说明企业成长性较好，发展能力越强；反之成长性较差，发展能力越弱。

常识091 现金流量表可利用的重要指标

现金流量表中反映的都是与库存现金或银行存款有关的项目，主要表示现金流的情况，根据表中的数据，结合相应的计算公式，可分析企业现金方面的能力。

◆ 现金比率 = （现金+现金等价物）/流动负债

该指标反映短期偿债能力。它体现的是企业的直接偿付能力，比率越高，说明企业有较好的支付能力，对偿付债务是有保障的；反之，支付能力较弱。

◆ 现金流量比率 = 经营活动产生的现金流量净额/流动负债

该指标反映短期偿债能力。与流动比率、速动比率和现金比率相比，动态地反映当期经营活动产生的现金流量净额偿付流动负债的能力。比率越高，偿付能力越强；反之，偿付能力越弱。

◆ 偿债保障比率=负债总额/经营活动产生的现金流量净额

该指标反映长期偿债能力。比率越低，说明企业偿还债务的能力越强；反之，偿还债务的能力越弱。

◆ 现金利息保障倍数=（经营活动产生的现金流量净额+现金利息支出+付现所得税）/现金利息支出

该指标反映长期偿债能力。它表示企业一定时期经营活动所取得的现金是现金利息支出的多少倍，通过该指标，更明确地表明了企业用经营活动所取得的现金偿付债务利息的能力。倍数越大，偿付能力越强；反之，越弱。

常识092 报表附注的地位举足轻重

目前，大多数企业为了让财务报表更简明扼要，简化了很多重要的财务信息，如存货、应收账款、固定资产和无形资产等都是以净额列示的资产类科目，而这些资产的账龄、原值及已计提减值准备等财务信息，只有通过报表附注来说明。也就是说，报表附注是对三大报表及所有者权益变动表的补充说明。

很多财会人员接触财会报表比较多，很少编制过报表附注，一旦有需要，都直接交给会计师事务所的审计人员编制，因此就会错误地认为编制报表附注的工作是审计人员的事情。其实不然，财会人员也要清楚报表附注的具体内容有哪些，并学会自己编制。具体内容如表8-2所示。

表 8-2

内容	具体描述
企业的基本情况	企业的地址、组织形式、业务性质、经营范围和实际控制人等信息，若是集团公司，还要披露合并报表的合并范围和当期子公司的增减变动情况
报表的编制基础	强调公司以持续经营为基础编制财会报表
重要会计政策及会计估计	一经确认就不得随意变更。如编制合并报表的合并政策、存货的计价政策和主营业务收入的确认原则等
税项	共两部分内容：要交哪些税，税率是多少；企业当期享受哪些税收优惠，依据是什么
财务报表主要项目注释	为防止财会人员钻空子，管理部门规定附注格式，把几乎所有财务报表项目都囊括到这部分内容中，要求只要出现数字就要在附注中注释说明
合并范围的变更	说明当期是否有新设子公司并入合并报表中，有无关闭或出售子公司脱离合并报表范围
在其他主体中的权益	披露子公司的信息（注册地、经营地、业务性质、持股比例和取得方式等）、重要控股子公司的财务信息（资产、负债、利润和现金流等）及联营或合营企业的财务信息
与金融工具相关的风险	给出金融工具的定义，列示金融工具的风险，如信用风险、流动性风险和市场风险等
公允价值的披露	说明以公允价值计量的资产和负债的期末公允价值及确定的依据
关联方的关系及相应交易	包括关联方有哪些交易形式
承诺及或有事项	相关内容的承诺及对或有事项的解释说明
资产负债表日后事项	对资产负债表日至财务报告批准报出日之间发生的需要调整或说明的事项进行列示

续上表

内容	具体描述
其他重要事项	企业对自认为应该披露的而准则未规定披露的重要信息进行列示
母公司财务报表主要项目注释	合并报表附注要对母公司的财务报表主要项目进行注释，如应收账款、其他应收款、长期股权投资、营业收入和成本及投资收益等
补充资料	补充企业当期非经常性损益明细表、净资产收益率和每股收益等

常识093 企业发生控股合并需要编制合并财务报表

企业合并分为吸收合并、新设合并和控股合并3种，吸收合并即A企业+B企业=A企业（或B企业），其中一家公司不复存在；新设合并即A企业+B企业=C企业，组成新公司，原来的两家公司都不存在；控股合并即A企业购入B企业的控股权，形成控股与被控股的母子公司关系，A、B两家公司作为法律主体依然存在。

企业之间发生控股合并时，母公司财会人员应编制合并报表。而在具体实施控股合并时，又分为同一控制下的企业合并和非同一控制下的企业合并。两种形式下编制合并报表有所区别。

- **同一控制下的企业合并**：是一个集团内部子公司与子公司之间控制权的重新组合，影响集团经济利益，不会产生新的资产或负债。编制合并报表时，被合并方不用进行资产评估，资产负债都保持原来价值并入合并方的合并报表，而合并方出的购买价可能高于或低于被合并方的所有者权益，产生的差额调整到所有者权益的资本公积或留存收益等项目。
- **非同一控制下的企业合并**：指参与各方在合并前不受同一方或相同多方最终控制。合并成本大于被收购方净资产公允价值的差额确认为商誉，小于被收购方净资产公允价值的差额计入合并报表的当期营业外收入。

编制合并财务报表时，要统一会计政策和会计期间，汇总各二级财务报表，同时要检查合并过程表并编制调整分录和抵销分录。

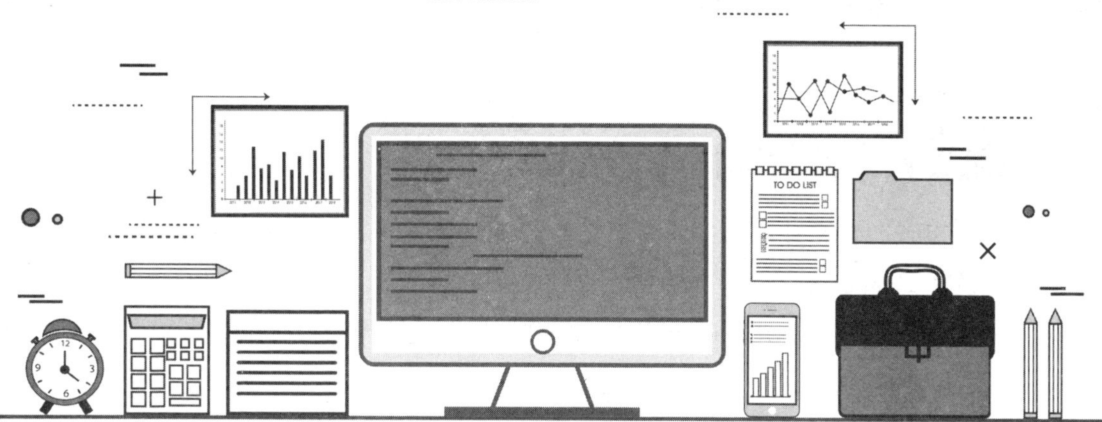

随身查

会计人员必会的115个财务常识（案例版）

Search 做好财务分析与预算，控制成本

年底，财会人员做好财会报表后，实际工作还未完成，需要进行财务分析和财务预算，为企业下一会计期间的经营从源头上控制好成本，避免出现经营不善的情况。当然，有些企业会在下一年年初时进行财务分析和预算，这就根据公司自身情况而定。

财务分析工作的4个要点

很多即将毕业的大学生，甚至初入职场的新人，都很向往财务分析工作，认为是会计岗位中的管理岗位。但财务分析工作远没有我们想象的那么简单，需要注意的要点不能忽视，以防走入财会工作的误区。

◆ 有财务分析工作，但几乎不单独设置财务分析岗位

在我国，很少有企业会专门设置财务分析岗位，相对来说，管理会计岗位较多，如资金管理、预算管理、报表会计和内部审计等。通常，财务分析工作都由某个财会岗位兼职，大公司可能是总会计师兼职，小公司可能是财务经理兼职。财务分析工作要基于做账、编表和其他财务管理工作，这样的分析过程和结果才不会脱离企业的实际经营情况。

◆ 财务分析不能仅仅分析财会报表

只对财会报表提供的数据进行分析，得出的结果有可能不是准确的，所以在进行财务分析时，还要联系企业生产经营的实际情况进行分析。

案例分析

只对财会报表进行分析得出的结论与事实相差甚远

某公司2015年～2016年的资产负债表部分内容如表9-1所示。

表 9-1　　　　单位：万元

资产	2016年年末	2016年年初	2015年年初
流动资产:			
货币资金	2750	3150	3000
应收票据	3060	4450	3800
应收账款	11000	16000	17500
预付款项	5000	2000	3000
其他应收款	51.05	31	51.5
存货	2100	1850	1950

该公司利润表的部分内容如表9–2所示。

表 9-2　　单位：万元

项目	2016年度	2015年度
一、营业收入	100000	60000
减：营业成本	97500	58000

先计算财务指标，2015年应收账款周转率为：60000万元/[（17500万元+16000万元）/2]=3.58，2016年应收账款周转率为：100000万元/[（16000万元+11000万元）/2]=7.41；2015年存货周转率为：58000万元/[（1950万元+1850万元）/2]=30.53次，2016年存货周转率为：97500万元/[（1850万元+2100万元）/2]=49.37次。

①仅限于这些财务指标，我们可以看出2016年应收账款周转率和存货周转率都有提高，主要原因是营业收入与营业成本与2015年相比分别提高了66.67%和68.10%，而应收账款和存货期末余额没有跟随收入和成本同比增长。此时财会人员可能会得出这样的结论：公司平均收账期缩短、存货周转速度就快，应收账款和存货的管理水平有提高，资产流动性加强了。

②但是，通过利润表可知，毛利额只增长了25%，即[100000万元–97500万元–（60000万元–58000万元）]/（60000万元–58000万元），2015年和2016年的毛利率分别为3.33%和2.5%，即[（60000万元–58000万元）/60000万元]和[（100000万元–97500万元）/100000万元]，不仅没有增长，反而下降了0.83个百分点。这时我们要从企业的财务报告中找问题，经了解，该公司为商贸企业，毛利率下降可理解为2016年为了保收入、创业绩，所以进行了薄利多销，以量取胜，毛利率下降的同时毛利额在上升。分析到这里，很多财会人员都不会再深究下去了。

③而通过继续查看现金流量表发现，2016年比2015年增加了4亿元的

营业收入的主要原因是2016年企业开拓了进出口代理业务，这4亿元收入的大部分都来自于代理业务收入，而代理费率较低，所以营业收入增加4个亿而毛利额只增长了500万元。代理业务实际上是为客户提供中介服务，上游供应商和下游客户直接联系，所以公司基本没有存货和应收账款问题，这就能解释为什么应收账款和存货没有多大变化。

由此可看出，该公司2016年应收账款周转率和存货周转率的提高主要是代理业务收入增长引起的，与管理水平的提高没有直接关系。这么看来，与①中得出的结论明显不同。如果让管理者认为企业的应收账款和存货的管理水平提高了，则管理者就可能不再对应收账款和存货进行严格管控，但实际上这两项工作的管理水平究竟有无变化，我们没有得出准确的结论，所以可能会疏忽了应收账款和存货的管理。

◆ 财务分析过程就是对比分析过程

通过上述案例的学习，我们也能明白财务分析过程就是对众多财务数据进行对比分析，找出不合理的地方，分析原因，进而得出结论。

◆ 财务分析的服务对象要明确

财务分析主要为企业管理层服务，同时也为投资者和债权人提供数据参考。因此，若财务分析是做给非财务专业的管理层或外部单位相关人员看，则财务报告中不要过多地列示财务数据和指标，只要有结论性的关键指标和数据即可，同时做好客观的文字描述，提供具体且贴合实际的建议；若财务分析要做给财务专业人员查看，则需要将详细的数据计算与分析过程进行罗列说明。

常识095 分析财务报表的目的

不同的报表使用者，其分析财务报表的目的会有不同，但都是希望从报表中获得对其经济决策有用的信息。

①企业主管部门、母公司和财政部门分析财务报表的目的是检查企业有关资源的配置情况，同时也检查财经政策、纪律和制度的遵守情况及资本保全和增值情况。

②投资者分析财务报表的目的是查看被投资企业的盈利能力、营运能力和资金使用效率，进而了解自己的投资报酬和投资风险。

③债权人分析财务报表的目的是判断企业的偿债能力，评价企业财务风险程度，从而做出是否继续与客户保持交易合作关系的决定。

无论是哪类报表使用者，分析财务报表的目的不外乎3点：评价和了解企业过去的经营业绩；衡量并掌握企业当前的财务状况；预测估计企业未来的发展趋势。

另外，税务机关也可能会查看企业的财务报表，目的是给征税工作找到相关依据，检查企业是否有违反税法的行为。

常识096 分析报表需要掌握的原则

财务报表分析的原则是指企业财会人员在进行财务分析时应遵循的一般规范，可概括为如表9-3所示的7个原则。

表 9-3

原则	解释
目的明确	企业财会人员在对财务报表进行分析时，首先要从目的出发，寻找相关数据，这样可以节省不必要的分析工作
实事求是	财务报表展示的数据要与分析时使用的数据相对应，不能随意更改财务数据。另外，分析得出的结论无论好坏，都要如实反映在分析报告中，不能为了吸引投资者或博取债权人的好感而有意改变分析结论
系统分析	分析财务报表时，要将分析的内容连贯地表达，不要零散地对指标进行计算和分析，这样不利于从全局角度掌握企业的经营状况要系统全面进行分析

续上表

原则	解释
全面分析	财务报表分析要涵盖企业经营的方方面面，如资产、负债、所有者权益、现金流量及相应的管理水平
动态分析	对财务报表进行的分析要体现动态性，要对企业不同年份或不同会计期间的数据进行对比分析，从而得出随机性结论，更贴近企业经营的实际情况
定量分析与定性分析结合	财务报表分析报告中，不仅要有具体的数据引用说明、数据计算过程和准确的结论，还要有定性结论（一般用文字描述），这样使分析报告更有说服力，也更容易掌握最终的结论
成本效益	财务报表分析工作主要说明企业成本与效益之间的关系，分析结果自然要围绕成本效益进行总结

针对不同的财务报表分析目的，分析原则的侧重点会有所差异。比如，供企业管理者使用的财务分析报告，原则的遵循重点在于实事求是、全面分析、系统分析、动态分析和成本效益的展示；供外部人员（供应商和客户等）使用的财务分析报告，原则的遵循重点在于目的明确、实事求是、全面分析、定量分析和定性分析结合。

常识097 掌握分析报表的基本方法

财务报表的分析工作有一些基本的方法，可以让分析人员快速分析出问题并得出相应结论。常用的分析方法有两种：比较分析法和因素分析法。通常，这两种方法结合使用，使结论更加可靠。

（1）比较分析法

该方法的理论基础是：客观事物的发展变化是统一性和多样性的辩证结合。共同性使事物具有可比的基础，差异性使事物具有不同特征。

比较分析法按照不同的分类标准可划分为不同的方法，主要有两个标准：比较参照和比较的指标。每种方法的具体操作是不同的。具体如

表9-4所示。

表 9-4

标准	方法	描述
按比较参照标准分类	趋势分析	分析期与前期或连续数期项目金额的对比，是一种动态的纵向分析方法。对比分析期与前期财务报表中的有关金额，从差异中及时发现问题，查找原因，改进工作；对比连续数期的财务报表项目，可反映出企业的发展动态，揭示当期财务状况和营业情况的增减变化，判断引起变动的主要项目是什么
	同业分析	将企业的主要财务指标与同行业的平均指标或同行业中先进企业的指标进行对比，全面评价企业的经营成绩和在同行业中所处的位置，吸收有利经验，克服本企业的经营缺点
	预算差异分析	将分析期的预算数额作为比较的标准，实际数与预算数的差距就能反映完成预算的程度，为进一步分析和寻找企业潜力提供方向
按比较的指标分类	总量指标	总量是指财务报表某个项目的金额总量，如净利润、应收账款和存货等。由于不同企业的财务报表项目的金额之间不具有可比性，因此总量比较主要用于历史和预算比较
	财务比率	用倍数或比例表示的分数式，它反映各会计要素的相互关系，代表企业某一方面的特征、属性或能力。这是最重要的比较分析法，它们是相对数，排除了规模的影响，使不同比较对象建立起可比性，广泛用于历史比较、同业比较和预算比较
	结构百分比	用百分率表示某一报表项目的内部结构，反映该项目内各组成部分的比例关系，代表企业某一方面的特征、属性或能力。该方法实际上是一种特殊形式的财务比率分析法，同样排除了规模的影响，使用范围与财务比率分析法相同

（2）因素分析法

该方法是指把整体分解为若干个局部进行分析，主要有比率因素分解法和差异因素分解法。

◆ 比率因素分解法

它是一种把一个财务比率分解为若干个影响因素的方法，比如，资产收益率可分解为资产周转率和销售利润率两个比率的乘积。

资产收益率=净利润/平均资产总额×100%=销售收入/平均资产总额×（净利润/销售收入）×100%＝资产周转率×销售利润率×100%

◆ 差异因素分解法

为了解释比较分析中形成差异的原因，需要使用差异分解法。比如，产品材料成本差异可分解为价格差异和数量差异。该方法又分为定基替代法和连环替代法。定基替代法是测定比较差异成因的一种定量方法，使用时需要分别用标准值（历史的、同业企业的或预算的标准）替代实际值，以测定各因素对财务指标的影响。连环替代法也是一种定量方法，使用时需要依次用标准值替代实际值，以测定各因素对财务指标的影响。

在实际分析工作中，比较法和分解法是结合使用的。比较后需要分解，以深入了解差异的原因；分解后还需要比较，以进一步认识分析对象或数据的特征。不断的比较和分解构成了财务报表分析的主要过程。

常识098 学会正确分辨财务信息中的真伪

在分辨财务信息的真伪时，只能甄别财务信息的可信度高低程度，即真伪程度，不能完全判定财务信息是真是假，因为“水分”都是会有的，除非是故意瞎编乱造。

知识链接 *判断财务信息真伪的方法*

真正要辨别财务信息真伪程度的大小，应通过经营数据和行业营运结算规律来结合判断，比如流水、纳税申报表、电费单、水费单、报关单、上下游合同和上下游主要厂商等。有的财务信息异常，并不能作为辨别财务信息真伪的依据。比如货币资金过大，一般说明企业盈利水平较差或企业故意在银行造数据，除非是集团资金统筹统支或是低风险产品操作较多，而这样的分析不能判定财务信息的真伪。

案例分析

上市公司财务信息失真的识别

①用毛利率或主营业务利润率判断上市公司利润真实性。

一家企业要想实现自身的可持续发展，主营业务利润率或毛利率保持一个稳定的数值是至关重要的，且要在同行业中保持前列。而在一个完全竞争市场中，要想长期保持在行业前列又是困难的。如果一家企业的该项指标异常地高于同行业的平均水平，分辨人员就应抱着怀疑、谨慎的态度看待。例如，××股份2016年年报及2017年中报显示，旗下水产品的平均毛利率约为32%，饮料的平均毛利率达到50%左右，而身处同行的另一股份旗下水产品的毛利率约为20%，驰名品牌的饮料毛利率将近30%。从企业销售的产品结构看，相关产品都应是低附加值商品，50%这一出奇高的毛利率就值得人怀疑其真伪。

②判断应收账款增长幅度是否远超过销售收入的增长幅度。

在竞争激烈的市场经济环境中，企业保持一定的赊销以扩大销售范围是正常的经营手段。各行业的特性和竞争程度不同，会导致主营业收入与应收账款的比值（应收账款周转率）有所差异，如商业企业一般采取现销，周转率应较高；但若应收账款周转速度慢，或应收账款增长幅度惊人，则对于企业主营业务收入的真实性就应保持怀疑，有可能是关联交易产生的虚假销售收入造成应收账款长期挂账。例如，N公司2016年主营业务收入大幅减少的同时，应收账款、预付账款和其他应收款却大幅增长，增长率高达182%，这样的财务数据很可能不真实。

③判断公司支付的所得税多少，并与利润总额进行比较。

所得税的税基是应纳税所得额，是从利润总额中调整而来的。若支付的所得税与利润总额的比例和企业的所得税税率相比小很多，则说明企业的利润总额存在虚假的可能性很大。

④判断企业利润是否来自于主营利润总额。

对于非投资管理型企业来说，营业利润表明了企业主营业务盈利额的大小，这也是企业利润总额的主要来源。而目前却有一部分上市公司存在“投资收益挑大梁”的现象，即利用投资收益来操纵利润。上市公司的投资收益大多属于一次性，所以，如果其财务报表数据体现了公司长期以投资收益为利润主要来源，则说明该公司的财务信息有问题。

常识099 财务预算由财务部门主导但不以财务为核心

预算管理已经成为衡量一家企业管理水平高低的重要指标，绝大多数达到一定规模的企业都有预算管理，只不过执行的程度有高低之分。预算管理的终极目标是实现全面预算管理，但实施起来非常困难，所以财会人员为企业做预算要明白如下几个要点。

预算不是仅靠财务部门就能做好的。从定目标到编制，从执行到考核，企业每个部门都要参与，过程中财务部负责牵头，如培训、答疑和指导，核心是企业一把手，没有一把手全力支持，预算目标很难实现。

结合企业实际情况制定预算目标。要明白做预算是为了控制费用还是成本，或者是控制投融资。一开始不宜把目标定得太大或太高，否则预算与实际脱节，做了预算也等于没做。

经营预算要与财务预算相联系。经营预算的编制主体是业务部门，财务预算的编制主体是财务部门，一家企业的成本最终还是取决于业务经营的好坏，所以财务预算不以财务为核心，要将经营预算作为依据进行编制。财务部要为业务部门培训预算管理知识，协助制定预算目标，做好沟通和解释工作，帮助业务部门完成经营预算工作。

基数预算工作会有不同的执行部门。基数预算要对总目标进行分解，不同的预算项目要指定不同的执行部门，比如人员薪酬，执行和编制部门就只能是人力资源部；招待费、办公费和交通费等每个部门都会涉及，所以全员都要参与预算的编制工作，折旧费和租金等相对固定的开支属于不可控项目，财务部门可直接编制预算。

全面预算管理是终极目标。全面预算管理利用预算对企业内部各部门和各单位的各种财务及非财务资源进行规划、分配、控制和考评，以便有效地组织和协调企业的生产经营活动，完成既定的经营目标。

常识100 财务预算只是全面预算中的一项内容

全面预算体系主要包括经营预算、资本预算和财务预算这3个组成部分，由此可见，财务预算只是全面预算工作的其中一项内容，与资本预算相辅相成，是关于资金筹措和使用的预算，而非财务预算主要指经营预算（即业务预算），用于预测和规划企业的基本经济行为。

知识链接 *全面预算的特点*

全面预算的特点体现在“三全”，即全方位、全过程和全员参与编制与实施。全方位是指全部经济活动均纳入预算体系；全过程是指各项经济活动的事前、事中和事后均纳入预算管理过程；全员参与是指各部门、各单位和各级人员共同参与预算的编制和实施。

经营预算一般包括销售预算、销售费用预算和管理费用预算等；财务预算一般包括资金预算、预计利润表和预计资产负债表等；资本预算一般是指投资预算。具体预算工作的内容如表9-5所示。

表 9-5

大类	细分	描述
经营预算	销售预算	是全面预算的起点，是对销售估计规模的保守估计，主要用于目前购买、生产和现金流量的决策。在不同程度上与其他各项预算之间都有直接或间接的相互关系，一经确定，就成为生产预算及各项生产成本预算的编制依据。该预算要略低于企业预测值
	管理费用预算	指企事业为一般管理费用支出成本做的成本预算，在使用过程中，如果有超出预算的管理费用开支，则需要特别的流程进行审批

续上表

大类	细分	描述
经营预算	销售费用预算	指为了实现销售预算所需支付的费用预算，它以销售预算为基础，要分析销售收入、利润和费用的关系，力求实现销售费用的最有效使用
生产预算	原材料预算	即直接材料预算，是一项采购预算，预计采购量取决于生产材料的耗用量和原材料存货的需要量。该预算是编制现金预算的基础
	劳动力预算	即直接人工预算，根据预计生产量（生产管理部门和工程技术部门提供）进行生产所需的直接人工小时和相应成本的预算
	生产间接费用预算	即制造费用预算、辅助材料和辅助人工预算以及期末产成品预算。制造费用是在直接材料和直接人工以外为生产产品而发生的间接费用，其预算需要根据生产水平、管理当局的意愿、长期生产能力、公司政策和国家税收政策等外部因素进行编制；辅助材料和辅助人工预算是指直接材料和直接人工以外的材料和人工成本预算；期末产成品存货预算是指存货的计划和控制
资本预算	投资预算	是企业为了今后更好地发展、获取更大报酬而做出的资本支出计划，是反映建设资金来源与运用的预算。该项预算中的资金支出主要用于经济建设
财务预算	资金预算	或称资产负债预算，是对企业的资产、负债、所有者权益及其相互关系进行预算
	预计利润表	以货币形式综合反映预算期内企业经营活动成果计划水平，该预算需要在销售、产品成本、应交税金及附加、制造费用、销售费用、管理费用和财务费用等预算业务的基础上编制
	预计资产负债表	是依据当前实际资产负债表和全面预算中的其他预算所提供的资料编制而成的总括性预算表格，可反映企业预算期末的财务状况

常识101 不同的方法会达到不同的预算效果

企业财会人员在进行财务预算时，使用的方法不同，最后的预算效果就会有差异，且不同的预算方法有其适用的经济业务范围。下面就来看看具体的预算方法有哪些。

◆ 固定预算和弹性预算

固定预算又称静态预算，是把企业预算期内的业务量固定在某一预计水平上，以此为基础来确定其他项目预计数的预算方法。弹性预算是相对于固定预算而言的，关键在于把所有的成本按其性态分为变动成本和固定成本两大部分。

固定预算与弹性预算的主要区别：固定预算是针对某一特定业务量编制的；弹性预算是针对一系列可能达到的预计业务量水平编制的。相比之下，弹性预算适用于各项随业务量变化而变化的项目支出。

◆ 增量预算和零基预算

增量预算是指在基期成本费用水平的基础上，结合预算期业务量水平及有关降低成本的措施，通过调整原来有关成本费用项目而编制预算的方法。零基预算也称零底预算，它是在编制预算时，对所有的预算支出以零为基础，不考虑其以往情况，从实际需要与可能出发，研究分析各项预算费用开支是否必要、合理，从而确定预算费用的方法。

增量预算和零基预算的区别：增量预算以基期成本费用水平为基础，零基预算以零开始。相比之下，增量预算更易编制，但容易造成预算冗余，从而不能更好地控制一些不必要发生的费用；而零基预算能对环境变化做出较快反应，能紧密地复核成本状况，但耗时巨大，且需要全员参与，参加预算工作的人员还要事先进行培训。

◆ 定期预算和滚动预算

定期预算就是以会计年度为单位编制各类预算的方法。滚动预算又称永续预算，不将预算期与会计年度挂钩，而始终保持12个月，每过一个月就根据新的情况进行调整和修订以后几个月的预算，并在原预算基础上增补下一个月的预算，从而逐期向后滚动。

定期预算和滚动预算的区别：定期预算一般在年底或年初时编制，主要反映企业生产经营的各个方面的总体预算计划；而滚动预算每个月都要编制，主要反映企业生产经营的一个月时间内的预算计划。相比之下，滚动预算用得更多，它适用于规模较大、时间较长的工程类或大型设备采购项目的预算。大多数时候，定期预算和滚动预算结合使用。

常识102 财务预算实际是对利润、资产负债和现金流的预算

通过前面的常识我们已经了解了财务预算的大致范围，即资金预算、预计资产负债表和预计利润表，其中资金预算会涉及现金流量表的使用，所以，财务预算实际上是对资产、负债、利润和现金流量的预算。

①资产负债表中包含了企业的资产、负债和所有者权益等情况，预计资产负债表就是预计资产、负债和所有者权益的使用和余额情况。

②利润表中包含了营业收入、营业成本、营业外收入、营业外支出、其他营业成本、其他营业收入、管理费用、销售费用、财务费用、所得税费用和其他一些需要在税前扣除的费用或成本，预计利润表就是对管理费用、销售费用、财务费用和生产等进行预算。

③现金流量表中包含了企业经营过程中所有与现金或现金等价物有关的经营活动现金流量情况，预计现金流量就是对资金的预算，这也是财务预算的一项重要内容。

案例分析

制造费用的弹性预算

P公司第二生产车间的生产能力为10000机器工作小时，按生产能力80%、90%、100%和110%编制2017年11月份该车间制造费用弹性预算，如表9–6所示。

表 9-6

预算期：2017年11月		部门：第二生产车间			10000机器工作小时
费用项目	变动费用率（元/小时）	生产能力（机器工作小时）			
		80%	90%	100%	110%
		8000	9000	10000	11000
变动费用	–	–	–	–	–
间接材料	0.5	4000	4500	5000	5500
间接人工	1.5	12000	13500	15000	16500
维修费用	2	16000	18000	20000	22000
电　力	0.45	3600	4050	4500	4950
水　费	0.3	2400	2700	3000	3300
电话费	0.25	2000	2250	2500	2750
小　计	5	40000	45000	50000	55000
固定费用	–	–	–	–	–
间接人工	–	2000	2000	2000	2250
维修费用	–	2500	2500	2500	2750
电话费	–	500	500	500	500
折　旧	–	5000	5000	5000	7000
小　计	–	10000	10000	10000	12500
合　计	–	50000	55000	60000	67500
小时费用率	–	50000/8000=6.25	55000/9000=6.11	60000/10000=6	67500/11000=6.14

由上表可知，当生产能力超过100%达到110%时，固定费用中的某些费用项目会发生变化，如间接人工和维修费用各增加250元，折旧费用增加2000元。这就说明固定成本超过一定的业务量范围时，成本总额也会发生变化，而并不是一成不变的。

从上表中也可看出，当生产能力达到100%时，小时费用率为最低6元，说明企业充分利用生产能力且产品销路没有问题时，应向这个目标努力，从而使成本降低，利润增加。

假定该公司第二生产车间11月的实际生产能力达到90%，有了弹性预算就可据此与实际成本进行比较，衡量其业绩，并分析其差异。财会人员可通过编制弹性预算执行报告来比较实际成本与预算成本，如表9–7所示。

表 9-7

部门：第二生产车间 预算期：2017年11月	正常生产能力（100%）10000机器工作小时 实际生产能力（90%） 9000机器工作小时		
费用项目	预算	实际	差异
间接材料	4500	4750	250
间接人工	15500	15000	-500
维修费用	20500	19500	-1000
电　　力	4050	4250	200
水　　费	2700	3000	300
电 话 费	2750	2800	50
折 旧 费	5000	5000	0
合计	55000	54300	–700

由此可知，该公司第二生产车间的制造费用实际支出少于预算额，说明制造费用的耗费没有超过预算的控制。

常识103 预算管理有4种模式

企业预算管理是在战略目标的指引下，通过预算编制、执行、控制、考评和激励等一系列活动，全面提高企业管理水平和经营效率，实现企业价值最大化的一种管理方法，其主要有以下4种模式。

（1）以销售为核心的预算管理模式

以销售预测为基础的预算，基本上是按“以销定产”的方式编制。根据销售预算考虑期初、期末存货的变动，然后安排生产，最后保证生产顺利进行，考核时以销售收入为主导指标。该模式下包括销售预算、生产预算、供应预算、成本费用预算、利润预算和现金流量预算。

适用范围：以快速增长为目标的企业、处于市场增长期的企业以及季节性经营企业。

优点：符合市场需要，能实现以销定产，有利于减少资金沉淀，提高资金使用效率，有利于提高市场占有率，使企业快速增长。

缺点：可能会造成产品过度开发，不利于企业长远大战，可能出现过度赊销，增加企业坏账损失。

（2）以利润为核心的预算管理模式

企业以“利润最大化”作为预算编制的核心，预算编制的起点和考核的主导指标都是利润。其体系基本与以销售为核心的预算管理模式相同，主要包括利润预算、销售预算、成本费用预算和现金预算。在该模式下，编制利润预算的关键点是合适地确定预算利润数。相关的计算公式如下。

预算利润数=投资人投入资本总额×投资人要求的必要报酬率

预算利润数=企业上年利润实际数×（1+利润调整系数）

适用范围：目标为利润最大化的企业和大型企业集团的利润中心。

优点：有助于使企业管理方式由直接管理转向间接管理，有助于明确工作目标，有利于增强企业集团的综合盈利能力。

缺点：可能引发短期行为，使企业只顾预算年度利润而忽略企业长远发展；可能引发冒险行为，使企业只顾追求高额利润，增加企业财务风险和经营风险；可能引发虚假行为，使企业通过一系列手段虚降成本或虚增利润。

（3）以成本为核心的预算管理模式

以成本为核心，预算编制以成本预算为起点，预算控制以成本控制为主轴，预算考评以成本为主要考评指标。在该模式下，预算编制主要包括3个基本环节：设定目标成本、分解落实目标成本及实现目标成本。

适用范围：处于市场成熟期的企业和大型企业集团的成本中心。

优点：有利于促进企业采取降低成本的各种方法，不断降低成本，提高盈利水平；有利于企业采取降低成本扩张战略，扩大市场占有率，提高企业成长速度。

缺点：可能会只顾降低成本而忽略新产品的开发；可能会只顾降低成本而忽略产品的质量。

（4）以现金流量为核心的预算管理模式

主要依据企业现金流量预算进行预算管理，现金流量是这一预算管理模式下预算管理工作的起点和关键。该预算管理模式主要包括现金流量预算、经营预算、资本预算和筹资预算。在实践中，该管理模式有两种形式：一是企业日常财务管理以现金流量为起点的预算管理，二是产品处于衰退期的企业以现金流量为核心的预算管理。

适用范围：产品处于市场衰退期的企业、财务困难的企业和重视现金回收的企业。

优点：有利于增加现金流入，控制现金支出，实现资金收支平衡；有利于尽快摆脱财务危机。

缺点：预算中安排的资金投入较少时不利于企业高速发展；预算思想太保守会错过企业发展的有利时机。

常识104 不同经营期需选择不同的预算管理模式

通过常识103的学习，我们可以总结出不同经营时期需要选择的预算管理模式。

◆ 处于市场萌芽期的企业选择以利润为核心的预算管理模式

处于市场萌芽期的企业，其主要任务是让企业能够持续经营下去，而持续经营的关键在于盈利。同时，该经营期的企业还不能看到长远的未来，所以进行的经营行为大多是短期的。因此，选择以利润为核心的预算管理模式较合适，既能为企业制定明确的盈利目标，也不受该模式缺点的影响。

◆ 处于市场增长期的企业选择以销售为核心的预算管理模式

处于市场增长期的企业基本已步入发展的正轨，所有经营活动都要以长远发展为前提，所以不适合以利润为核心的预算管理模式。另外，该时期的企业要得到快速发展，关键在于市场占有率的扩张和资金使用效率的提高，既要达到控制成本的目的，又要增加销量，因此，选择以销售为核心的预算管理模式较合适。

◆ 处于市场成熟期的企业选择以成本为核心的预算管理模式

处于市场成熟期的企业已经得到了多方面的发展，企业经营活动处于稳定状态，且市场占有率接近饱和，此时就要控制好成本，以免成本过高而降低企业的盈利水平和能力。因此，选择以成本为核心的预算管理模式较合适。

◆ 处于市场衰退期的企业选择以现金流量为核心的预算管理模式

处于市场衰退期的企业，其规模已经无法再有较大的变化，且市场占有率出现过饱和现象，容易造成产品滞留和资金无法及时回收的问题。因此，要做好现金流量的控制，实现收支平衡，帮助企业尽快摆脱财务危机，这样看来，选择以现金流量为核心的预算管理模式较合适。

常识105 经营者要会节省成本来提高利润

节省成本可以为企业赢得更多利润。经营者在提出降低成本的措施时不能摒弃产品质量，所以要从以下几个方面来节省成本。

节省采购成本。企业派诚信的、有议价能力的采购人员实施采购，防止一些采购人员私自抬高采购价格而从中谋利；与原材料供应商签订长期供应合同，减少价格波动；做好存货管理，避开原材料需要高峰和高价采购时间区域，通过采购时间差节省成本。

节省原材料成本。制定产品的单位材料消耗定额，即确定在一定生产条件下，制造单位产品或完成工作量所需消耗某种材料的数量标准；编制完工预算，据此向供应部门下达材料采购计划，生产部门依据图纸和生产图预算再编制生产预算，同时制定材料消耗定额；对生产部门加大考核力度，对超定额领料的生产部门除了扣其奖金外，还要扣生产部门负责人的年终奖金等。

降低生产损失成本。产品生产过程中难免会发生一些损失，而这些损失大部分都列入产品成本，所以，不断减少生产损失也可降低成本。

降低储存成本。库存不会产生任何附加价值，反而会占用空间和资金，时间长了还会因腐蚀、变质而造成浪费，所以，加大库存管理力度，缩短生产线，减少在产品，正确计算取得成本、储存成本和缺货成本。

节省时间成本。时间成本是为了达到某种生产目的，占用或者使用资金和材料而引起的应支付费用。节省时间，提高工作效率，就可节省时间成本。

降低经营成本。尽量采用高科技设备提高生产效率，但前提是企业要培训出专业的设备维修与维护人员；用高熟练度和高技能的知识型员工；把一些非核心业务外包，让有优势的企业承担本企业的产品制造，本企业则专注于核心能力、设计和营销；提高员工的培训力度和水平；运用先进的管理方式管理企业。

Search 了解其他财务常识，能力面面俱到 

在前面9个章节中分别从财会工作的各个环节依次介绍了相应的常识内容，但在实际财会工作中可能会遇到一些特殊的经济活动，或者一些特殊行业的特有经济业务，此时可能涉及不常见的财务常识，但作为合格的财会人员，还是要对这些常识加以学习。

常识106 做好内部审计工作，防范经营风险
常识107 企业经营的10种常见筹资途径
常识108 筹资活动会引起资本结构发生变化
常识109 企业不同发展阶段应采取不同的筹资方式
常识110 企业筹资需要做好风险防范措施
常识111 经营者如何进行企业贷款
…………

做好内部审计工作，防范经营风险

内部审计不仅守护企业资产、复核财会报表和检查会计核算，还强化企业管理，提高企业的工作效能，给企业价值增值提供保障。内部审计必须以“强化管理、防范风险、促进发展”为目标，积极探索以“事前审计为基础、事中审计为重点、事后审计为保障”的审计模式。

内部审计是一种独立、客观的确认和咨询活动，旨在增加价值和改善组织的运营。通过应用系统且规范的方法，评价并改善风险管理、控制及治理过程，帮助企业实现财务管理目标。

多数企业的内部审计工作主要分两类：一是常规性的，以会计准则和企业规范为标准，查错纠弊；二是非常规的专项审计，如针对费用支出是否合规的期间费用的审计，针对存货管理、往来账款管理和固定资产管理等合理性的审计。具体的审计方向有3个，如表10-1所示。

表 10-1

方向	操作
风险导向审计	最早由中介审计机构提出，即从被审计单位经营风险入手进行审计。它基于的理论是：审计风险主要来源于企业财务报告的重大错报风险，而错报风险主要来源于整个企业的经营风险和舞弊风险。反之，企业的经营风险和舞弊风险小且可控，则财务报表错报风险就会降低
信息系统审计	即 IT 审计，它要求审计人员对计算机技术有一定了解，审计工作要围绕内控管理进行。大的方面要检查信息系统整体控制是否有效、基础设施是否完备以及信息安全是否有保障等；小的方面要关注业务流程中嵌入信息系统相关控制的有效性，以保证信息处理的完整性和准确性
内部控制审计	即确认和评价企业内部控制有效性的过程，包括确认和评价企业控制设计和控制运行缺陷及缺陷等级，分析缺陷形成的原因，提出改进内部控制的建议。与年报审计相比，内控审计更多的是评价企业管理资产的能力

由于内部控制审计的专业人才储备不足，实际上很多上市公司的内控审计是委托会计师事务所负责的，少数企业的内部控制自我评价甚至

由财务部、董事长秘书完成。

知识链接 *外部审计*

外部审计一般提供的是中介服务，服务对象不固定，谁委托就为谁服务。具体来看，外部审计主要为以下3类人群服务。

为公众、股东服务。确切地说是为小股东服务，他们平时不参与上市公司管理，每年就开一次股东大会，无法实时了解企业的情况，所以需要参考外部审计结果来对自己的投资做出判断。而大股东参与企业经营，随时都在关注企业的发展动向，自己就能掌握企业的大致情况，外部审计对他们起不到很大的作用。

为管理层服务。事务所可以为企业提供外部审计服务的核心就是差错防弊，通过审计可以发现员工有无营私舞弊的行为，生产经营过程有无薄弱环节，以及管理中有无漏洞，进而提出改进意见和建议，促使企业改善内部管理，提高经济效益。

为财会人员服务。很多人认为审计就是审财务，所以审计与财务是对立关系。这其实是一种误解，审计和财会实际上是互助关系，会计账做得差，审计工作量就会很大，会计账做得好，审计工作就比较轻松；反之，审计也可帮助财会，尤其是帮助财会人员，在受到领导或管理层的指使做假账时，为了规避风险，可直接称“是审计不同意”、“是审计不让做”或“审计严格说明要修改”等。

内部审计的具体内容有如下4点。

- **审计实物**：对存货、固定资产或货币资金的时点状态或期间状况进行审计。如存货清查审计、固定资产购建和处置审计以及资金收支审计等。
- **审计账务**：对销售商品或提供劳务涉及的债权债务的产生依据、期间过程和时点状态进行审计。如账期审计、回款期审计和坏账审批审计等。
- **审计规则**：对制度、计划、任务、标准和流程等的执行过程及结果进行审计。如目标完成审计、采购审批流程审计、供应商入围政策执行审计和预算执行情况审计等。
- **审计责任人**：对经济责任人进行期间责任、期末状态、经济责任和目标成本等进行审计。

常识107 企业经营的10种常见筹资途径

在市场经济条件下，企业资金来源的途径很多，主要的筹资途径有如表10-2所示的10种。

表 10-2

途径	介绍
向市场要资金	通过资本循环积累自有资金，让资本增值，这是企业最基础、最根本的筹资途径。企业通过商品经营的资本循环，可从生产成本中提取科技发展基金与折旧基金，以用于企业的发展；还可从利润中提取生产发展基金，用于扩大再生产或补充流动资金的不足
国家财政投入筹资	国家或地方的重点建设项目可申请国家财政或地方财政投资，另外，还有一些重点科技项目贷款、支农贷款、扶贫贷款和环境治理贷款等低息或贴息贷款，都是企业可争取的筹资渠道
银行贷款筹资	这是当下企业筹资的主要途径，一般分为短期、中期和长期贷款，利率各不相同，企业要根据贷款的用途和期限，选择合适的贷款种类
发行股票筹资	组织公司制企业向社会法人定向募集股份，或向本企业职工按改制的要求实施职工持股；获得国家有关部门批准的股票上市公司可通过股票上市，向社会公众募集股份，这些措施都能筹措社会资金
发行企业债券筹资	市场信誉较好、现有负债比率较低、企业资产控制权很重要、不可轻易发行股票、销售额与盈利情况相对稳定且增加资本可大幅度增加盈利的企业，可选择申请发行债券来开展社会筹资。但发行债券势必会增加企业的负债率和经营风险，企业在筹资时要慎重选择，或者做好到期还本付息的计划
企业利用外资筹资	企业在国家政策的指导下，按积极、合理和有效的原则开展外资筹资活动，主要有货币资金、设备和原材料等有形资产以及商标和专利权等无形资产筹资。主要是利用国际性组织和外国政府、社团、企业及个人资金进行筹资
租赁筹资	企业作为承租人，根据与出租人签订的租赁契约付出一定租金，以此获得在规定时期内租赁物的使用权或经营权。主要有对生产设备的租赁筹资（融资租赁方式和服务性租赁方式）和对企业的租赁筹资
盘活企业内存量资金筹资	经营不善的企业通过合理压缩原材料和中间半成品库存，处理产成品积压，收回被拖欠的应收贷款，提高劳动生产率和资金周转率，降低单位产品能耗，出租出售闲置资产，盘活企业内存量资金，改善经营管理

续上表

途径	介绍
商业信用筹资	通过赊销商品、预收货款、预收服务费、汇票贴现、延后纳税及企业之间拆借资金等方式，解决资金缺乏的问题，达到筹资的目的
利用创业风险资金筹资	高科技企业存在高风险和高潜在利润的特点，所以在创业阶段可通过社会上的创业风险基金实施筹资

筹资活动会引起资本结构发生变化

资本结构是指企业各种资本的价值构成和比例关系，是企业一定时期筹资行为的结果。也就是说，企业各种资本的价值构成或比例关系发生变化，则资本结构就会相应地改变。

案例分析

通过发行股票来为企业筹资，改变股本和资本公积

某传媒有限公司是中国大陆一家知名综合性娱乐公司，主要从事电影和电视剧的制作、发行和衍生业务；艺人经纪服务及相关服务业务。

公司在2009年10月的某日，采取“线下向询价对象询价配售与线上资金申购定价发行相结合”的方式，公开发行人民币普通股（A股）4000多万股，每股面值1元，发行价为每股人民币28.58元，其中，线下发行占本次最终发行数量的20%，近800万股；而线上发行数量为本次最终发行数量减去线下最终发行数量。

当时公司拟在深交所创业板上市，募集资金总额为人民币120036万元，扣除发行费用约人民币5212.1万元，公司募集资金净额约为人民币114823.9万元，其中，增加股本4200万元，增加资本公积约110623.9万元。公司的招股意向书披露的拟募集资金数量为62000万元，实际募集的资金超出拟募集资金数量58036万元。

由此，该传媒公司成功上市，增加了公司的信誉，提高了知名度，且有了足够的资金投资影院建设，盈利来源增加，有了较强的能力来提高自身的核心竞争力。

另外，从制度、文化、合作方式和激励机制等多方面看，可以巩固旗下艺人股东对企业的忠诚度。

该案例是关于首次发行股票，其形成的资本结构即为企业的初始资本结构，因此不存在改变资本结构之说，只有当企业增发股票时才会影响资本结构。

通常理解的资本结构就是指长期债务资本和长期股权资本之间的构成与比例关系。筹资就相当于增加了债务资本或股权资本，这势必会改变债务资本和股权资本之间的构成比例，进而改变资本结构。

常识109 企业不同发展阶段应采取不同的筹资方式

大多数企业都是因为资金短缺而需要筹资，一般来说，资金短缺有以下5种类型。

经营性资金短缺。指企业生产和销售等经营活动引起的资金短缺，如存货积压、应收账款不能按时回收以及各种费用支出过多导致的资金供需缺口等。该类型的资金短缺主要体现在流动资金上，可能使企业出现支付危机，以致无法偿还借款或无法兑现工资与奖金。

资本支出性资金短缺。指企业进行固定资产和无形资产购建以及设备的技术改造等引起的资金短缺，这种短缺与投资需求有关，是对长期资金而言的，会影响企业生产规模的扩大和生产技术的提升，但一般不会对已经形成的生产经营能力造成显著影响。但如果产品前景良好，企业只是因为资金短缺而推迟或取消资本支出性投资，可能会使企业失去形成规模经营的最佳时机，影响企业的发展。

资本经营性资金短缺。指企业进行兼并或收购等资产重组活动所形成的资金短缺，这种短缺也是对长期资金而言的，它会从横向和纵向同时影响企业的经营，直接影响的是企业产业价值链的形成和新的利润增长点的培育，影响的是企业未来的发展方向和潜力。

利润分配性资金短缺。指企业进行利润分配时发生的资金短缺，该短缺影响企业利润分配的顺序进行，但一般不会直接影响企业的生产经营活动。所以遇到这样的资金短缺情况时，可推迟利润分配或不分配利润，但需要注意，对于股份公司来说，若企业长期不进行利润分配，可能影响投资者的信息，对企业的未来发展造成潜在影响。

结构性资金短缺。这种资金短缺并非总量短缺，而是指资金内部结构不匹配所出现的某种资金缺口，主要表现为：一是自由资金与负债资金不平衡，如企业缺乏自由资金，无法对负债率过高的财务结构进行调整；二是长期资金与短期资金不匹配，如企业短期资金充裕，但缺乏用于资本投资的长期资金。

企业处在发展过程中的不同阶段时，对资金的需求量和性质等都有所不同。所以需要根据实际情况选择合适的筹资策略，具体从发展阶段角度出发考虑，如表10-3所示是企业不同发展阶段应选择的对应筹资方式。

表 10-3

阶段	资金短缺情况	筹资方式
开发期	企业在初创期时，销售增长缓慢，无利润或仅有微利，而销售费用和产品开发费用较大，此时的资金缺口一般是经营性资金短缺，所需资金是为了拓展市场，扩大销售	比较可行的筹资方式是负债筹资，即向银行贷款，因为企业此时缺乏通过利润留存和发行股票等方式筹资所需的利润基础，很难筹集和补充权益性资金
成长期	该时期，企业销售市场扩大，产量增加，成本逐渐下降，销售利润快速上升，抗风险能力增强，所以较容易出现因生产能力扩张而出现经营资金和资本支出性资金双缺口，筹资任务重	负债筹资、采用利润留存和吸收合资资金以及发行股票。因为此时产品已有盈利且利润增长较快，对长期资金采用租赁方式筹资，对经营性资金缺口采用负债筹资

续上表

阶段	资金短缺情况	筹资方式
成熟期	产品销售市场趋向饱和，竞争激烈，利润不再增长，生产能力开始下降。一般是资金过剩，不会缺乏资金，若出现资金缺口，可能是过量的利润分配导致的	对于利润分配性资金短缺，企业最好的筹资方式就是延期支付利润，以“时间换空间”的手段解决这种资金缺口。另外，此阶段是进行资本结构调整的最佳时期，企业应有计划地偿还债务，尤其是长期债务，把在成长期形成的过高负债率降下来，以增加财务结构的稳健性
衰退期	此阶段企业已经老化，销售和利润大幅度下降，生产能力严重过剩，由于竞争激烈，销售费用增加，经营风险较大，此时企业的资金支出主要集中在两个方面：销售费用开支和基于产业转型或多元化经营所进行的兼并或收购性的资本经营性支出	对用于销售费用的经营性资金，要尽量避免负债筹资，因为此时的经营风险已经比较大了，同时由于利润率降低，财务杠杆已向不利于企业的方向转化；而对于兼并或收购的资本经营性资金，则要视所并购企业的大小和行业前景而定，若被并购企业规模小、产业前景不明朗，应尽可能采用权益性方式筹资，若被并购企业规模大且前景好，属于朝阳行业，应大胆举债完成并购，实现产业转型或多元化经营，形成新的利润增长点，否则企业会错失良机，随着原有产业进一步老化和衰退，将陷入“坐着等死”的境地

常识110 企业筹资需要做好风险防范措施

筹资风险是财务风险的一种，指企业因借入资金而产生的丧失偿债能力的可能性和企业利润（股东收益）的可变性。

在市场经济条件下，由于市场行情的瞬息万变，企业之间的竞争日益激烈，都可能导致决策失误，管理措施失当，从而使得筹集资金的使用效率具有很大的不确定性，由此产生了筹资风险。

按照风险的成因不同，筹资风险可分为现金性筹资风险和收支性筹资风险，具体介绍如图10-1所示。

指由于现金短缺、现金流入的期间结构和债务的期限结构不相匹配而形成的一种支付风险。该风险对企业未来的筹资影响并不大，同时由于会计处理上受权责发生制的影响，即使企业当期投入大于支出，也并不等于企业就有现金流入，即它与企业收支是否盈余没有直接关系。其产生的根源在于企业理财不当，使现金预算安排不妥或执行不力造成支付危机。

指企业在收不抵支的情况下出现的到期无力偿还债务本息的风险。该风险是一种整体风险，它会对企业债务的偿还产生不利影响，一旦这种风险产生，即意味着企业经营失败，或正处于资不抵债的破产状态。因此，它不仅是一种理财不当造成的支付风险，更主要是由于企业经营不当造成的净产量总量减少所致。该风险的出现不仅会使债权人的权益受到威胁，还会使企业所有者面临更大风险和压力，是一种终极风险，进一步延伸会导致企业破产。

图10-1

企业要想通过筹资让自身得到好的发展，就必须合理规避筹资风险，主要通过以下4个手段来达到风险防范目的。

◆ 确定最佳资本结构

最佳资本结构指在企业可接受的最大筹资风险以内，总资本成本最低的资本结构。企业只有股权资本而没有负债资本，虽没有筹资风险，但资金成本较高，收益不能最大化；反之，若没有股权资本，企业也不可能接收到负债性资本。若负债资本多，企业的资金成本虽然可降低，收益可提高，但风险却加大了。

◆ 合理安排筹资期限组合方式

筹措长期资本的成本较大，弹性小、风险小，而短期资本则与之相反。因此，企业在安排长、短期筹资方式的比例时，必须权衡风险与收益。企业对筹资期限结构的安排主要有中庸筹资法（企业根据资产的变现日期，安排相应的筹资期限结构，使资产的偿付日期与资产的变现日期相匹配）和保守筹资法（企业以长期资金来满足永久性流动资产和固定资产以及由于季节性或循环性波动而产生的部分或全部暂时性资产的资金需求）。

◆ 科学预测利率及汇率的变动

根据利率的走势认真研究资金市场的供求情况，做出相应的筹资安排。在利率处于高水平时期，尽量少筹资或只筹急需的短期资金。在利率处于由高向低过渡时期，也尽量少筹资，不得不筹的资金应采用浮动利率的计量方式。在利率处于低水平时，筹资较有利。在利率由低向高过渡的时期，应积极筹措长期资金并尽量采用固定利率的计息方式。

另外，应积极使用金融工具规避由于利率变动带来的筹资风险，如利率互换、远期利率合约、利率期货和利率期权等。

◆ 风险的转移

企业的筹资费用总和可能会超过企业的财务负担。在这种情况下，通常的做法就是转移风险。最常见的做法：一是开展专业化协作，将一些风险较大的项目承包给能力较强的企业去完成；二是通过保险分散风险，可稳定企业的资金结构，避免过多的债务输入和过高的资金支出，从而缓解资金紧张、风险恶化的局势。

常识111 经营者如何进行企业贷款

企业贷款是指企业为了生产经营的需要，向银行或其他金融机构按照规定利率和期限借款。按贷款期限分为临时贷款、短期贷款、中期贷款和长期贷款，其中，临时贷款的期限为3个月以内；短期贷款的期限为一年（含）以内；中期贷款的期限为1～5年（含）；长期贷款的期限为5年（不含）以上。

经营者要进行企业贷款，首先要明确自身是否符合申请贷款的条件，具体条件如下。

①符合国家的产业、行业政策，不属于高污染、高耗能的小企业。

②企业在各家商业银行的信誉状况良好，具备履行合同和偿债能力，还款意愿良好，没有不良信用记录。信贷资产风险分类属于正常类或非财务因素影响的关注类。

③具有工商行政管理部门核准登记且年检合格的营业执照。

④具有必要的组织机构、经营管理和财务管理制度，有固定依据和经营场所，合法经营，产品有市场、有效益。

⑤企业经营者或实际控制人从业经历在3年以上，素质良好，无不良个人信用记录。

⑥企业经营情况稳定，成立年限在两年（含）以上，至少有一个及以上会计年度的财务报告，且连续两年销售收入增长和毛利润为正值。

⑦符合建立与小企业业务相关的行业信贷政策。

⑧能遵守国家金融法规政策和银行有关规定。

⑨有在申请行开立基本结算账户或一般结算账户。

经营者在确认自身公司符合贷款条件后，要准备相应的申请材料，具体材料如下。

①企业五证合一的营业执照、开户许可证、公司章程、验资报告和名下资产证明。

②近3年的年报、最近3个月的财务报表、近6个月的对公账单和各项税单以及签约的购销合同。

③经营场地租赁合同及租金支付凭据、近3个月的水、电费账单。

经营者在准备好贷款申请材料后，要遵循一定的贷款流程实施贷款，具体流程如图10-2所示。

借款人贷前咨询，提出贷款申请，填写申请书，同时提交相关材料。

↓

经审批同意的，借款人和担保人与银行签订借款合同和担保合同，以及其他一些相关的法律性文件。

↓

根据银行的审批条件和签署的担保合同，需要企业提供担保的，要进一步落实第三方保证、抵押和质押等具体担保措施，并办妥抵押登记和质押支付（或登记）等手续；需要办理公证的还需履行公证手续。

↓

在全部手续办妥且银行落实贷款条件后，按规定程序办理放款手续，将贷款资金划入借款人在银行开立的账户中，企业即可按事先约定的贷款用途合理支配贷款资金。

↓

借款人在使用贷款资金的过程中要按期归还贷款本息，贷款结清后，按规定办理撤押手续。

图10-2

企业贷款的额度没有统一的标准，各地商业银行的分支行根据当地市场的实际情况做适当规定和相应调整。

常识112 企业投资不包括现金等价物范围内的投资

企业投资活动是指长期资产的购建和不包括在现金等价物范围内的投资及其处置活动。这里的企业投资既包括实物资产投资，也包括金融资产投资，之所以将“包括在现金等价物范围内的投资”排除在外，是因为已经将包括在现金等价物范围内的投资视为现金。

不同企业由于行业特点不同，对投资活动的认定也存在差异。比如，交易性金融资产产生的现金流量，对工商业企业而言，属于投资活动现金流量，而对证券公司而言，属于经营活动现金流量。

一项投资如果同时具备了4个条件：期限短（一般指从投资日起3个月内到期）、流动性强、易于转换为已知金额现金和价值变动风险较小，则将被认定为现金等价物，而不是企业投资，比如，可在证券市场上流通的3个月内到期的短期债券投资。

知识链接 *企业投资包括短期投资和长期投资*

虽然可在证券市场上流通的3个月内到期的短期债券投资不属于企业投资，但这不能说明企业投资仅指长期投资，事实上，企业投资分为短期投资和长期投资。

短期投资指准备在一年内收回的投资，比如对应收账款、存货和短期有价证券等的投资。长期投资指经过一年以上的时间才能收回的投资，如3～5年的中长期投资和5年以上的长期投资，比如对房屋、建筑物、机器和设备等能形成生产能力物质技术基础的投资以及无形资产和长期有价证券的投资。

常识113 投资有风险，经营者更需谨慎决策

经营者要明白"任何投资都有风险"的道理，力所能及地做好投资风险的防范工作，谨慎决策。

（1）投资风险

投资风险指未来投资收益不确定，在投资中可能会遭受收益损失甚至本金损失的风险。它是一种经营风险，比如股票可能会被套牢，债券可能不能按期还本付息，房地产可能会下跌等。在企业投资过程中，常见的风险有如下一些。

企业内部事件引起的风险。如研发技术不过关，新产品开发失败。

市场风险。如被投资公司的业绩欠佳，股价下跌；买入的债券受银行存款利息影响，存款利息上升，债券价格下跌。

政策风险。如国家制定出房地产行业新政策、金融投资政策，一旦这些政策约束了投资者的行为，则会给投资活动带来风险。

（2）投资决策

投资决策是投资者为了实现其预期的投资目标，运用一定的科学理论、方法和手段，通过一定程序对投资的必要性、目标、规模、方向、结构、成本和收益等重大问题进行的分析、判断和方案选择。企业做出的投资决策具备4个特点。

①针对性，投资决策要有明确的目标；②现实性，企业的投资经营活动是在投资决策的基础上进行的，不符合现实的决策无法指导企业正确投资；③择优性，投资决策过程是对多个投资方案进行评判选择的过程，合理的选择就是优选；④风险性，决策应顾及到实践中可能出现的各种可预测或不可预测的变化。

经营者严格按照投资决策的程序行事，可以有效降低投资风险，具体决策流程如图10-3所示。

确定投资目标

要明确为什么投资、最需要投资的环节、自身的条件及资源状况和市场环境的状况，要把眼前利益与长远利益相结合，要实事求是，注重对数据资料的分析和运用。

↓

选择投资方向

在明确投资目标后，进一步拟定具体的投资方向。

↓

制定投资方案

在决定投资方向后，着手制定具体的投资方案，并对投资方案进行可行性分析，一般情况下要求可行性决策方案至少要有两个，方便对不同方案进行比较分析，有利于选择最优方案。

↓

评价投资方案

对投资风险与回报进行评价分析，由此断定投资决策方案的可靠性。企业一定要把风险控制在能承受的范围内，不能有太多投机或侥幸心理。

图10-3

常识114 上市公司每年要对外公布年报

上市公司是股份有限公司的一种类型，从某种意义上讲，就是在正规的证券交易所发行了股票的公司。而年报是上市公司必须要对外公布的文件，主要有两种版本：一是在公开媒体上披露的年报摘要，其内容比较简单；二是交易所网站上披露的详细版本。

按照有关政策规定，上市公司年报的格式是固定的，只有具体内容根据企业自身情况进行填充。而这固定格式主要包括如表10-4所示的11个部分。

表 10-4

包含的部分	内容
重要提示	对年报涉及的期间、常用词汇的简称和查看报告的注意事项等做说明
公司基本情况简介	企业的联系方式、注册地址、企业规模与性质、股票简况、会计师事务所和保荐机构等
主要财务数据和指标	包括流动比率、速动比率、资产负债率、资产周转率、应收账款周转率、现金比率、净利润率、销售增长率、资产增长率、基本每股收益、稀释每股收益、扣除非经营性损益后的基本每股收益等
股本变动及股东情况	披露截至报告期末前 10 名股东和前 10 名流动股东持股情况、实际控制人情况以及优先股的发行和股利分配情况
董事、监事和高级管理人员	介绍董事、监事和高级管理人员的任职信息（姓名、职务、年龄、任期、持股数和薪酬等）
公司治理结构	企业的运作模式、制度的建设、内部控制规则、公司相对于控股股东的独立性、风险控制能力、信息披露的真实度和准确度、独立董事及各专门委员会的履职情况等
股东大会情况简介	参会人数、召开时间和地点、大会讨论的主题、会议流程、具体项目的表决情况以及会议结果
重要事项	当期分红配股政策、董监高的承诺事项、重大会计政策变更的分析说明、审计所的聘用情况、重大诉讼和仲裁事项、公司股权激励计划、重大关联交易和重大对外并购及投资情况等
董事会报告	董事会针对企业经营历史业绩、现状和未来趋势的分析报告

续上表

包含的部分	内容
监事会报告	监事会对企业经营过程的监督工作出具的报告说明
财务会计报告	一般占据年报的2/3以上的篇幅，包括审计报告（标准格式）、财务报表（标准格式的资产负债表、利润表、现金流量表和所有者权益变动表）及附注

常识115 通过上市公司财报推测企业非高管员工的薪酬水平

按照上海证券交易所的要求，董事、监事和高级管理人员的工资是要公开的，所以在董事会报告和监事会报告中可以查看到董事、监事和高级管理人员的人数与工资水平。而推测企业员工的薪酬水平，要从公司的年报中提取数据，并分析想要的信息。

首先，找现金流量表，经营活动产生的现金流量部分有支付给职工的工资即为职工支付的现金金额，包括五险一金和公司承担的部分。

例如，某公司当年总人数为2178人，其中董事、监事和高级管理人员15人，平均收入45万元左右，剩下2163人的总收入为25680万元左右，人均年收入11.87万元。该公司有将近20%的印刷工人（435人），他们的收入偏低，按当前市场行情看，年收入在6万元左右，扣除这部分最低值，该公司非高管员工的年平均收入在13万元左右。

在分析上市公司的非高管员工薪酬水平时，还要考虑到五险一金对分析结果的影响，也就是说，员工实际收入可能不会有分析得出的那么多，一般是九折左右，即上述案例中的非高管员工的年平均收入实际应该在11.7万元左右。

另外还需注意，公司董事、监事和高级管理人员的工资收入一般不准确，通常会比年报中的数字要大一些。